EMMANUEL PIERRAT

L'AFFAIRE CÉLINE

La véritable histoire des manuscrits retrouvés

ÉCRITURE

Notre catalogue est consultable à l'adresse suivante :
www.editionsecriture.com

Éditions Écriture
92, avenue de France
75013 Paris

ISBN 978-2-3590-5378-4

À Denis Bruna,
cette histoire pour l'historien
et l'amateur d'histoires

Introduction

DES PINCES À LINGE AUX TÊTES DE GONDOLE

C'est le plus extraordinaire dossier qu'un avocat écrivain ait pu se voir confier, une affaire qui continue de faire sensation, tant elle est à la fois politique et humaine : six mille pages de Céline, un des noms les plus importants – et controversés – de la littérature surgissant de l'Histoire.

Cette découverte – 1,76 mètre de feuillets laissés à Paris par l'écrivain en juin 1944, alors qu'il s'enfuyait, en compagnie de son épouse Lucette, pour rejoindre en Allemagne le maréchal Pétain et un millier d'autres collaborateurs – a bouleversé chercheurs en littérature et en histoire, journalistes politiques et culturels, comme les simples lecteurs, dès qu'elle a été rendue publique, début août 2021, un peu plus d'un an après que ces manuscrits m'eurent été apportés à mon cabinet.

Je suis en effet devenu, en juin 2020, l'avocat du journaliste Jean-Pierre Thibaudat, qui avait conservé ce « trésor » pendant près de quarante ans[1]. Je l'ai donc

1. Jean-Pierre Thibaudat reprend, en titre d'un court ouvrage (*Louis-Ferdinand Céline, le trésor retrouvé*, Allia, 2022), le terme

moi-même détenu ensuite plusieurs mois, lisant avidement, chaque soir, durant de longues semaines, ces milliers de pages qui révolutionnaient l'histoire littéraire.

Je savais que la nouvelle de cette découverte allait susciter d'abord la sidération. Il faut dire que l'annonce en fut plus que tonitruante : le titre « Les inédits retrouvés de Louis-Ferdinand Céline » s'étale, en août 2021, soixante ans après la mort de l'écrivain, en une du journal *Le Monde.* Il est illustré par une photographie d'une brassée de pages manuscrites. La place qu'accorde le quotidien à cette affaire permet d'en mesurer l'importance : quatre pleines pages, sous la plume du journaliste Jérôme Dupuis, reporter indépendant spécialiste de l'histoire éditoriale, aidé en cela par une poignée d'informateurs… au premier rang desquels l'auteur de cet ouvrage et son client.

Jérôme Dupuis a développé des liens plus que confraternels avec le toujours journaliste Jean-Pierre Thibaudat. Il a enquêté, fouillé, l'a fait parler, mais ce dernier a tenu bon et n'a pas « donné » sa source, le nom de celui qui est entré dans l'appartement de Céline à la Libération. Durant des décennies, il avait vécu avec ces manuscrits et promis de ne rien révéler avant la disparition de la veuve de Céline, Lucette Destouches, intervenue fin 2019. Il a, en revanche, longuement évoqué les manuscrits et évoqué ses hypothèses quant à la date de leur rédaction.

---

utilisé par Céline au début des années 1950 pour évoquer ses manuscrits disparus. Je le cite souvent dans ce texte et ai pour cela eu recours à une version originelle un peu plus ample que celle éditée par mon client d'abord sur son blog, puis en librairie.

D'emblée, Jérôme Dupuis nous a proposé de publier ce scoop dans *Le Monde*. Thibaudat et lui s'étaient compris pleinement, se tutoyaient, réfléchissant de concert à la une, à la titraille, aux images, aux encadrés et aux retombées à attendre. *Libération*, par lequel et pour lequel Jean-Pierre a si longtemps vécu, n'a même pas été évoqué. Aux yeux de son ancien pilier, ce journal avait mal tourné depuis belle lurette. Le quotidien dit de gauche s'est d'ailleurs « vengé » en faisant ensuite l'éloge des héritiers extrémistes de Céline, n'ayant pas supporté que son critique dramatique et ancien correspondant à Moscou n'ait pas fait allégeance.

J'ai fait patienter Jérôme Dupuis, d'abord dans l'attente du classement sans suite, qui nous est enfin parvenu au début de l'été 2021. Je quittais la France en juillet et nous pensions l'un et l'autre que le retentissement serait plus grand encore dans une période creuse en informations. C'est peu dire que, en général, l'actualité se met en pause au milieu de l'été, ne consacrant les gros titres qu'aux décès et aux catastrophes climatiques, voire à tel ou tel fait divers. Jérôme trépignait.

Tout s'est accéléré en quelques heures, au milieu d'une semaine bien morne. J'ai suivi en direct l'élaboration et la sortie du « scoop », qui paraît début août. Il commence en « ventre » de une, puis couvre quatre pages très denses. La date n'a pas été choisie par hasard. Jean-Pierre Thibaudat et moi voulions l'exposition maximale. J'ai donné le feu vert afin que l'espace offert par le quotidien avec lequel Jérôme Dupuis a négocié soit le plus important possible.

Le très long papier, en forme de récit, est illustré d'autres images, montrant notamment Céline en 1955 devant sa maison de Meudon, où il vécut après son retour en France en 1951, jusqu'à son décès dix ans plus tard. Des clichés dévoilent d'autres pages manuscrites, certaines tenues par des pinces à linge – photographies transmises par mes soins afin d'appuyer l'authenticité de la découverte. Les pinces à linge, tel était en effet le procédé utilisé par Céline pour sceller une liasse de pages lorsqu'il avait achevé un chapitre. Et cette écriture si caractéristique, c'est celle du génie névrosé.

L'article révèle une partie de l'histoire de ces manuscrits et documents que l'écrivain lui-même, puis son entourage, jusqu'à la quasi-intégralité des spécialistes de Céline, croyaient à jamais perdus et qui ont resurgi dans mon cabinet, à la fin du printemps 2020, après soixante-seize ans de disparition.

Cette publication obéit à une stratégie délibérée, propre à une véritable bataille juridico-médiatique. Ses enjeux sont certes d'abord littéraires : Céline est indéniablement un immense écrivain, sans doute le plus important auteur français du XXe siècle avec Marcel Proust. Ils sont également mémoriels : Céline, que je viens de comparer au génie juif et homosexuel qu'est le père de la *Recherche du temps perdu*, reste le signataire de trois immondes pamphlets antisémites et racistes, débordant de haine et de violence, qui furent de sinistres best-sellers. Ils n'ont jamais été réédités depuis la fin de la Seconde Guerre mondiale et l'entière révélation de la Shoah, mais ils appartiennent à l'œuvre de Céline et à la vie de celui qui est, pour l'état civil, Louis-Ferdinand Destouches.

Les enjeux sont encore ceux d'une affaire de patrimoine culturel : à qui doivent revenir les six mille feuillets, qui ne sont pas que pure littérature car ils concernent – et nul ou presque ne le sait encore – les fameux pamphlets ? Le « dossier juif » que j'ai tenu dans mes mains, et dont aucun ayant droit ne fait aujourd'hui mention, doit-il leur revenir et finir dans leur coffre-fort, ou bien être conservé dans une institution publique insoupçonnable, ouverte à tous les spécialistes, chercheurs, historiens ?

N'oublions pas non plus l'aspect financier de cette incroyable affaire. Sur le marché des autographes, redynamisé depuis plusieurs années, la valeur de tout papier noirci par Céline est affolante : chaque « petite » lettre au contenu banal se chiffre en centaines d'euros. En 2001, la Bibliothèque nationale de France a acheté, pour un prix record de 12 millions de francs, le manuscrit de *Voyage au bout de la nuit.* Or nous sommes là en présence de six mille feuillets, dont les manuscrits de quatre romans inédits et celui de *Mort à crédit.* À combien s'évalue l'ensemble ? Plusieurs dizaines de millions d'euros, assurément. Tout cela n'est pas anodin dans les aventures de cette masse de feuillets qui a traversé miraculeusement les décennies.

Sans oublier les droits d'auteur générés par la publication des inédits. *Voyage au bout de la nuit* et *Mort à crédit* ont été imprimés à des millions d'exemplaires, lus dans les lycées (ce fut mon cas en classe de seconde) et traduits dans la plupart des langues étrangères où existe un marché du livre… Ce sont donc, à nouveau, des dizaines de millions d'euros en jeu, cette fois sous la forme de royalties.

Tels sont les premiers ingrédients de cette affaire. Ils constituent la base d'un fascinant mélange qui a suscité une multitude de réactions en France comme à l'étranger, déchaînant les passions, mais suscitant aussi, dans un premier temps, une foule de spéculations et d'interrogations.

L'affaire est désormais en partie connue, mais elle mérite d'être complétée et donc racontée *in extenso*, d'autant qu'elle va continuer à dominer les classements des meilleures ventes. Elle est d'ailleurs encore en cours, puisqu'une grande partie du « trésor » n'a pas été divulguée et que, désormais, les descendants de la fille de Céline, qui ont récemment resurgi, menacent de poursuivre Gallimard et les deux héritiers officiels.

Avocat, je me suis trouvé aux premières loges pour observer cette aventure, prenant part à la plus grande révélation de l'histoire de la littérature. Versé depuis plus de trente ans dans les intrigues mêlant droit d'auteur, patrimoine, marché de l'art, trésor national, royalties et vieux papiers, je suis devenu, une année durant, le troisième lecteur intime de l'immense œuvre posthume de Céline, après lui-même et mon client qui en avait été le récipiendaire quarante ans avant moi.

Quatre ans ont passé depuis l'ouverture de ce dossier, qui nous ont valu, à mon client et moi, d'être poursuivis en justice et interrogés par la police judiciaire. La réapparition de ces manuscrits a fait la une de la presse mondiale, avant de se transformer en succès de librairie tiré à des centaines de milliers d'exemplaires.

Depuis juin 2020, bien des choses ont été dites, parfois vraies et souvent fausses, à propos de ce « trésor retrouvé ». Sa genèse, son histoire, les péripéties qu'il nous a values, à Jean-Pierre Thibaudat et à moi-même, rendaient nécessaire de relater à mon tour ce qui peut être dit et ce qui ne l'a pas encore été. Car il reste de nombreux documents inédits, littéraires ou « politiques », qui ne seront peut-être jamais rendus publics. Et notamment le terrifiant « dossier juif ».

Si je m'y autorise, c'est que Jean-Pierre Thibaudat s'en est tenu, dans son très court livre, au rappel des faits, et que l'autre journaliste et protagoniste Jérôme Dupuis ne souhaite pas écrire cette histoire qui est pourtant un peu la sienne. Quant aux autres témoins, ils resteront muets.

Cette aventure inouïe a profondément ému l'avocat spécialiste en propriété intellectuelle, versé à longueur de journée depuis trois décennies dans les affaires d'édition et de patrimoine, mais aussi l'écrivain et le modeste historien que je suis, le bibliophile que je suis devenu, enfant éduqué à la littérature par les bibliothécaires publics d'une banlieue communiste, et par conséquent le citoyen qui vit en tout homme de loi.

Cette « affaire Céline » est une histoire en elle-même, mais aussi une histoire de la littérature et de l'édition, comme une histoire politique et antisémite de la France. C'est donc l'« affaire » de tous. C'est cette histoire inouïe, commencée en juin 1944, au lendemain du débarquement des Alliés, qu'il me fallait narrer.

5 août 2021

Céline en une du *Monde* et dans le monde entier

L'irruption de l'affaire Céline en une du *Monde* est un scoop aux multiples facettes. Elle arrive par salves, d'abord sur Internet, puis dans l'édition papier et numérique du quotidien.

Jérôme Dupuis m'a adressé un premier SMS le mercredi 4 août 2021, la veille de la une : « Hello Emmanuel, pourras-tu me rappeler lorsque tu auras deux minutes ? La date de parution est fixée. »

Un peu plus tard, il m'indique que le journal presse le mouvement. Comme prévu, les informations manquent en cette semaine où les Français sont presque tous en vacances, politiques y compris. Les révélations méritent largement la une et quatre pages. Jérôme Dupuis me précise que ce sera pour le lendemain.

Nouveau SMS vers 17 heures : « En fait, *Le Monde* va mettre le papier en ligne ce soir entre 18 et 19 heures ; ils pensent que l'impact sera plus fort. Et la version imprimée sort comme prévu demain. »

Le jeudi soir, le 5 août 2021, de retour chez moi avec *Le Monde* en mains, je me souviens d'avoir regardé les deux larges rayons qu'occupent les dizaines d'ouvrages de et sur Céline dans ma bibliothèque et d'avoir pensé que tout ce qui était écrit dans ces volumes était désormais obsolète. Il y avait là deux biographies – celle de François Gibault en trois volumes, celle de l'académicien Frédéric Vitoux –, sans compter le travail d'Émile Brami, ainsi que des dizaines d'essais, des éditions de poche et diverses des textes de Céline, des pochades, des volumes de correspondance (notamment avec ses avocats, Thorvald Mikkelsen au Danemark, Albert Naud puis Jean-Louis Tixier-Vignancour, successivement, à Paris), des actes de colloques… Tous ces livres, les centaines de volumes consacrés à Céline, tout était faux, au mieux obsolète. J'ai dû me retenir de jeter le tout ou de le remettre à Emmaüs.

Dans les manuscrits inédits que je lisais, Céline revenait inlassablement sur le conflit de 1914-1918, y parlait de sa sexualité, de ses amours, de ses maîtresses, de ses fantasmes, de son seul enfant, de la mort, de sa famille, du front et de la vie à Londres… Plus rien de ce qui avait été raconté, glosé, « séminarisé » n'avait de sens. Comment une biographie de Céline résisterait-elle à six mille pages amplement autobiographiques ? Comment un essai ou une thèse de doctorat sur Céline pourraient-ils encore « tenir la route », après une telle déferlante ? Céline a suscité une production livresque abondante : l'importance de son œuvre, son parcours plus qu'erratique, son idéologie abominable, la nouveauté de sa langue, tout concourt à ce que de nombreux commentateurs se soient penchés sur son cas – obsolescence non programmée. Surtout quand ces milliers de feuillets sont la matière d'ouvrages dont personne ou presque ne soupçonnait l'existence (en pareille quantité à tout le moins) et l'immense qualité.

Je me souviens d'avoir reçu, peu de jours avant ce 5 août 2021, un gros volume consacré à Céline et la Grande Guerre, thème au cœur de ce qui venait d'être mis au jour. J'en ai été presque désolé pour le chercheur qui avait consacré quatre à cinq ans à ce travail ; mais j'ai ainsi mesuré, en feuilletant ce pavé déjà périmé, l'importance de ce que la planète littéraire et universitaire allait apprendre en pleine torpeur estivale.

Un autre célinien de renom, âgé et vivant loin de Paris, que j'ai bien connu dans le passé par l'entremise d'Émile Brami, a réagi assez vite sur les réseaux sociaux, grâce auxquels je restais en contact avec lui. Il a osé m'écrire qu'il était furieux de cette découverte, m'expliquant que tout cela arrivait trop tard. Il a quitté Paris et n'a plus l'énergie pour reprendre ses recherches. L'Éducation nationale l'avait mis à la retraite et il avait regagné sa terre d'origine. Il a montré soudainement du mépris, de la colère même en réaction à ce qu'il apprenait et que je relayais. J'ai compris avec quelques mois de recul qu'il était trop tard pour lui et quelques-uns de ses pairs, qu'il devait avoir le sentiment d'avoir presque raté sa vie.

Curieux monde que celui des céliniens… Reprendre le travail à zéro, reconnaître ses erreurs, effacer ses divagations, lire et réfléchir nécessite autant de courage que d'humilité. Toutefois, pour un dont les travaux furent purement et simplement anéantis par l'arrivée de six mille pages inédites, combien d'experts accepteraient-ils de gaieté de cœur cette nouvelle donne ?

De fait, la querelle des historiens, plus que vive, allait durer une large année jour pour jour, de la une du *Monde* aux révélations de Jean-Pierre Thibaudat, lequel a enfin pu raconter dans quels cadre et moment et par qui le « trésor » lui avait été confié.

Cette querelle n'est d'ailleurs pas close, puisque, pour l'heure, seule une poignée de chercheurs intéressés financièrement à l'édition du « trésor » chez Gallimard a eu accès aux manuscrits ou à leur copie intégrale. Il existe toutefois un fac-similé de *Guerre*, publié aux éditions des Saints-Pères[1] et vendu au prix de 160 euros. Cette version est annotée par un bon célinien, mais qui n'a eu droit, après avoir jeté un œil rapide à l'original, qu'au scan du texte. Un autre texte a d'ailleurs paru très récemment, fin décembre 2023, chez le même éditeur : il s'agit cette fois de *Mort à crédit*, dont le manuscrit figurait au sein des valises que Jean-Pierre Thibaudat m'avait apportées, mais qui est vendu au prix de 450 euros… La recherche repassera ou fera des économies…

Certains historiens continuent néanmoins de contester l'épopée des six mille feuillets, y voyant une sorte d'invention, quand ce n'est pas un complot. Des exégètes de la littérature spéculent sur la nature des livres découverts : d'aucuns osent parler de brouillons, quand il suffit de se pencher sur chacun de ces textes, tels qu'ils sont publiés dorénavant, pour y constater le génie à l'œuvre – eh oui,

1. Cette maison d'édition, spécialisée dans la reproduction de manuscrits, avait déjà publié le manuscrit de *Voyage au bout de la nuit*.

n'en déplaise à l'air du temps qui mélange la morale et les livres, la vie de l'auteur et toute son œuvre, d'autres refusent de se rendre à l'évidence et aux raisons comme aux circonstances qui ont empêché Céline de faire publier ces textes de son vivant.

Mais laissons momentanément les spécialistes de côté et revenons à début août 2021 et à la une du *Monde*.

La déflagration fut inouïe, mais les réactions sérieuses ont mis quelques heures à arriver. Il faut dire que la nouvelle faisait plus que surprendre, quelque soixante ans après la mort de Céline.

La presse française et internationale a réagi avec retard, en premier lieu et surtout parce que l'importance du quotidien dit « du soir » reste – de moins en moins mais encore – incontestable.

Certes, la rentrée littéraire française démarre tôt, juste après le 15 août, mais elle était encore loin des esprits comme du cœur des rédactions. La première semaine d'août, les journalistes culturels s'offrent une pause après les festivals d'Avignon et autres événements collectifs du début de l'été. Il en va de même un peu partout : de la France aux États-Unis, les journalistes culturels capables de traiter vraiment cette incroyable affaire étaient loin de leur bureau.

La presse française, de fait, a semblé un peu assommée, dépassée. De plus, nul journaliste n'a eu accès aux manuscrits. L'excitation et les débats sont donc montés crescendo.

Le scoop est finalement repris partout. Mais il faudra parfois attendre des jours, voire des semaines, pour que de vrais papiers et sujets radio ou télé de fond se fassent jour au fil des procès. La direction de *Libération* qui, après m'avoir adulé en quatrième de couverture, ne me portait déjà pas dans son cœur, s'est rétractée dans la défense des héritiers, ne supportant pas que Jean-Pierre Thibaudat, leur ancien compagnon de route, ne leur ait pas fait cette confidence exceptionnelle. Le quotidien en perdition, dont Jean-Pierre a été un pilier comme critique dramatique durant près de quatre décennies, ainsi que le correspondant à Moscou durant quatre ans, en pleine Guerre froide, n'en démordra pas. En une du quotidien woke de gauche s'étale le titre « Inédits de Céline. Les manuscrits de la discorde », alors que discorde sur le caractère inouï de cette découverte il n'y avait pas. Jean-Pierre écrira d'ailleurs : « Le *Libération* de 2021 n'avait de commun avec celui dans lequel j'avais passionnément travaillé que le titre. Je ne lis plus qu'épisodiquement ce quotidien[1]. »

Quant au *Figaro*, un peu déçu (et donc jaloux) de ne pas avoir été préféré au *Monde*, un de ses journalistes peu besogneux jouera de ses liens politiques anciens avec François Gibault, l'héritier principal et très peu progressiste de Céline. Sans nous tirer dessus, il ne servira que cette parole adverse, n'en cherchant d'ailleurs pas d'autre – curieuse et piètre conception du journalisme, alors que la contradiction est pourtant une des lettres de noblesse d'un aussi grand quotidien que *Le Figaro*. Ce journal s'est mis en outre à courir derrière mon confrère Jérémie Assous, en charge de la défense des héritiers, piqué au vif par les interviews que je donnais ailleurs.

1. Blogs.mediapart.fr/jean-pierre-thibaudat, « Céline, le trésor retrouvé – Une déflagration mondiale (3/9) », 3 août 2022.

Il faut dire que Jean-Pierre Thibaudat n'a pas voulu s'exposer et se voir accusé de tirer les marrons du feu de ce tintamarre. De plus, il a décidé de garder le silence sur le parcours des manuscrits. Il tiendra parole une année entière, avant d'être délivré du secret des sources par les seules personnes habilitées à l'en délier. Les héritiers de Céline – j'en parlerai plus longuement – avaient depuis peu les documents en mains, mais ils ne les avaient pas lus et savaient encore moins comment ils étaient arrivés chez mon client. Le mystère suscitera d'infinies spéculations.

Par surcroît, Jean-Pierre Thibaudat m'a confié ne pas vouloir se fâcher avec ses confrères en répondant à l'un plutôt qu'à l'autre. Il s'est contenté de publier un billet sur son blog, hébergé par Mediapart, où il lui aurait semblé étrange de ne pas écrire une ligne sur cette aventure exceptionnelle.

J'ai donc été missionné pour le représenter et parler en notre nom.

Le reste de la presse jouera le jeu d'informer le public et de chercher des angles et des contributions stimulantes. Je pense au *Point*, hebdomadaire qui reviendra à plusieurs reprises sur l'affaire Céline, ou encore aux nombreuses pages que lui consacreront *L'Obs* et *Marianne*, entre autres.

Arte a ouvert le bal des télévisions, mais c'est France 5 qui les a prises de court et réussi un documentaire de 90 minutes très équilibré et judicieux, donnant la mesure de l'importance de Céline pour le patrimoine littéraire mondial. France Inter, Europe 1, France Culture et tant d'autres y consacreront une large part de leurs antennes.

Le 11 août 2021, je me suis retrouvé à la matinale de France Inter face au célinien Émile Brami, un de mes amis mais représentant officieux des héritiers. L'émission a fait du bruit car j'y ai détaillé ce que Jérôme Dupuis n'avait pas raconté dans son papier si long et juste. Je suis revenu sur le contenu des inédits, évoquant *Guerre*, un texte encore innommé mais qui ne parlait que de cela et que Jean-Pierre Thibaudat décrivait comme portant « sur la guerre ». *Guerre* est le titre – presque évident – que j'ai imaginé et prononcé. Il a été repris quelques jours plus tard par Antoine Gallimard dans un entretien et, surtout, retenu pour baptiser ce premier volume inédit.

Le *Frankfurter Allgemeine Zeitung*, l'ensemble de la presse allemande, belge, puis italienne, hollandaise, britannique, scandinave et espagnole a enchaîné en quelques heures. Le reste de l'Europe a suivi. Après le vieux continent, la planète entière s'est emparée de la nouvelle. Céline a fait la une des journaux marocains et irakiens, jusqu'à celle du *Clarín*, le fameux quotidien de Buenos Aires, sans oublier les énormes titres japonais. J'ai été appelé sans relâche par des correspondants ou des bureaux de rédaction.

Quant aux réseaux sociaux, ils s'en sont très vite mêlés. Céline était vraiment de retour.

8 juin 2020

Un message énigmatique

Mais revenons environ un an plus tôt, plus précisément le 8 juin 2020, lorsque Jean Pierre Thibaudat prend attache avec moi, avec la plus grande prudence. Il voudrait me faire part, sans évoquer aucun nom, d'une découverte colossale autant qu'inédite concernant un célèbre auteur et dont l'issue serait historique.

Nous sortons alors du premier confinement. La France, le monde même ont vécu plus de deux mois coupés de tout ou presque. Le palais de justice a fermé et les agendas sont très désorganisés. Mon cabinet a survécu grâce à Skype puis à Zoom. Chaque jour, malgré la pandémie, je suis allé « sur zone », grâce à ma carte professionnelle, pour relever le courrier et arroser les plantes qui verdissent les terrasses comme les balcons de nos bureaux.

Cette accalmie, tout comme la pandémie, n'est pas sans lien avec l'histoire que je raconte ici. Lucette Destouches, la veuve de Céline, meurt en effet début novembre 2019, avant que ne bascule le « monde d'avant ». Et Jean-Pierre Thibaudat aura besoin des quelques mois de torpeur qui suivront pour mettre un terme à sa mission.

Son courriel énigmatique me parvient quelques jours après le retour à un semblant de vie normale, à l'issue de ce printemps confiné si étrange pour tous et pour mon cabinet. Son message m'intrigue et me réjouit.

Le critique dramatique me contacte « sur les conseils d'une grande amie ». Il m'écrit :

> « Au hasard de ma vie journalistique (plus de trente ans à *Libération*, etc.), j'ai été contacté par une personne qui avait entre les mains des archives dont elle voulait se dessaisir (je le précise, sans la moindre contrepartie financière), mais qui, pour différentes raisons, ne souhaitait pas les remettre aux héritiers.
> Ces archives concernent un écrivain important du XXe siècle et recèlent des manuscrits de textes importants que l'on croyait perdus et, pour l'un d'entre eux, dont on ignorait l'existence. Ne m'attachant qu'à la partie littéraire de ces archives, ces textes, je les ai patiemment décryptés. Ce travail est aujourd'hui achevé. Et je souhaite mettre ces textes à la disposition des lecteurs [...]. Et, parallèlement, déposer l'ensemble de ces archives [...].
> Tout cela pose, probablement, un certain nombre de problèmes juridiques (droits d'auteur, droits de publication, dépôt à un fonds d'archives, etc.). Bref, comme le dit Michelle, "vous êtes l'homme de la situation". C'est pourquoi je souhaiterais donc pouvoir m'entretenir avec vous. »

En lisant ce courriel, j'ai d'abord cru à une exagération ou à la fantaisie d'un mythomane se croyant l'« inventeur » d'un trésor. Toutes sortes de clients, plus ou moins sérieux, me contactent ainsi, depuis près de trente ans, dans le but de m'interroger sur la façon de négocier avec les grands musées, les centres d'archives nationales ou les maisons d'édition.

Certains chineurs dégottent parfois une page de ratures sur papier bleu qui va ainsi rejoindre sans éclat une des dizaines de milliers de lettres connues d'Alexandre Dumas, d'autres ont hérité d'un méchant dessin que la famille attribue depuis près d'un siècle à Van Gogh, mais d'autres encore détiennent un vrai poème inédit d'un littérateur de renom.

À longueur d'années, j'ai vu défiler dans mon bureau ou ma salle de réunion de vrais amateurs désintéressés, des illuminés en possession de liasses de feuillets en apparence époustouflantes hélas dénuées d'intérêt, des ingénus qui avaient trouvé un poème extraordinaire de Rimbaud laissé à Harar, en Éthiopie, des détenteurs de supposées lettres du général de Gaulle toutes adressées miraculeusement le 18 juin 1940 au soir (miracle de la France résistante !), des gardiens par héritage du testament de Léonard de Vinci (ce qui m'a valu d'aller spécialement à Vinci, en Toscane…), etc. Je suis aujourd'hui un peu sévère pour ces menteurs angéliques, ces fous illuminés ou ces dangereux escrocs. L'excitation, la curiosité, le charme de mes visiteurs m'ont parfois conduit à de redoutables pertes de temps et d'énergie. Et à quelques bonnes surprises.

Je m'attarde donc sur le courriel de Jean-Pierre Thibaudat avec mesure. Cependant, il se trouve que la réputation de ce journaliste est sérieuse. Le patronyme de l'ancien critique dramatique de *Libération* est synonyme d'indépendance, voire d'intransigeance. Je le constaterai vite en rencontrant plusieurs clients du monde du théâtre, particulièrement échaudés, si ce n'est remontés contre ce nouvel et tonitruant arrivant.

Je ne lis plus *Libération* depuis longtemps, mais je me souviens de la plume, aussi brillante qu'incisive, qui a par surcroît signé plusieurs livres notables. Jean-Pierre Thibaudat a « débuté » en littérature en 1981 sous la couverture des Éditions de minuit, l'éditeur si prestigieux et rigoureux de Samuel Beckett et de tant d'autres grands noms.

Le journaliste-romancier a par ailleurs été correspondant à Moscou au tournant du siècle, période fructueuse et captivante. Le collectionneur passionné d'art tribal que je suis possède les albums qu'il a cosignés sur les peuples de Sibérie, dont le magnifique volume consacré aux Nénètses[1]. Ajoutons qu'il a signé une biographie du metteur en scène Jean-Luc Lagarce[2] et nombre d'essais sur le théâtre faisant autorité.

C'est donc conscient de ce pedigree irréprochable que je lui propose un rendez-vous à mon cabinet, en lui disant sommairement d'apporter ce dont il veut me parler. Si, à mon sens, Jean-Pierre Thibaudat n'est pas un plaisantin, il n'est toutefois pas improbable qu'il ait un peu exagéré l'importance de sa trouvaille et veuille me présenter quelques feuillets inédits d'un grand romancier ou de manuscrits de textes connus. Je suis coutumier de ces affaires aux termes desquelles un collectionneur ou

1. *Nénètses de Sibérie, les Hommes debout*, avec Franck Desplanques, Chêne, 2005.
2. *Jean-Luc Lagarce, une vie de théâtre*, Les Solitaires intempestifs, 2020.

bien un héritier viennent me saisir d'un poème inconnu d'un auteur plus ou moins fameux. Ce sont toujours des moments inattendus, fruits d'interrogations juridiques et de jolis moments littéraires.

Après avoir raccroché, je réfléchis aux noms possibles que Jean-Pierre Thibaudat pourrait avancer lors de notre entrevue fixée au lendemain.

En mars 2021, moins d'un an après ce premier échange, le monde littéraire s'émouvra de la parution, aux éditions Gallimard, de pages inédites de Marcel Proust préparatoires à la *Recherche* et intitulées, arithmétiquement, *Les Soixante-Quinze Feuillets.* Mais c'est un autre de mes clients, l'éditeur Bernard de Fallois, qui les possédait. Peu probable que d'autres chapitres de ce chef-d'œuvre se baladent dans la nature, alors que la Bibliothèque nationale de France en possède quasiment 90 %. Las pour l'immense Proust, cinq moins plus tard, *Le Monde* révélera au grand public la découverte de six mille feuillets inédits de Céline, l'autre génie littéraire du XXe siècle, issu d'une France qui a produit, à ce rang inégalé du panthéon livresque, aussi bien un homosexuel juif qu'un collabo porté par la haine.

10 juin 2020

Deux valises et un rendez-vous

Mon nouveau et très singulier client siège dans ma salle d'attente auprès de deux énormes valises noires. En souriant, je lance à Jean-Pierre Thibaudat :

— Je vous ai demandé d'apporter les documents, pas de vous installer chez moi !

Et lui de tirer ses bagages jusque dans mon bureau, l'air mi-sérieux mi-malicieux, mesurant et savourant son effet :

— On m'a remis cela il y a quelques années.

Plutôt que de bavarder longuement et sans tourner autour du pot, il se lève et entreprend d'ouvrir ses malles sur le sol. Il y a là des pochettes dont débordent des milliers de feuilles. Même rangées, classées, ordonnées, inventoriées, mais jamais recopiées ni photocopiées, encore moins numérisées, ces piles de papier sont impressionnantes. C'est l'équivalent d'un mètre cube de feuillets.

Jean-Pierre Thibaudat attrape une liasse et se dirige vers la table de travail jouxtant le fauteuil de direction depuis lequel, habituellement, j'observe mes visiteurs qui posent souvent quelques pages ou une tablette numérique devant moi. Il me confie que, lorsqu'il est entré en possession de ce trésor, l'ensemble était contenu dans une imposante caisse en bois.

J'ai été conservateur du musée du Barreau, dont les collections recèlent des pièces uniques : permis de communiquer entre Louis XVI et son avocat, pages originales des plaidoiries pour la défense de Marie-Antoinette, lettres d'Alfred Dreyfus aux procureurs… Je suis aussi bibliophile et ne me lasse pas de contempler, dans ma collection personnelle, le feuillet sur lequel Sade a rédigé un règlement à son goût pour l'asile de Charenton, la photographie de la dernière exécution publique d'un condamné à la guillotine, un éventail érotique chinois ayant appartenu à Guillaume Apollinaire et tant d'autres biens qui nécessitent la plus grande attention. Je suis d'ailleurs, depuis une dizaine d'années, secrétaire général des Bibliophiles du Palais, la plus vieille compagnie de son genre, qui a publié un texte de François Gibault. Et, comme lui, je suis membre du comité de parrainage du Salon international du livre ancien qui se tient chaque année au Grand Palais.

Je sais donc que l'on ne doit pas manipuler les documents anciens sans précaution. La saleté de nos mains, l'éventuelle moiteur de nos paumes, tout concourt à devoir utiliser des gants, lesquels nous rendent un peu malhabiles et font perdre beaucoup de la sensualité tactile du rapport au papier. En trois décennies d'exercice dans les métiers de la culture, j'ai souvent vu des archivistes, des conservateurs de musée, des restaurateurs de tableaux, des experts en tissus soulever et toucher les œuvres avec le plus grand soin, non sans avoir préalablement enfilé des gants. Par la suite, je reviendrai à mon cabinet avec une dizaine de paires de gants blancs qui se révéleront indispensables.

Mon époustouflant visiteur ne se rassoit pas. Il me montre que certains monceaux de papier sont tenus ensemble par des pinces à linge. Avant même qu'il me le confirme, je murmure le nom de Céline.

J'écoute mon hôte m'expliquer que les descendants d'une famille de résistants, souhaitant bénéficier du secret des sources et donc rester anonymes, l'ont contacté au journal avant de lui remettre ces documents hérités et restés cachés depuis des années. Ces gens lui ont témoigné toute leur confiance quant à la façon dont il en prendrait soin : « Vous saurez ce qu'il faut en faire. » L'homme de culture qu'il est, de fait, a pris conscience, au fur et à mesure de leur déchiffrage et de leur lecture, de leur importance pour le patrimoine littéraire.

La mère de Jean-Pierre Thibaudat a été une résistante de choc. Arrêtée par la police dite « de Vichy[1] », elle a réussi à quitter le fort de Romainville[2], dans l'actuelle

1. Je prends cette précaution oratoire car mes amis Sylvain Beltràn et Marc Tiger, qui animent avec une énergie incroyable le Petit Théâtre impérial de Vichy, me rappellent sans cesse que c'est le régime de Pétain, et non de « à Vichy », qui s'est installé dans la station thermale pourvue d'une vaste hôtellerie.
2. Le fort de Romainville est devenu, dès 1940, un camp de détention administratif dirigé par le commandant Bickenbach, aidé par le SS-*Untersturmführer* Trappe. Y seront détenus les opposants à l'occupation nazie. De ce camp de transit (à l'égal de Royallieu, près de Compiègne), les prisonniers partent pour ceux de la mort. Près de sept mille personnes, dont la moitié de femmes, y seront prisonnières.

Seine-Saint-Denis. Elle était alors enceinte du frère aîné de Jean-Pierre. Le père de cet enfant a été fusillé. Elle a été détenue avec Charlotte Delbo, écrivaine communiste, arrêtée en 1942, et a d'abord connu la prison de la Santé[1]. Plus tard, elle rencontrera le résistant Jataud et donnera naissance à Jean-Pierre deux ans après la fin de la guerre.

« De mon lit, racontera-t-il en 2022, je voyais la photo du père mort de mon frère, accrochée au mur, qui me regardait[2]. » Il est élevé à Ivry, puis à Vitry, deux communes de la « banlieue rouge », comme la Saint-Saint-Denis où j'ai grandi. Ses parents resteront membres du Parti communiste jusqu'à la répression de l'insurrection de Budapest, en 1956. Ils en seront exclus à la suite de ces événements. Jean-Pierre sera d'abord employé dans une maison d'édition chinoise, avant d'entrer au *Libération* des débuts, un quotidien plutôt maoïste. Il prend alors pour nom de plume le patronyme de sa mère.

C'est fort de cette double culture – la Résistance et le journalisme de gauche – qu'il est contacté par les proches d'un résistant qui aurait conservé ces précieux manuscrits. Ceux qui lui confient le mystérieux trésor, à peine emballé dans des sacs plastiques, posent une condition : que Jean Pierre Thibaudat, insoupçonnable de proximité d'idées avec les « collabos », attende le décès de Lucette Destouches, veuve de Céline, pour en révéler au grand

1. Fichée « Nuit et brouillard », Charlotte Delbo sera déportée à Auschwitz.

2. Quentin Girard, « Jean-Pierre Thibaudat, d'un écrivain l'autre », *Libération*, 17 novembre 2022.

jour l'existence, afin qu'elle n'en tire pas le moindre profit de son vivant. Rappelons que Lucette Almanzor, à laquelle une partie mondaine de Paris rendait visite en pèlerinage dans sa maison de Meudon, avait épousé le docteur Destouches en 1943 et l'avait accompagné à Baden-Baden, puis à Sigmaringen, avant qu'il ne soit arrêté au Danemark. Elle s'est éteinte le 8 novembre 2019, ayant laissé à Jean-Pierre Thibaudat des années pour effectuer un travail monumental : trier, classer, inventorier, déchiffrer et transcrire les six mille feuillets.

Ce dernier les a reçus, me précise-t-il, au siège de *Libération*, à l'époque installé dans un ancien garage de la rue Béranger, dans le XIe arrondissement de Paris, près de la place de la République. Or il ne pouvait les y laisser : le plateau de la rédaction ne se prêtait guère, en effet, à la conservation d'une caisse contenant six mille feuillets et des pinces à linge. Il les a donc « exfiltrés » chez lui. Seule son épouse était dans la confidence. Après quelques mois, il a enfin trouvé un peu de temps pour s'isoler et examiner de plus près ce gigantesque amas de papiers déclassés, les pinces à linge gisant au fond de la caisse ou entre deux feuillets : il finira par en retrouver l'emplacement exact grâce aux marques laissées sur le papier. Puis, ayant compris que l'ensemble avait été fouillé et remis en désordre dans la caisse, il me raconte avoir pris la décision de tout sortir.

Lorsqu'il me remet les deux valises, je découvre vite qu'il n'en a fait aucune copie. Et, le soir même, je commence à lire ces feuillets inédits, que seul mon visiteur du jour a lus avant moi.

17 juin 1944

La fuite en Allemagne

Le 17 juin 1944, date précise, Céline a fui Paris et laissé derrière lui, rue Girardon, ses manuscrits, en grande partie inédits, qu'il ne pouvait emporter en Allemagne dans ses valises. Il n'a confié que le manuscrit de *Guignol's band II* et quelques pages de *Casse-pipe* à sa secrétaire particulière, Marie Canavaggia.

Le Débarquement vient d'avoir lieu et l'occupant organise la mise à l'abri des plus importants membres et féaux du régime de Pétain. Céline et sa femme, Lucette, qu'il a épousée l'année précédente, ont saisi l'occasion pour filer avec le chat Bébert à Baden-Baden, puis à Sigmaringen, où les nazis parquent le gratin des collaborateurs. Il en tirera *D'un château l'autre.*

La suite a déjà été racontée maintes fois, mais reste captivante : à la chute du IIIe Reich, Céline, comme tous les collabos, se retrouve désemparé, impuissant. Il quitte Sigmaringen, toujours avec Lucette, pour Berlin. La bataille de la ville a commencé le 2 mai 1945, quatre mois après que l'Armée rouge a pénétré en territoire allemand.

Céline et sa femme – qui n'est pas l'être désincarné, la créature décérébrée que l'on a voulu présenter ensuite – seront arrêtés à la frontière danoise. Les douaniers ont reconnu l'écrivain. Il sera d'abord détenu, puis assigné à résidence, tandis que Lucette veille à sa sortie de prison.

Céline passera au total six ans au Danemark. Il ne rentrera en France qu'en 1951. Cette année-là, son nouvel avocat, le brillant et extrémiste Jean-Louis Tixier-Vignancour, est plus audacieux que le grand pénaliste Albert Naud auquel il succède. L'avocat d'extrême droite trouve un procureur complaisant. Ensemble, ils réussissent à tromper un juge français en présentant le dossier de l'exilé comme celui du simple docteur Destouches, qui aurait eu pour seul tort d'être un médecin de ville un peu trop zélé pétainiste.

L'écrivain, ayant quitté précipitamment le XVIIIe arrondissement six ans plus tôt, s'installe à Meudon, dans un pavillon en meulière. Il s'y enferme avec Lucette qui, de danseuse, devient, à domicile, professeur de ballet. Ils vivent entourés d'animaux. Le lieu deviendra peu à peu une terre de pèlerinage où défileront des invités en tous genres, dont un bon nombre de fanatiques au parcours ou aux idées politiques peu démocratiques. Ils seront toujours plus nombreux, de 1961, année de la mort de Céline, jusqu'à 2019, celle de Lucette Destouches.

À son retour en France, Céline est convaincu que ses textes ont été détruits, brûlés ou jetés par la fenêtre, ainsi que l'aurait prétendu la concierge de son immeuble de la butte Montmartre. Il les a laissés en 1944 et ne veut pas les récupérer en 1951 – je reviendrai sur ce qui lui a été proposé[1] –, laissant ses admirateurs et ses lecteurs sur l'idée qu'il n'y a rien à chercher.

Peu se diront que l'histoire est peut-être différente. Et, à coup sûr, aucun ne se doute de ce que l'auteur des deux chefs-d'œuvre que sont *Voyage au bout de la nuit* et *Mort à crédit* a pu écrire d'autres livres que ceux qui sont réunis un an après son décès dans la Bibliothèque de la Pléiade…

1. Voir p. 121.

Années 1980

De vrais originaux

Devenu dépositaire des six mille feuillets, Jean-Pierre Thibaudat a mis des années à venir à bout d'un travail titanesque. Car autant de documents, c'est une vie complète de labeur à rédiger… comme à déchiffrer. Céline est né en 1894. Il y a là le très jeune homme, auteur d'une nouvelle inédite, le romancier éprouvé, l'épistolier, des dactylographies de récits, des tableaux de comptabilité, etc. Ces six mille feuillets, c'est sa vie entre 1913 et 1944, année de ses cinquante ans.

D'abord, classer. Céline numérotait des chapitres, pas des pages. Comment reconnaître les feuillets qui se suivent ? Il faudra des mois au critique de théâtre pour en reconstituer l'ordre.

Jean-Pierre Thibaudat entreprend ensuite de tout lire, d'abord pour déterminer ce qui est inédit et ce qui ne l'est pas. Il y a un manuscrit intitulé *Mort à crédit*, comprenant des variantes. Il s'agit donc de comparer ce jet au texte de l'édition de la Pléiade, d'en vérifier l'exactitude et les variantes.

Néanmoins, il faut encore déchiffrer le reste. Car Jean-Pierre Thibaudat découvre peu à peu que la plupart des textes sont entièrement inédits. Leur transcription sera ardue. Peu de pages ne comportent pas de ratures et la quasi-totalité est gribouillée de repentirs, d'ajouts, de biffures.

Lors de notre long premier rendez-vous à mon cabinet, il m'apprendra qu'il a acheté quelque huit cents livres de documentation, notamment lorsqu'ils comportaient des fac-similés de l'écriture de Céline, afin de mieux se familiariser avec celle-ci. Il s'est abonné au *Bulletin célinien* et a avalé quantité de thèses de doctorat.

De ce labeur de Romain, il écrira d'ailleurs, dès août 2021 : « Des années durant, j'allais vivre, par à-coups, par vagues de travail, avec ce trésor. Dans le plus grand secret. Des nuits durant, j'allais explorer, déchiffrer des centaines et des centaines de pages en m'attachant avant tout aux textes inédits tout en me nourrissant de toute la littérature célinienne, devenant, par la force des choses, un apprenti célinien. Fasciné, envoûté, comme drogué. Harassant mais gratifiant, ce travail solitaire. Respirant l'écriture, pistant la ponctuation erratique, m'enfonçant dans un déchiffrement souvent retors, butant sur un mot, une phrase indéchiffrable, y revenant, me noyant dans les repentirs. Et, parfois, ayant peur que la maison brûle, que tout parte en fumée[1]. »

Dans le lot extraordinaire que m'apporte Jean-Pierre Thibaudat lors de notre première entrevue, se trouvent quatre grands textes inédits.

D'abord un long manuscrit de mille pages intitulé *Londres*, en trois parties, dont une déjà retravaillée et quasi prête à être publiée, les deux autres déjà très élaborées.

1. Blogs.mediapart.fr/jean-pierre-thibaudat, « Le trésor retrouvé de Louis-Ferdinand Céline », 6 août 2021.

Figure également la version complète de *Casse-pipe*, dont on ne connaissait jusqu'alors que quelques dizaines de pages. Ainsi que deux versions de *La Volonté du roi Krogold* – dont l'une, intitulée *La Légende du roi René*, est dactylographiée –, un texte légendaire écrit sur le mode du roman de chevalerie, que Denoël avait eu le malheur de refuser tant il tranchait avec le style autobiographique et abrupt de Céline.

Il y a là, en outre, un roman autobiographique totalement inconnu que Jean-Pierre Thibaudat a baptisé *La Guerre* et que je renommerai *Guerre* au micro de France Inter, début août 2021, peu après la révélation par *Le Monde* de l'existence des six mille feuillets. Quelques jours plus tard, je lirai dans une interview d'Antoine Gallimard qu'il publiera *Guerre* en premier et sous ce titre que j'ai imaginé, me procurant une légère fierté. Le texte est en réalité innommé car il manque les premiers chapitres, mais les deux cent quarante feuillets subsistants sont de la veine d'un chef-d'œuvre, aussi saisissants que *Voyage au bout de la nuit*.

Et puis, dans ces valises, dorment encore une version de *Guignol's band*, une nouvelle de jeunesse, des correspondances avec des amoureuses et avec Robert Brasillach ou Robert Denoël, des photographies de Céline et de Lucette.

Ces valises renferment enfin le « dossier juif » confectionné par Céline pour nourrir ses obsessions délirantes et écrire les trois pamphlets immondes que sont *Bagatelles pour un massacre*, *Les Beaux Draps* et *L'École des cadavres*.

Jean-Pierre Thibaudat a tout lu, tout retranscrit puis saisi dans des fichiers numériques, au fil des ans. Il lui en a fallu près de quinze pour abattre ce travail, en sus de son emploi de journaliste. Il me raconte avoir pesté, certains soirs de mauvais spectacles, lorsque leur durée et l'éloignement de la salle lui faisaient perdre de précieuses heures de labeur. Il a, en outre, rédigé de longues notices afin de resituer chaque inédit dans la chrono-biblio-biographie de Céline.

Jean-Pierre Thibaudat avait promis d'attendre la mort de Lucette Destouches, dont nul ne songeait raisonnablement qu'elle atteindrait l'âge de cent sept ans. À son décès, le 8 novembre 2019, il se trouve presque pris au dépourvu. Il veut se replonger dans ses notes – depuis quelques années, il ne lit plus avec autant d'assiduité les parutions des céliniens, qui s'entassent sur son bureau. Il écrit désormais sur le théâtre pour Mediapart, quand il ne rédige pas des textes à la demande d'un festival de spectacle vivant qui souhaite ainsi nourrir ses programmes.

Soudain, le confinement du printemps 2020 offre au critique de théâtre un agenda vide de tout spectacle. Il bénéficie ainsi de plusieurs semaines pour mettre la dernière main aux corrections et précisions qu'il n'avait pas encore apportées à sa transcription. C'est à l'issue de ce dernier coup de collier, lui permettant de vérifier qu'articles récents et actes des derniers colloques n'apportaient pas d'informations utiles, qu'il me contacte.

L'innocent m'apporte d'authentiques originaux dont il n'a réalisé aucune photocopie. Il est venu en taxi, me précise-t-il, de peur qu'il ne lui arrive quelque chose dans les transports publics. Je comprends qu'il n'en existe, *a fortiori*, aucune version numérisée. Il me confie le tout et nous en ferons des copies plus tard, au prix d'heures de manutention.

Pour l'heure, je dois placer cette pile de documents extraordinaires en lieu sûr. C'est à mon tour de naviguer dans Paris avec cet énorme tas de feuillets.

10 juin 2020

Céline en droit et en stratégie

Quand il me contacte, Jean-Pierre Thibaudat vient consulter un homme de lettres, plus que grand amateur de littérature et d'histoire éditoriale, mais aussi et bien entendu l'avocat du milieu germanopratin.

Il s'en remet alors à l'homme de robe et me demande ce qu'il en est juridiquement. Il a dans l'idée qu'il ne peut rien faire, sauf à tout mettre en ligne sur Internet, sous le couvert de l'anonymat. Mais il se doute bien que ce serait du gâchis.

Se posent notamment à nous des questions relatives à la divulgation de manuscrits inédits et à la publication de versions complétées de romans jusqu'alors amputés.

Émerge également la question de la titularité des droits, entre propriété intellectuelle et propriété du support matériel, dont le sort a été plus que mouvementé. Le coup d'éclat que représente la réapparition des feuillets volés nous amènera même à faire face à une plainte de la part des ayants droit de l'auteur pour recel de vol (classée sans suite à l'automne 2021) et à justifier à nouveau de l'opportunité de publier des écrits d'une valeur inestimable pour le patrimoine littéraire, malgré l'antisémitisme avéré de leur auteur.

Commençons par rappeler que tous les textes de Céline sont, en France, protégés *a minima* jusqu'à soixante-dix ans après la mort de leur auteur, soit fin 2031. Quiconque veut publier des écrits de Céline doit donc en passer par une autorisation. C'est Céline lui-même qui, de retour en France après son long séjour contraint au Danemark, a entrepris de confier ses romans et récits à Gaston Gallimard. Celui-ci a par ailleurs racheté Denoël, l'éditeur d'origine de Céline, tué mystérieusement en décembre 1945.

Après le décès de Céline en 1961, ses ayants droit ont cédé peu à peu à la maison Gallimard l'exploitation de la quasi-totalité des œuvres non encore reparues, comme des quelques inédits trouvés de-ci de-là, même si de nombreux manuscrits et correspondances ont disparu en 1968 dans l'incendie du pavillon de Meudon.

Toutefois, Céline a, de lui-même – il faut bien dire aussi que son éditeur Denoël n'avait guère envie de persévérer ou de les commercialiser –, exercé un « droit de retrait ou de repentir » sur ses trois pamphlets antisémites. L'article L. 121-4 du Code de la propriété intellectuelle accorde en effet à tout écrivain une prérogative morale véritablement extraordinaire du droit commun, qui lui permet de revenir sur la publication de son œuvre. En dépit de tout engagement contractuel, il peut choisir de reprendre son manuscrit et, si l'œuvre est déjà publiée, d'en arrêter l'exploitation. Ce droit exorbitant est bien entendu fortement encadré : d'une part, l'auteur est tenu d'indemniser l'éditeur du préjudice subi ; par ailleurs, pour le cas où il reviendrait sur sa décision, il est tenu de proposer à nouveau son œuvre au même éditeur avant tout autre et aux mêmes conditions que précédemment conclues. Le romancier ou essayiste ne peut exercer cette prérogative que pour des raisons purement morales. En aucun cas des motifs pécuniaires ne doivent intervenir. S'il peut ainsi s'appuyer sur des préoccupations morales pour exercer son droit de retrait ou de repentir, il ne peut invoquer une rémunération trop faible.

C'est ainsi que Jacques Chardonne, en 1943, a réussi à « rattraper » *Le Ciel de Nieflheim*, un texte dont il venait de signer le service de presse, alors que le débarquement des Alliés lui paraissait une éventualité de plus en plus probable.

Plus récemment, l'affaire Cioran a opposé au palais de justice de Paris l'exécuteur testamentaire de l'écrivain roumain aux éditions de L'Herne. Ce conflit autour d'un texte haineux de jeunesse, renié plus tard par son auteur – conscient si ce n'est du caractère inacceptable de cette prose, en tout cas de l'image désastreuse qu'il aurait alors traînée dans Paris –, a notamment remis en lumière ce singulier droit de retrait ou de repentir.

En vertu de ce droit, Céline avait donc fait cesser la vente des trois pamphlets antisémites que sont *Bagatelles pour un massacre*, *Les Beaux Draps* et *L'École des cadavres*. Ces textes sont toutefois réapparus au Québec, où Céline a rejoint le domaine public dès 2012 (le droit canadien est moins favorable aux auteurs que le droit français) dans un volume intitulé *Écrits polémiques*, comprenant aussi *À l'agité du bocal*, une charge contre Sartre.

En France, ils sont trouvables d'occasion, car leurs tirages furent massifs, comme on peut aussi les dénicher sur les sites internet les plus nauséabonds. Il y a fort à parier que, en 2032, lorsque l'œuvre de Céline rejoindra le domaine public, l'idée viendra à plusieurs éditeurs de s'emparer non seulement des romans de Céline (notamment pour les rééditer en poche au prix le plus bas), mais aussi des pamphlets. Le caractère haineux de ces textes n'entraînera pas nécessairement un procès de la part des organisations de lutte contre le racisme et l'antisémitisme ou du parquet. J'en veux pour preuve la réédition des *Décombres*, le volumineux écrit antisémite et collaborationniste que Lucien Rebatet signa en 1942 – lui aussi chez Denoël – et qui est reparu en 2015 dans un très copieux ensemble intitulé *Le Dossier Rebatet*[1].

Le droit de retrait et de repentir est un attribut du droit moral, ce qui le rend applicable perpétuellement, au-delà de la limite fixée par l'arrivée dans le domaine public. Toutefois, le combat serait rude pour les héritiers de Céline car, en 2019, ils ont envisagé de céder et de laisser republier les pamphlets.

Lucette Destouches et son avocat qui faisait office de porte-parole, François Gibault, s'interrogeaient en effet de plus en plus sur la possibilité d'une réédition scientifique chez Gallimard, dotée d'un apparat critique inattaquable, préfacée avec dignité et respect de la mémoire de la Shoah, afin de couper court à tout infâme traficotage.

1. *Le Dossier Rebatet. Les Décombres. L'Inédit de Clairvaux*, édition établie et annotée par Bénédicte Vergez-Chaignon et Pascal Ory, Robert Laffont, coll. « Bouquins », 2015.

L'information a été rendue publique par François Gibault, de façon adventice, au détour d'une interview plus générale. La polémique a vite enflé, d'autant plus que, chez Gallimard, les choix des annotateurs et préfaciers – on parlait du critique et homme de lettres Pierre Assouline – n'avaient pas été arrêtés. Le projet a été suspendu *sine die*. Mais il se dit que l'argent avancé alors par Gallimard a permis de rehausser confortablement les droits d'auteur de Lucette Destouches, lui permettant ainsi de s'offrir les soins à domicile liés à son grand âge. Revers de la médaille pour la succession Céline : elle est devenue débitrice envers son éditeur de toujours. Et de placer les uns pour se rembourser, les autres pour payer leur dette, en position de publier au plus vite tout inédit…

Plongeons-nous encore un instant, avec cette somme due en tête, dans les questions juridiques que posaient les manuscrits inédits apportés par Jean-Pierre Thibaudat en juin 2020.

Il y avait là, dans mon bureau, des manuscrits de textes connus, à commencer par *Mort à crédit* et *Guignol's band*. Cependant, je découvrais aussi l'équivalent de quatre grands livres inédits : un texte dénommé *Londres* (mille feuillets), un autre que Jean-Pierre Thibaudat appelait *La Guerre* (deux cent quarante feuillets), six cents pages jamais vues ni lues de *Casse-pipe* et, enfin, *La Légende du roi René* (ou *La Volonté du roi Krogold*), un roman chevaleresque. Sans oublier des « choses » plus mineures, comme cette nouvelle de jeunesse intitulée *La Vieille dégoûtante*. Ce texte, que j'ai lu dès l'été 2020 grâce à Jean-Pierre Thibaudat, a été publié en avril 2023 dans un numéro de la *NRF* : rien de très bouleversant, et toutefois un inédit d'un immense romancier.

Le roman de chevalerie avait été soumis à Denoël, qui l'avait refusé. L'auteur lui-même, dans sa correspondance, avait évoqué d'autres volumes complétant *Voyage au bout de la nuit* et *Mort à crédit.* Quelques dizaines de pages de *Casse-pipe* avaient été publiées en 1948. Mais nul ne pouvait soupçonner, voire concevoir un tel trésor.

On sait que Céline a eu du mal à se faire publier. Son *Voyage au bout de la nuit* avait été révoqué par Gallimard avant de paraître chez Denoël, qui ne lui a versé de droits qu'à partir de quatre mille exemplaires vendus : les six cent trente-deux pages coûtaient cher à imprimer. On comprend, dans ces conditions, que Céline ait conservé par-devers lui ce qui était trop gros, trop « bavard » et saisissant pour le milieu littéraire.

Le juriste que je suis et que sollicitait Jean-Pierre Thibaudat a d'autres préoccupations. En vertu notamment d'un droit dit de « divulgation », le Code de la propriété intellectuelle précise que l'auteur « détermine le procédé de divulgation et fixe les conditions de celle-ci ». Le droit de divulgation est donc le droit en vertu duquel l'auteur est seul à décider si son œuvre peut être ou non rendue publique.

L'enchevêtrement de textes inédits et de nouvelles variantes, de textes connus et de lettres jamais lues, ajoutait aux difficultés de l'affaire. Que pouvait-on rendre public ou non, publier et éditer, rendre accessible à la recherche ?

La faculté de divulguer est un attribut du droit moral, ce qui lui donne une puissance particulière : quand bien même un écrivain serait lié par un contrat et tenu de livrer un manuscrit, les tribunaux ne peuvent l'y forcer s'il s'y refuse. Les magistrats lui demanderont de verser à l'éditeur une compensation pécuniaire, mais en aucun cas ils ne lui feront obligation de livrer son œuvre.

De même, quiconque entre en possession du support matériel d'une œuvre ne peut la divulguer qu'avec le consentement de l'auteur. C'est ainsi que le propriétaire d'un tableau ou d'un manuscrit peut se voir interdire de le rendre public.

Quant aux « conditions » du « procédé » de divulgation, dont l'auteur reste maître selon la loi, il s'agit tout simplement du droit attribué à l'auteur de librement décider, par exemple, que sa pièce ne sera pas publiée mais seulement jouée, ou bien récitée mais non jouée, etc.

Cet aspect du droit moral ne doit pas être pris à la légère. Il a ainsi été jugé par la Cour de cassation, le 25 février 1997, que la production d'un manuscrit inédit en justice constituait une divulgation de l'œuvre et donc une violation du droit moral... Et le tribunal de grande instance de Paris a rappelé, le 21 septembre 1994, qu'une autorisation de consultation d'archives inédites ne permet pas au chercheur de divulguer en librairie l'œuvre ainsi découverte.

Le droit de divulgation s'étend jusqu'aux conditions de la révélation. C'est ainsi qu'un auteur peut invoquer ce droit moral pour refuser une exploitation sur certains supports. Le 13 février 1981, la cour d'appel de Paris a jugé, à propos de portraits représentant Jean Anouilh, que si le photographe « avait autorisé *Paris Match* à divulguer les cinq photos en cause dans son magazine, il n'a jamais autorisé TF1 à les divulguer par la voie de la télévision ».

Perpétuel comme tous les droits moraux, et franchissant donc la frontière du domaine public, le droit de divulgation est transmissible par voie successorale. Aux termes du Code de la propriété intellectuelle, « après sa mort, le droit de divulgation de ses œuvres posthumes est exercé leur vie durant par le ou les exécuteurs testamentaires désignés par l'auteur. À leur défaut, ou après leur décès, et sauf volonté contraire de l'auteur, ce droit est exercé dans l'ordre suivant : par les descendants, par le conjoint contre lequel n'existe pas un jugement passé en force de chose jugée de séparation de corps ou qui n'a pas contracté un nouveau mariage, par les héritiers autres que les descendants qui recueillent tout ou partie de la succession, et par les légataires universels ou donataires de l'universalité des biens à venir »...

Bref, il y a toujours quelqu'un pour veiller au grain ; et je voyais mal comment nous allions pouvoir passer outre ce risque. Alors que Jean-Pierre Thibaudat s'apprêtait à publier, en octobre 2022, le récit de ses aventures comme une analyse de ce qu'il avait conservé et surtout déchiffré, le service juridique de Gallimard s'est fendu à son encontre d'une lettre de mise en garde pour éviter qu'il ne « divulgue » le contenu des textes alors encore inédits.

De fait, l'exercice *post mortem* du droit de divulgation a donné lieu à quelques-unes des plus retentissantes affaires juridico-littéraires.

Le Code de la propriété intellectuelle envisage en effet également les « cas d'abus notoire dans l'usage ou le non-usage du droit de divulgation de la part des représentants de l'auteur décédé ». La cour d'appel de Paris a ainsi sanctionné, le 24 novembre 1992, la publication des cours de Roland Barthes. Les séminaires de Jacques Lacan ont été examinés par le tribunal de grande instance de Paris, le 11 décembre 1985.

Plus récemment, le 24 octobre 2000, la Cour de cassation a mis un terme à l'affaire Antonin Artaud. Les hauts magistrats ont rejeté les demandes du neveu du créateur visant à interdire aux éditions Gallimard la publication du vingt-sixième tome de ses œuvres. Ils ont estimé que « le droit de divulgation *post mortem* n'est pas absolu et doit s'exercer au service de l'œuvre, en accord avec la personnalité et la volonté de l'auteur telle que révélée et exprimée de son vivant ; [...] en l'espèce, l'édition des œuvres complètes d'Antonin Artaud, voulue par l'auteur et entreprise avec l'assentiment de ses héritiers, s'est poursuivie depuis la mort du poète, conformément à sa volonté de communiquer avec le public et dans le respect de son droit moral, pour la propagation d'une pensée qu'il estimait avoir mission de délivrer ».

À son tour, le 24 janvier 2001, la cour d'appel de Toulouse a débouté les ayants droit d'un écrivain espagnol qui tentaient de s'opposer à la sortie en France d'un roman dont l'auteur avait de son vivant autorisé la traduction.

La Cour de cassation a encore estimé qu'à défaut d'avoir clairement exprimé sa volonté l'explorateur François Balsan n'avait pas souhaité voir divulguer ses écrits après sa mort.

Aux termes de l'article L. 123-4 du Code de la propriété intellectuelle, « le droit d'exploitation des œuvres posthumes appartient aux ayants droit de l'auteur si l'œuvre est divulguée au cours de la période [de protection, c'est-à-dire généralement pendant soixante-dix ans à compter de la mort de l'auteur]. Si la divulgation est effectuée à l'expiration de cette période, il appartient aux propriétaires de l'œuvre, par succession ou à d'autres titres, qui effectuent ou font effectuer la publication ».

Pour l'écrivain qui n'est pas encore tombé dans le domaine public, seuls ses ayants droit percevront des redevances ; en revanche, pour ce qui est du manuscrit caché et publié après la période légale de protection, les droits patrimoniaux reviendront au propriétaire matériel de l'inédit. Il s'agit là d'une exception au principe d'indépendance des propriétés incorporelle et matérielle.

Dans ce second cas, « la durée du droit exclusif est de vingt-cinq années à compter du 1er janvier de l'année civile suivant celle de la publication ». Mais l'abus de droit sanctionne ceux qui attendront l'expiration de la période légale de protection pour divulguer leurs trésors et bénéficier de quelque vingt-cinq ans de redevances. De plus, en 1990, la cour d'appel de Paris a estimé que celui qui procède à la publication d'un inédit ne peut exiger la mention de son nom sur chaque reproduction de cet inédit.

Les interrogations se font par ailleurs nombreuses face à la multiplication des différents états (ébauches, brouillons, etc.) d'un même texte, voire de ses copies manuscrites successives ; sans compter que, dans l'avenir, le cas des écrivains qui ne passent pas par une étape manuscrite – créant directement sur leur antique Underwood ou sur leur Mac – entraînera de nouveaux conflits. Un arrêt de la Cour de cassation de 1993, rendu à propos d'un inédit de Jules Verne, a tranché en faveur du propriétaire du manuscrit original et non de celui de la copie.

L'article L. 123-4 du Code précise : « Les œuvres posthumes doivent faire l'objet d'une publication séparée, sauf dans le cas où elles ne constituent qu'un fragment d'une œuvre précédemment publiée. Elles ne peuvent être jointes à des œuvres du même auteur précédemment publiées que si les ayants droit de l'auteur jouissent encore sur celles-ci du droit d'exploitation. » Une telle prohibition trouve son origine dans la peur de voir certains collectionneurs de manuscrits procéder à un amalgame trompeur entre les deux parties et s'arroger des droits sur des œuvres déjà tombées dans le domaine public.

La pratique invite les éditeurs prudents qui souhaitent réunir les inédits à obtenir l'accord aussi bien du propriétaire du manuscrit que des ayants droit de l'auteur. Car, en tout état de cause, ceux-ci conservent un droit moral sur l'ensemble de l'œuvre, droit qui ne connaît pas le domaine public, puisqu'il est transmissible perpétuellement.

Enfin, c'est ce même droit de divulgation qui empêche également la simple citation, sans autorisation expresse, de textes inédits.

Nous étions donc confrontés, au-delà de la découverte exceptionnelle, à un défi juridico-littéraire.

Enfin, parmi l'incroyable volume des manuscrits et archives inédits de Céline, se trouvaient de nombreuses correspondances qui nécessitaient, elles aussi, une approche juridique. Qui peut en effet autoriser la publication des nombreuses lettres échangées entre Céline et son éditeur

Robert Denoël (assassiné en 1945), ses amoureuses, ou encore le collaborateur Robert Brasillach ?

Le principe d'indépendance des propriétés matérielle et intellectuelle met à mal la croyance, assez curieusement répandue, selon laquelle le destinataire d'une correspondance en possède les droits intellectuels. En réalité, seul l'auteur de la correspondance est titulaire des droits. La propriété matérielle de lettres qui bénéficie au destinataire ne permet pas de les rendre publiques – elles gardent un caractère confidentiel – et encore moins de s'en attribuer les droits d'exploitation. Il est nécessaire d'obtenir l'autorisation du titulaire des droits intellectuels sur cette œuvre, titulaire qui, généralement, est l'auteur ou ses héritiers.

Il convient de garder à l'esprit l'exemple de cet étudiant en doctorat qui, ayant obtenu l'autorisation d'utiliser la correspondance de Romain Rolland à Stefan Zweig pour sa thèse, se crut autorisé à en tirer un livre. L'ouvrage fut vite saisi à la demande de la veuve de l'écrivain français.

Il existe un tempérament évident à la publication d'un « matériau » aussi intime qu'une correspondance. La divulgation ne doit pas être préjudiciable pour l'auteur des lettres comme pour son destinataire, ou encore des tiers aux correspondants, que ce soit en termes de diffamation, d'injure ou, plus fréquemment, d'atteinte à la vie privée.

Il a ainsi déjà été jugé, à propos de lettres de George Sand, que l'« auteur a créé une valeur qu'il peut mettre à profit, à son heure, pourvu qu'il ne compromette pas, par sa publication, le nom ou les intérêts du destinataire ».

Le propriétaire matériel des lettres pourra donc tout au plus exercer une sorte de droit d'accès, c'est-à-dire monnayer le droit d'en prendre sereinement connaissance et d'en faire copie. La loi prévoit en effet qu'il ne pourra être exigé « du propriétaire de l'objet matériel la mise à leur [*l'auteur et ses ayants droit*] disposition de cet objet pour l'exercice » des droits. « Néanmoins, en cas d'abus notoire du propriétaire empêchant l'exercice du droit de divulgation, le tribunal de grande instance peut prendre toute mesure appropriée », c'est-à-dire ordonner notamment qu'il soit passé outre à cette rétention.

En clair, l'exploitation des 600 feuillets, sans l'approbation des héritiers, était périlleuse, malgré des impératifs littéraires et politiques.

11 juin 2020

Les héritiers

Quand Jean-Pierre Thibaudat me « déballe » littéralement son « trésor », je crois déjà connaître mon visiteur du lendemain.

Je suis lié d'amitié, depuis de nombreuses années, à celui que l'on présente dans le Tout-Paris comme « l'exécuteur testamentaire » de Céline. Il s'agit de mon confrère François Gibault. Un personnage, si ce n'est de légende, en tout cas de roman.

François Gibault a vu le jour dans un hôtel particulier rue Monsieur, dans le VIIe arrondissement de Paris, quartier des plus chics et opulents. Il y est né, y vit et y mourra. Le bâtiment voisin était le « salon oriental » de ses parents, connu des Parisiens comme le cinéma La Pagode. François a vendu ce lieu inouï – un temple bouddhiste en plein cœur du vieux Paris – au conseil régional d'Île-de-France, qui le réhabilite.

L'appartement est, quant à lui, couvert de toiles de Dubuffet et Chaissac, d'encres d'Henri Michaux et de centaines d'œuvres encadrées – sans oublier le masque mortuaire et le moulage de la main de Céline. Quand il ne reçoit pas dans ces salons en enfilade et couverts de boiseries, François Gibault laisse dans chaque pièce un costume posé à terre au côté d'un dossier avec lequel il s'accorde : dictateurs africains, ambassades orientales, nobles aux déboires inquiétants.

Dans l'esprit de beaucoup, il est cet « anarchiste de droite », défenseur (avec Jacques Vergès) de Jean-Edern Hallier, mais aussi avocat du « fils français d'Hitler[1] », de Bokassa, de Kadhafi, de membres de l'OAS. Partisan de l'Algérie française, à l'âge de vingt-quatre ans, il se retrouve sur la ligne de front : « Ce jour-là, j'ai été dépucelé en quelque sorte et je n'ai plus jamais eu peur, quelles que soient les circonstances dans lesquelles je me suis trouvé : quand un fellaga m'a tiré dessus à bout portant ; quand j'ai sauté sur une mine antichars ; quand ma jeep a roulé sur une mine que le blindé qui me suivait a fait exploser ; quand notre colonne a été attaquée au bazooka[2]. » Il est remarqué par Jean-Louis Tixier-Vignancour, avocat de Céline, qui lui confie la défense de l'un des conjurés de l'attentat raté du Petit-Clamart, Alphonse Constantin. C'est l'une des premières affaires de François Gibault, fraîchement promu, en 1962, secrétaire de la Conférence, ce qui signifie qu'il a fait partie des vainqueurs de ce très ancien concours d'éloquence. En 1978, il devient membre du conseil de l'Ordre.

Certains commentateurs le classent comme « avocat des causes troubles » et « expert ès camouflages », en particulier « défenseur de terroristes arabes – Libyens dans

1. Jean-Marie Loret (1918-1985). *Cf.* Jérôme Béglé, « Le fils français caché d'Adolf Hitler », *Le Point*, 17 février 2012.
2. Gaspard Dhellemes, « François Gibault, le goût de l'indéfendable », *Vanity Fair*, septembre 2018.

l'explosion du DC-10 d'UTA [cent soixante-dix victimes] ou Iraniens dans le meurtre de Chapour Bakhtiar[1] [le 6 août 1991] », ou encore de femmes et d'hommes politiques de droite (Michel Noir, Alain Carignon, ou encore la fille de Yann Piat, députée ex-FN assassinée en 1994). C'est un peu vite le « catégoriser » et oublier qu'il est, entre autres distinctions, commandeur de la Légion d'honneur, chevalier de l'ordre national du Mérite et croix de la Valeur militaire.

Parallèlement, il côtoie Françoise Sagan et son mari Robert Westhoff, ex-officier de l'armée américaine, désormais mannequin puis sculpteur à Montmartre, avec qui il vivra une histoire forte : « Il m'a rénové de fond en comble. » Sagan, dit-il, « était très tolérante, Bob a habité vingt-cinq ans chez moi, jusqu'à sa mort[2] ». Quand s'éteint Westhoff, en 1990, il cesse totalement de boire. Je ne l'ai jamais vu absorber une goutte d'alcool, ni déjeuner non plus, souriant mais sévère dans son costume et son indéfectible cravate. Il s'est ensuite amouraché de Filip, le chanteur des 2Be3, un des premiers *boys bands* français.

Si Malraux et Aragon ne l'ont pas positivement impressionné, c'est lui qui présente à « Mme Céline » Charles Aznavour, Carla Bruni, Patrick Modiano ou Angelo Rinaldi, qui prennent le thé avec elle : « Aznavour-Céline, le choc a été fort, la maison en résonne encore[3]. » Autre artiste de génie qui a « refait » son éducation, « secondé par Louis-Ferdinand Céline » : Jean Dubuffet, « ni pluriel

1. *Libération*, 14 octobre 1997.
2. « François Gibault, le goût de l'indéfendable », art. cit.
3. François Gibault, *Libera me*, Gallimard, 2014.

ni grégaire, mais singulier et libre », qui a formé son goût et ouvert le champ des multiplicités sainement contrariées. « De permanence entre deux chaises, à la croisée de plusieurs chemins, il existe en moi un fonds traditionnel qui guerroie sans cesse avec mon attrait pour les tables rases, les idées neuves et la révolution[1] », écrit-il à propos de lui-même dans *Libera me*, une sorte d'autobiographie en forme d'abécédaire où l'on découvre les noms de ses clients comme de ses amis et où j'ai l'honneur de figurer.

François Gibault, fondateur et ancien président de la Société d'études céliniennes, toujours à la tête de la Fondation Dubuffet, « s'est ainsi forgé l'esprit au contact des plus grands artistes, écrivains ou hommes politiques[2] », lui-même homme de lettres mais demeurant un « véritable avocat » – comme dans l'affaire Bamberski[3] – pendant plus de vingt ans.

À ceux qui pensent qu'être avocat c'est chercher la vérité, y compris la sienne, il répond que cette dernière « n'existe pas », tout n'étant qu'« inventions accumulées, mensonges, affabulations, rêves insensés, espérances trahies, rien d'autre que des portes qui s'ouvrent sur pas grand-chose et qui se referment sur rien[4] ».

1. *Ibid.*
2. *Le Point*, 16 avril 2014.
3. En 2009, André Bamberski avait fait enlever en Allemagne le Dr Krombach, qui avait drogué, violé et tué sa fille Kalinka, afin de le livrer à la justice française. Il fut lui-même condamné à un an d'emprisonnement avec sursis pour cet enlèvement. François Gibault est resté son conseil jusqu'à ce qu'il décide, en 2012, de se passer de tous ses défenseurs.
4. *Libera me*, *op. cit.*

Aujourd'hui âgé, François Gibault, né en 1932, est marié au très beau, tendre et athlétique Gang Peng, un chorégraphe chinois devenu français et chevalier des Arts et lettres, après avoir quitté la Chine. Dans une vie antérieure, Gang, qui a vu le jour en 1966, a été danseur à l'Opéra de Pékin, au sein duquel ses parents, artistes du même opéra, l'ont élevé : une éducation sévère, entre le dortoir de l'opéra et les répétitions, loin de ses géniteurs. Gang m'a souvent raconté que, chaque matin, les jeunes pensionnaires commençaient la journée en s'exerçant à l'extérieur des bâtiments, pieds nus dans la neige. Cette « rigueur » est l'égale de celle que François Gibault s'impose à lui-même, ce qui les ont sans doute séduits mutuellement. Gang Peng a débuté en France au Ballet atlantique créé à La Rochelle par la chorégraphe Régine Chopinot, dont j'ai été l'avocat. Après avoir quitté une énième tournée de l'Opéra de Pékin, il avait vite entrepris, grâce à Régine, de s'installer en France pour y vivre librement son homosexualité et connaître une existence différente du régime très encadré de sa prestigieuse « compagnie » d'origine. Au début des années 2010, Gang a conçu un enfant avec une mère porteuse californienne. François Gibault élève ce jeune garçon comme son héritier.

Une anecdote suffira à illustrer la force physique et d'âme de Gang. J'ai habité longtemps à deux pas de l'hôpital Cochin. Il y avait été hospitalisé après avoir perdu connaissance dans la rue. Je suis venu lui rendre visite. À l'accueil du service, une infirmière me dit que je trouverai « le Chinois » dans le couloir principal. De fait, Gang était sorti de sa chambre, la perfusion accrochée au bras, pour faire des pompes et des étirements dans le couloir en attendant les résultats des examens et le droit de rentrer chez lui...

François Gibault, du vivant de Lucette Destouches, a géré pour elle les rééditions de toute l'œuvre de Céline chez Gallimard. Gaston Gallimard, et à sa suite Claude et Antoine, a tout fait pour attirer dans la maison les plus grands auteurs français du XXe siècle. Céline avait fait partie des prises. L'avocat Gibault a lui-même fini par y publier plusieurs ouvrages, accueillis par Antoine Gallimard comme une sorte de passage obligé, de corollaire au catalogue des auteurs « pléiadisés ». Gang Peng, à son tour, a écrit un livre de souvenirs, *Artiste du peuple*, publié par Gallimard en 2011.

Gang était venu une première fois en tournée officielle en France avec un groupe de danseurs de l'Opéra de Pékin. Puis il y avait été envoyé de nouveau, accompagné de quelques camarades, dans le cadre d'un accord signé par la région Poitou-Charentes. Régine Chopinot l'avait vu exécuter des sauts périlleux en cascade pour traverser la rue, avant de retraverser en sens inverse en marchant sur les mains...

Je me suis souvent rendu à La Rochelle pour travailler avec l'équipe de Régine Chopinot, au gré de réunions ou à l'occasion de procès que je plaidais au tribunal local. Le hasard a voulu que je me lie d'amitié avec Gang, qui vivait déjà avec François Gibault. Nous avons ainsi eu l'occasion de nous voir maintes fois, en tête-à-tête ou avec François, ou encore lors des vernissages, premières et autres mondanités où l'on retrouve tantôt les avocats, tantôt le milieu littéraire, tantôt encore le milieu artistique (celui de la danse comme des arts dits graphiques et plastiques).

Un printemps que j'étais au Festival de Cannes à l'invitation de Gilles Jacob, son président dont j'étais le conseil, Gang est venu me rejoindre pendant trois jours afin de bénéficier de mes passes et badges, valables pour deux, dans le but de monter les marches sous les appareils des photographes. Il lançait une société de courtage d'assurances dont il voulait assurer la promotion auprès d'une clientèle asiatique vivant en Europe.

Nos liens ont été si forts au long des années qu'en janvier 2021, alors que François Gibault m'avait déclaré la guerre en raison de l'affaire Céline, Gang m'a invité à venir dîner chez eux avant le nouvel an chinois. Je lui ai signalé que son compagnon risquait de mal le prendre. De fait, il m'a rappelé, toujours aussi gentil mais un peu penaud. Notre amitié est en suspens depuis lors, mais pas notre affection réciproque.

J'ajoute encore une ou deux anecdotes qui montrent les liens m'ayant uni à François Gibault et qui caractérisent le personnage.

Ainsi, il y a une quinzaine d'années, il m'appelle tout à trac pour me parler d'une affaire très confidentielle.

Je comprends, comme dans toutes ces situations, qu'il faut se voir et ne pas utiliser plus avant le téléphone. Son cabinet, son antre, est à dix minutes du mien. Et le voici devant moi me demandant si je suis bel et bien franc-maçon. Je le lui confirme bien volontiers. Et lui, soulagé, de me dire qu'il n'en connaît que deux, dont un en qui il n'a aucune confiance. Il me recommande un ami cher, initié dans une loge éloignée de partis et qui vient de s'y établir. Son protégé me rejoindra d'autant plus facilement, et François l'ignore alors, que je le connais déjà...

Mon amitié avec François Gibault était telle que j'avais aussi assisté à son énième remise de décoration (un art où il excelle), dans La Pagode, sous la houlette de Nicolas Sarkozy, alors chef de l'État et seul en grade à pouvoir la lui remettre.

François a organisé durant ma campagne de candidat au conseil de l'Ordre (du barreau de Paris) un cocktail dans son antre magique. Quelques confrères de poids sont venus boire une coupe, sans que notre hôte accepte que j'en paye une larme.

Le soir de l'élection, j'ai appelé François pour lui faire part de ma déconvenue de premier battu (c'est-à-dire le plus proche des candidats battus). Il m'a fait promettre de recandidater, arguant que nul n'était élu au premier tour, lui compris. Je me suis représenté la fois suivante, ai gagné confortablement avant de découvrir, en lisant les archives, que Me Gibault avait triomphé au premier tour dès sa première tentative.

La vindicte de François à mon encontre l'a conduit, depuis lors, à me rayer de la liste des invités de la Fondation Dubuffet qu'il préside. Cette mise au ban a été prononcée après un vernissage où je m'étais rendu en septembre 2020, alors que notre affaire Céline tournait vinaigre, au grand dam de la directrice de la fondation. Gang m'y avait accueilli à bras ouverts, insistant pour que j'aille saluer son compagnon, soudain livide. Depuis qu'il m'avait fait inscrire sur le fichier, j'étais présent à chaque nouvelle exposition de la Fondation Dubuffet. Trois ou quatre ans auparavant, l'avocat-écrivain m'avait même convié à passer une longue journée avec lui, Gang, leur fils et quelques proches à Périgny-sur-Yerres pour visiter l'atelier/site de réalisation de Dubuffet.

Que dire de plus sur mes liens avec François Gibault, qui ont beaucoup joué dans cette affaire Céline, ainsi que sur sa personnalité, déterminante dans l'amitié qui nous a rapprochés, puis dans la bataille qui nous a opposés ? Qu'en 2013, alors que j'étais membre du conseil de l'ordre du barreau de Paris depuis vingt ans, il a demandé à être reçu, en ma présence, par la bâtonnière Christiane Féral-Schuhl. Malgré notre amitié, j'ai été étonné de cette invitation en forme de convocation. Conservateur du musée du Barreau durant vingt-neuf ans, il souhaitait annoncer sa démission, sous réserve que je sois nommé pour lui succéder.

Sa politique « ni public, ni chercheur », nous explique-t-il alors, connaît des limites et doit peut-être changer. Lorsqu'il a été désigné en 1984, les archives étaient une affaire très sensible. Sous l'Occupation, l'ordre des avocats avait radié nos confrères juifs avant même que cette infamie ait été suggérée par Pétain, Laval et leurs sbires. Cette histoire a d'ailleurs été racontée par Robert Badinter, grand avocat et ancien garde des Sceaux[1]. « Nous » – l'ordre des avocats – détenons donc les dossiers des collabos, le bâtonnier de 1941 étant resté en fonction jusqu'au départ des Allemands. Dans ces archives figure par exemple le dossier de Pierre Masse, avocat et ancien membre du gouvernement de Léon Blum durant le Front

1. Robert Badinter, *Un antisémitisme ordinaire. Vichy et les avocats juifs. 1940-1944*, Fayard, 1997.

populaire, radié du barreau, arrêté et conduit à Drancy, puis déporté à Auschwitz d'où il ne revint pas. Il avait écrit des lettres à son bâtonnier, rappelant l'héroïsme de son père à Verdun et suggérant qu'on lui retire la Légion d'honneur. Or les correspondances entre les avocats et leur Ordre sont par nature confidentielles, et les autorités ont respecté ce secret. Il y a là toute la honte du barreau.

En 1984, des protagonistes étaient encore vivants. Leurs enfants exerçaient dans des cabinets familiaux où les élites se reproduisent entre elles. D'où une certaine propension à l'*omertà*. François Gibault, farouche partisan du secret, était donc plus que favorable à ce que les archives de l'ordre des avocats du barreau de Paris ne soient pas consultables par tous. Un goût du secret auquel Jean-Pierre Thibaudat, pour sa part, n'aspire plus : Lucette Destouches étant morte en 2019, il est devenu libre de venir me parler des manuscrits et les rendre publics. D'un côté, le silence ; de l'autre, la publication et l'accès pour les chercheurs grâce au versement dans une institution.

Une anecdote résume bien cet antagonisme entre la vision de François Gibault, partagée par Véronique Chovin, sa cohéritière, ancienne élève de danse de Lucette Destouches, et la nôtre. Lorsque cette dernière décède, le 8 novembre 2019, l'avocat est entouré de journalistes. Il va de soi que l'information ne peut pas être tue – la vie de Lucette Destouches a fait l'objet de livres[1] – et

1. Véronique Robert-Chovin, *Lucette Destouches, épouse Céline* (Grasset, 2017), mais aussi *Madame Céline*, de David Alliot (Tallandier, 2018). Mon amie Sandra Vanbremeersch, qui travailla

encore moins par ceux qui en sont presque les témoins directs. La nouvelle fuite en quelques heures et, dès le 9 novembre, alors que je préside une réunion lors du congrès de l'Union internationale des avocats, j'adresse un courriel de condoléances à François. Je n'avais guère de sympathie pour Lucette Destouches, mais je connais de longue date le temps que François lui a consacré. Il me répond d'ailleurs, presque du tac au tac (alors qu'il n'est pas vraiment un *geek* de la Silicon Valley) :

> « Merci, cher Emmanuel, pour ton mot de compassion.
> Je t'embrasse.
> François »

Revenons en 2013. La nouvelle bâtonnière, Christiane Féral-Schuhl, contre qui j'ai fait campagne, mais que je connais et respecte depuis longtemps, m'a nommé responsable des affaires culturelles du barreau. Elle m'interroge illico. J'accepte de succéder à François Gibault, sous réserve qu'il soit nommé conservateur honoraire. Le tout sera avalisé quelques jours plus tard par le conseil de l'Ordre, lors de sa séance. J'occuperai plus de huit ans la fonction de conservateur, ouvrant au public, aux journalistes et aux scientifiques les collections du musée. Par la suite, l'éphémère bâtonnier Olivier Cousi décidera de le fermer, un choix purement lié à des économies non essentielles, décidé avant même la pandémie et pensé contre la culture, son accessibilité et la recherche. Las, son

---

au service de Lucette Destouches durant de nombreuses années, a quant à elle raconté dans un livre, *La Dame couchée* (Seuil, 2021), l'étrange climat qui régnait à Meudon.

inconsistante successeuse a entériné ce désintérêt pour l'histoire et la pédagogie.

Ma confiance en la piste « François Gibault », principal héritier par accident de Louis-Ferdinand Céline – qu'il n'a jamais rencontré, mais qu'il représente depuis plus de soixante ans –, tient aussi à nos amis communs. Je suis ainsi très lié à Isabelle Coutant-Peyre, l'une de ses intimes. La bravoure de cette avocate n'a d'égale que sa réputation sulfureuse. Nous partageons professionnellement certaines affaires dites sensibles, aux confins de l'art, de la politique et de la diplomatie internationale. Car Isabelle a été, comme François, secrétaire de la Conférence. Elle représente à la fois Charles Sobhraj, accusé de crimes en série en Asie, le terroriste Carlos, la République islamique d'Iran et quelques personnages emblématiques qui lui ont valu d'être l'associée du célèbre Jacques Vergès.

Isabelle Coutant-Peyre a été parfois surnommée « l'avocate de la terreur » ou, selon *Le Monde*, la « défenseuse d'ennemis publics ». En 2020, à l'âge de soixante-sept ans, elle a défendu pendant des semaines Ali Riza Polat, le principal accusé dans le procès des attentats de janvier 2015 contre *Charlie Hebdo* et l'Hyper Cacher, où dix-sept personnes trouvèrent la mort. « L'avocat doit traverser le temps », dit-elle en juin 2021, ajoutant, quitte à froisser, que les résistants d'hier, devenus des héros, furent d'abord considérés comme des terroristes. Elle qualifie d'ailleurs ce procès de 2020 de « spectacle pénible », de « tournage de film organisé à l'avance » – car, selon elle, « les grands terroristes, ce sont les États » qui disposent d'un « droit à la violence légale »…

Dans la liste de ses clients : Jean-Edern Hallier, Dieudonné, mais aussi le père de Mohammed Merah, dont le fils assassina sept personnes en 2012, parmi lesquels trois enfants juifs, avant d'être abattu par le Raid. Amie de François Gibault, qui a plaidé pour Jacques Vergès après l'avoir affronté dans les prétoires lors de la guerre d'Algérie, elle a donc tenté d'intervenir pour solder le contentieux entre François et moi, né de « l'affaire Céline ».

D'ailleurs, Isabelle Coutant-Peyre et Jacques Vergès sont venus au cocktail que François Gibault a donné chez lui pour la campagne électorale qui m'a permis d'être élu au conseil de l'ordre du barreau de Paris.

Autre trait d'union entre François Gibault et moi, notre confrère Alex Ursulet, dont j'ai édité chez Flammarion, maison qui me publie régulièrement et au sein de laquelle j'étais directeur de collection dans les années 2000, un témoignage accusateur sur la police française[1]. Ce brillant avocat, originaire de la Martinique (dont son père était bâtonnier), a été le collaborateur de François Gibault. Il s'est efforcé en vain, comme Isabelle, de ramener un peu de paix et de raison dans cette si passionnelle affaire.

Je me dois enfin de citer un autre ancien collaborateur de François Gibault que je connais bien : l'avocat Charles Consigny, qui s'est fait connaître sur le plateau de Laurent Ruquier avant de se lancer en politique dans les rangs des Républicains. J'ai vu Charles aussi bien chez François, à de nombreuses occasions, que lors de salons du livre, tel celui de l'île de Ré, où signaient d'ailleurs François ainsi que ce pauvre Édouard Louis, dont j'ai été

1. Alex Ursulet, *Pourquoi me tutoyez-vous ?*, Flammarion, 2005.

l'employeur, l'ami et l'avocat bénévole, mais si intransigeant et obtus qu'il a failli s'empailler physiquement avec Charles...

Mais je m'éloigne un peu, même si tout cela permet de mieux faire comprendre ce qui s'est noué dans mon cabinet, en juin 2020, quand j'ai provoqué la rencontre de François Gibault (hélas accompagné de Véronique Chovin) avec Jean-Pierre Thibaudat.

C'est désormais Jérémie Assous, énième ancien collaborateur de François Gibault, qui plaide en sa faveur, ainsi que pour Véronique Chovin, contre Jean-Pierre Thibaudat et moi-même, même s'il s'en défend en déclarant qu'il n'a jamais souhaité me poursuivre. Soit il ment, ce que je ne crois pas, soit il n'est plus apte à anticiper les effets des plaintes déposées par son ex-disciple.

8 novembre 2019

L'héritière surprise

Dès ma première entrevue avec Jean-Pierre Thibaudat, je lui déclare qu'il nous faut contacter François Gibault. Non en sa qualité d'avocat, mais bel et bien d'ancien porte-parole et mandataire de Lucette Destouches, rôle qu'il a tenu depuis des décennies, au point que tout le monde des lettres le croyait exécuteur testamentaire de Céline lui-même. Nous sommes en juin 2020 et la veuve est morte sept mois auparavant, à l'âge de cent sept ans, vivant depuis le décès de Céline, en 1961, dans leur pavillon à Meudon. Elle était la gardienne du temple et François, son complice zélé. De l'écrivain qu'elle avait épousé en 1943 avant de fuir avec lui en Allemagne, elle disait : « Je l'ai suivi, j'ai partagé son sort sans réfléchir. » Et de préciser : « Tout au long de ma vie sans Céline, j'ai voulu le défendre, et ça a été mon unique et immense force. » François Gibault tentera de dire plus tard qu'elle n'avait pas épousé ses idées, puisqu'elle se refusait à faire rééditer les pamphlets antisémites. De là à faire passer la prudence pour de l'engagement contre l'antisémitisme, il y a plus d'un pas.

Élise Karlin a résumé, en 2022, le tandem que formaient François et Lucette Destouches : « Entre les "céliniens" et l'avocat écrivain, les dîners ont commencé au siècle dernier. Ayant droit de Lucette Destouches, la veuve de Louis-Ferdinand Destouches dit Céline, François Gibault était aussi l'un de ses amis les plus fidèles. Il l'a rencontrée en 1962, un an après la mort de son mari. Pour l'entourer, il se met à organiser avec régularité des soirées dans la maison de Meudon que Lucette n'a jamais quittée jusqu'à sa mort[1] [...]. »

De fait, il a été son ami, a voyagé avec elle, tout en négociant les contrats, sélectionnant les intervieweurs, présidant la Société des études céliniennes, après avoir consacré une biographie en trois volumes à son héros littéraire. Lorsqu'on évoque Céline, près de soixante ans après sa disparition, surgissent ensemble le prénom de Lucette et l'autorité incontournable de Me Gibault. Je le crois donc seul ayant droit de Lucette Destouches et donc de l'œuvre de Céline.

Je l'appelle donc et me souviendrai toujours de son ton ironique quand je lui apprends ce que l'on a déposé à mon cabinet. Nous nous reparlons quelques minutes plus tard. Il est au volant de sa légendaire voiture sans permis, qu'il vient de garer en urgence pour me rappeler. Je lui répète la nouvelle. Et lui de me répondre :

— Tu sais combien ça vaut ?

Là n'est d'ailleurs pas la question et François le comprend vite. Rendez-vous est fixé sans plus attendre, dans la semaine en cours, à mon cabinet, où se trouve le « trésor » – ou le magot, selon le point de vue.

Patatras ! Quelques heures avant notre rendez-vous, François Gibault m'appelle, gêné. Il s'avère qu'il n'est

1. Élise Karlin, « Les dîners très sélects de François Gibault, le biographe de Céline », *Le Monde*, 5 novembre 2022.

pas le seul héritier de Lucette. La veuve a aussi désigné Mme Véronique Chovin, une ancienne élève de danse. Car Lucette, aimée par Céline par et pour son tutu (l'écrivain a fait l'aveu public de ce goût à de nombreuses reprises), a continué de donner des cours dans le pavillon de Meudon. Certaines de ses « disciples » ont pris l'habitude de revenir hebdomadairement. Véronique Chovin, âgée de soixante-sept ans lors du décès de Lucette, a cultivé cette relation mêlant admiration, tendresse et intérêt. Elle a ainsi signé deux insipides ouvrages sur Lucette, y ramassant et ressassant souvenirs, racontars et banalités agrémentés de quelques images inédites.

Durant son audition par la police judiciaire, début mars 2021, elle expliquera comment elle est devenue l'héritière de Lucette Destouches : « J'étais son élève quand j'avais vingt ans à son cours de danse à Meudon et j'y suis retournée plusieurs années après, mais de façon informelle, et petit à petit je suis entrée dans sa vie. Elle m'a demandé de conduire sa voiture et de l'accompagner sur des déplacements et une amitié forte est née. J'étais également une admiratrice de Céline et tout cela avait quelque chose de magique. Ella avait une telle confiance en moi qu'elle m'a demandé d'écrire ses mémoires ; ce qui fut fait et a fonctionné. C'était un coup de foudre d'amitié. J'étais sa seule amie, elle savait que je ne la trahirais pas et elle m'a couchée sur son testament. »

La voilà donc invitée au bal des héritiers de Céline. Toutefois, François Gibault se veut rassurant :

— Elle suivra tout ce que je dirai.

Las, nul n'est prophète en son pays…

8 juin 2020

Séance de lecture... et de photocopie

Mais revenons à cette fin de printemps 2020. Non content de joindre François Gibault, je m'attelle aussi à une autre tâche : Jean-Pierre Thibaudat m'a laissé les deux valises, dont il n'a pas copié le contenu.

Le soir même de sa visite, j'examine longuement les monceaux de papier, m'attardant un peu au hasard sur quelques-uns des six mille feuillets.

Tard dans la nuit, je finis par tout mettre provisoirement à l'abri. Mais j'emporte surtout avec moi les clés USB sur lesquelles figure la retranscription fidèle et savante que Jean-Pierre a effectuée durant près de neuf années. Elles vont me permettre, tout au long de l'été, de me plonger chaque soir dans une lecture assidue. Combien de fois me suis-je dit, à la nuit tombante, que j'étais le deuxième lecteur plus que privilégié de ces textes ? Cette longue lecture, que rien ne m'imposait si ce n'est mon immense appétit pour la littérature, était tout sauf une corvée. Elle est devenue encore plus jouissive après que j'eus scanné l'ensemble des pages manuscrites.

Car, malgré la transcription de cette montagne de papier réalisée par Jean-Pierre Thibaudat, il a fallu se coller à la tâche de tout photocopier et numériser. Ces feuilles avaient survécu à soixante-seize ans d'histoire. Certes, elles n'avaient pas beaucoup voyagé depuis juin 1944 et avaient été conservées dans de relativement bonnes conditions. Néanmoins, je ne pouvais pas prendre le risque qu'une fois entre mes mains elles puissent subir le moindre accident. Elles étaient donc destinées à un coffre-fort aux normes, tandis que je devais disposer d'une véritable copie de sauvegarde.

Il m'a fallu plusieurs dizaines heures pour passer l'ensemble à la photocopieuse high-tech de mon cabinet. Avec l'aide d'un stagiaire dévoué mis dans la confidence, nous avons tout aussi patiemment que délicatement manipulé et numérisé les feuilles. J'ai pu ainsi, de temps à autre, extraire une poignée de ces photocopies pour le plaisir de me perdre dans l'écriture de Céline, tantôt lisible, tantôt plus qu'hermétique.

Près de quatre ans plus tard, alors que nombre de chapitres de cet ensemble restent inédits et que la documentation de Céline sur les horreurs nazies puis pétainistes dont il s'est fait le propagandiste est tenue secrète, pas même inventoriée, cela m'attriste pour la recherche littéraire et historique qui ne peut avoir accès à ces sources, ni même à leur copie. Elles permettraient aussi bien de faire avancer la recherche littéraire que de mieux décrypter les méandres intellectuels de ces discours de haine.

11 juin 2020

Le rendez-vous

Le rendez-vous à mon cabinet était un moment crucial, un pari de ma part. Il pouvait tourner en faveur de Jean-Pierre Thibaudat ou, au contraire, virer au naufrage. Ce fut d'abord un succès, avant que les humeurs de la seule protagoniste féminine n'en décident autrement. *A posteriori*, je sais que l'emplacement des uns et des autres, lors de cette entrevue, s'est révélé primordial. Racontons donc cette scène.

J'ai eu coutume, pendant la vingtaine d'années durant lesquelles mon cabinet a été installé dans de vastes locaux boulevard Raspail, dans le VIe arrondissement, de recevoir dans mon bureau plutôt que dans la salle de réunion. La pièce, très grande, occupe l'angle d'un élégant immeuble des années 1950. Des baies vitrées en demi-cercle laissent pénétrer une vive lumière.

François Gibault, chef de file du tandem, est familier des lieux et se loge aussitôt dans un des fauteuils réservés à mes visiteurs, placés face à l'imposant meuble sur lequel je travaille. Jean-Pierre Thibaudat, qui connaît depuis peu mon repaire, occupe l'autre siège confortable. Ne reste, pour Véronique Chovin, qu'une modeste chaise transportée depuis la salle d'attente et placée un peu à l'écart. Le résultat est qu'elle demeure comme exclue de cette conversation qui va durer deux bonnes heures.

Jean-Pierre Thibaudat a déjà rencontré François Gibault. Il me le confiera, mais le relatera aussi dans son blog en narrant sa visite à... Lucette Destouches, à l'automne 1992. Il s'était rendu au Théâtre de Nanterre pour la création de *L'Église*, seule pièce de Céline[1] (datée de 1926 et publiée en 1933, peu avant le *Voyage au bout de la nuit*), par le metteur en scène Jean-Louis Martinelli : « Ce dernier a remodelé plusieurs parties de la pièce, gommant les répliques passablement antisémites. [...] Le soir de la première, Lucette Destouches, la veuve de Céline, était là, accompagnée par l'avocat de l'écrivain, Me Gibault, et quelques amis du cercle rapproché [...]. Avant que Me Gibault ne songe à raccompagner Lucette Destouches à Meudon, j'obtiens de pouvoir aller interviewer cette dernière chez elle. *Libération* (où j'assure alors la chronique théâtrale) n'est pas le quotidien préféré de cet homme de droite, mais il accepte, en parle à Lucette qui dit oui, tout au bonheur de cette

1. Céline avait peu de considération pour cette incartade scénique : « Je ne suis pas un homme de théâtre, peut-être que mes dialogues les feront marrer... En tout cas, il y a une technique spéciale, des trucs, un certain nœud qui m'échappe... » Il l'avait pourtant proposée originellement, en vain, à Gallimard, qui l'intégrera dans un volume de la Pléiade, celui-là même qui contient aujourd'hui un volume d'inédits... Mais ainsi va la vie littéraire qu'elle change d'humeur et varie.

représentation où elle s'est empressée d'aller saluer les comédiens[1]. »

Jean-Pierre a tiré de cet entretien une double page où il donnait la parole à la veuve de l'écrivain : « Quand on est revenus du Danemark, c'était un homme cassé. Fatigué. Il n'avait pas envie de voyager, de bouger, il n'est jamais allé en haut du jardin. Nimier venait le dimanche, souvent avec Blondin, ivre. Louis n'aimait pas ça. En dix ans, il a dû aller peut-être deux fois chez son éditeur Gallimard. C'était un médecin, il sentait venir la fin. Il était grand, maigre, très marqué par toutes les restrictions, habillé avec des houppelandes et des ficelles pour tout, son portefeuille, ses gants, ses valises à manuscrits. Tout ça un peu polichinelle. Il faisait un peu peur. Pour le travail, il était très ordonné. Une épingle à linge par chaque chapitre. Il les suspendait au-dessus de la cheminée et puis il les mettait dans des cageots à légumes avec couvercle. Il voulait pas qu'on y entre dans sa pièce. Et surtout pas qu'on y fasse le ménage. Tous les soirs il me lisait les chapitres. "Tu descends", il m'appelait, "Tu descends !", sa voix devenait de plus en plus forte. Je m'asseyais et l'écoutais. Il lisait tout haut. Saccadé. Haché. »

Sur son blog, Jean-Pierre Thibaudat ajoutera : « Me Gibault a oublié m'avoir facilité cette visite à Lucette Destouches. »

Les présentations sont donc (re)faites. Puis, Jean-Pierre Thibaudat et François Gibault se flairent assez

1. Blogs.mediapart.fr/jean-pierre-thibaudat, « Céline, le trésor retrouvé – La révélation (1/9) », 3 août 2022.

vite. Commence un long aparté. L'ayant droit procède à une sorte de contrôle surprise : il bombarde mon client de questions de plus en plus précises sur la vie et l'œuvre de Céline. Jean-Pierre démontre qu'il maîtrise le sujet et n'est pas un usurpateur ou un homme de paille à qui l'on aurait confié des manuscrits de cette importance la veille au soir. Assez vite, voilà les deux hommes sur le registre d'une certaine complicité, tout au moins à égalité.

Véronique Chovin ne pipe mot. Quant à moi, je n'interviens presque plus et suis cette habile conversation avec un certain plaisir, malgré l'appréhension du verdict final.

Après cette longue entrée en matière, François Gibault en vient au fait. Il commence à sonder Jean-Pierre Thibaudat sur ce que contiennent précisément les deux valises, dont je n'ai pas apporté le contenu dans la pièce.

On passe alors de l'examen à la stupéfaction. François interroge et Jean-Pierre décrit. C'est un duo de passionnés qui semble parti pour durer. Car il y a de quoi : Jean-Pierre comble les trous et les manques de la biographie littéraire de Céline, balaie les doutes, raconte par le menu chaque découverte, chaque manuscrit. Pendant des décennies, il n'a partagé son secret qu'avec son épouse, puis avec moi quelques jours auparavant.

Je les suis comme un spectateur admirerait une joute oratoire et érudite. Je vibre à leur tempo, mais jette un œil distrait à Véronique Chovin, que les deux autres ignorent. Elle déclarera d'ailleurs à la police judiciaire, lorsqu'elle sera entendue, quelques mois plus tard, en mars 2021, à propos de cette réunion : « J'ai eu le sentiment de ne pas avoir beaucoup d'importance. »

Muette et patiente presque tout du long, sans rien manifester, elle jaillit soudainement pour asséner qu'elle peut faire du droit : sa fille est procureure, nous dit-elle sur un ton qui pourrait être celui du sous-entendu. Cela n'arrête pas François et Jean-Pierre qui scellent un accord : ils se rendront ensemble chez Gallimard, l'éditeur « habituel » de Céline depuis l'arrivée de celui-ci au catalogue de la célèbre maison, quelque soixante-dix ans plus tôt.

Jean-Pierre a lu, relu et annoté les manuscrits. Aux yeux de l'avocat-héritier, avec son approbation au nom de la succession Céline, il est évident que l'ancien journaliste est tout indiqué pour en être l'éditeur au sens scientifique (ou anglo-saxon du terme *editor*). Les droits d'auteur seront partagés entre les uns et les autres, sans que l'argent soit un enjeu. Personne – surtout les deux ayants droit – n'est aux abois et n'attend de prospérer ou de devenir riche grâce à ce « magot ». François convient d'appeler Antoine Gallimard pour lui annoncer l'existence du trésor et fixer le rendez-vous.

Véronique Chovin, qui a bien entendu, ne s'oppose à rien. Toutefois, elle s'inquiète des lettres mises au jour par Jean-Pierre. Il a cité par deux fois le nom de Robert Brasillach, l'autre « grand » intellectuel collaborateur. Les deux écrivains sont supposés avoir été rivaux et s'être détestés. Et les voilà qui correspondent ! On connaissait certains de leurs échanges, mais les valises en recèlent de nombreux autres. Les policiers traduiront qu'il s'agirait d'échanges cinglants, à cause de la parution dans *Je suis partout*, le 26 mai 1939, d'un écho intitulé : « Ferdinand se dégonfle. »

Véronique Chovin panique : on ne peut pas laisser divulguer cela. Il y a forcément des choses antisémites là-dedans. Et moi de lui rétorquer (sans doute n'aurait-il pas fallu) : « Madame, on ne va hélas pas apprendre par ces documents que Céline était antisémite. »

La conversation reprend son cours. Tout est donc assez vite réglé pour ce qui est de l'édition des six mille et quelques feuillets inédits. Nul ne parle d'argent, alors qu'il y en a beaucoup en jeu. Jean-Pierre n'est pas riche, mais il n'en veut pas. Il vit confortablement et cela lui suffit. D'autant que, dans cette aventure inouïe qui me passionne m'accaparera des semaines entières, je ne lui facturerai pas le moindre euro... Quant à François Gibault et Véronique Chovin, leur situation personnelle ne ferait pleurer personne. Ce pan est provisoirement balayé, faute d'avoir été abordé. Il en sera différemment plus tard, quand la succession de Céline devra régler des impôts devenus importants et que Gallimard se mettra à brasser des millions de royalties.

Nous (j'entends par là, cette fois, François Gibault, Véronique Chovin, Jean-Pierre Thibaudat et moi) ne tombons en revanche pas entièrement d'accord sur le sort matériel des pages. François, qui a déposé un fonds Céline d'importance à l'Imec (Institut Mémoires de l'édition contemporaine, près de Caen), plaide soudainement pour la Bibliothèque nationale de France. Pendant longtemps, l'accès des chercheurs aux manuscrits n'y était pas très aisé, d'où l'apparition d'institutions « concurrentes » ; mais la donne a changé. Et la Bibliothèque nationale de France n'est pas aussi excentrée que les archives de l'Imec, logées en Normandie, sans compter son prestige. Je reviendrai sur cette divergence car, contre toute attente, cette querelle sur la destination finale des manuscrits sera plus substantielle que prévu.

Malgré un ou deux grincements, l'entrevue s'est donc déroulée de façon en apparence satisfaisante. Je suis convenu avec François et Jean-Pierre que ce dernier dresserait une sorte de pré-inventaire du contenu des valises et que la prochaine étape serait la rencontre avec Antoine Gallimard.

Tout « baigne » et l'avenir éditorial des manuscrits, après quatre-vingts ans de purgatoire, semble assuré.

14 juin 2020

Premier revirement

Après cette longue rencontre professionnelle et amicale organisée dans mon cabinet, nos relations avec les ayants droit, François Gibault et Véronique Chovin, vont hélas se dégrader rapidement. Deux jours après notre discussion, François m'appelle, gêné.

— Elle n'est plus d'accord, me dit-il plus ou moins laconiquement, du ton austère que cet ancien officier militaire sait employer dans les moments graves.

Pêle-mêle, il se justifie en évoquant les craintes de Véronique Chovin, effrayée à l'idée que soit « révélé » l'antisémitisme de Céline… Tous deux reprochent en outre à mon client, qui s'est toujours considéré comme un « dépositaire temporaire », d'avoir gardé secrets ces documents dont la propriété matérielle leur revenait. J'informe Jean-Pierre de ce revirement inattendu et lui écris :

> « Certainement influencée par sa fille, procureur de la République, elle [Véronique Chovin] a décidé de prendre le conseil d'un avocat car elle estime que les manuscrits inédits ont été volés.

François Gibault m'a appelé hier pour me parler de cela. Il m'a précisé que la réaction de la cohéritière l'embarrassait fortement et qu'il essayait au mieux de la raisonner.
J'ai été contacté ce jour par l'avocat de Véronique Robert-Chovin, qui m'a indiqué qu'elle et François Gibault sont toujours en faveur d'une publication par vos soins des inédits littéraires de Céline aux éditions Gallimard (sous réserve d'une préface ou postface retraçant brièvement l'histoire de ces textes, ce que Céline en disait, etc.).
Néanmoins, il m'a indiqué qu'ils souhaitent pour l'heure conserver par-devers eux les manuscrits inédits et trouvent prématuré tout versement à un fonds d'archives.
Je dois vous avouer que je n'arrive pas bien à savoir si ses motivations sont financières ou si l'éventualité d'une mise à jour de lettres de Brasillach et autres documents "politiques" la gêne. »

J'en profite pour lui demander un début d'inventaire plus précis que celui qu'il avait esquissé dans mon cabinet. Jean-Pierre Thibaudat me l'adresse le 13 juin 2020 :

« Le trésor retrouvé comprend :
– Une nouvelle de jeunesse *La Vieille dégoûtante* (dactylographiée avec corrections) non datée.
– Le début (un feuillet) d'un texte non daté titré *La Charogne.*
– Une dactylographie (avec corrections) incomplète d'une légende où il est question d'un roi René, appelons ce texte *La Légende du roi René.*
– Un manuscrit incomplet de *La Volonté du roi Krogold* (en partie réécriture de la précédente légende) auquel Céline fait largement référence dans plusieurs textes, en particulier *Mort à crédit.*

– Un ensemble de séquences inédites de *Casse-pipe*.
– Un ensemble autour de *La Guerre*. Soit un unique chapitre qui commence après l'explosion de l'obus qui laisse Ferdinand blessé et sonné et s'achève à l'hôpital de campagne de Noirceur-sur-la-Lys (lieu au nom fictif dont il est question dans *Voyage au bout de la nuit*). Puis cinq chapitres, chronique de l'hospitalisation à Peurdu-sur-la-Lys (nouveau nom de Noirceur-sur-la-Lys) jusqu'au départ pour l'Angleterre au dernier chapitre qui ouvre la voie à *Londres*.
– Le manuscrit de *Londres* en trois parties, mais seule la première a été retravaillée par Céline.
En 1934 Céline évoquait un triptyque "Enfance-Guerre-Londres". L'enfance prendra de l'ampleur pour devenir *Mort à crédit*. Restent *La guerre* et *Londres*, Céline mentionne ce dernier titre sur plusieurs chemises cartonnées. C'est là sans doute la version primitive dont on ignorait l'existence du futur *Guignol's band*. Même ville – Londres, même milieu (souteneurs), mais autres personnages autres épisodes et une écriture très différente de ce que sera l'explosion stylistique du futur *Guignol's band*. La première partie de *Guignol's band* sera publiée en mars 1944 avant le départ de Céline en juin. Il emportera au Danemark une dactylographie de la deuxième partie.
Outre les manuscrits ou dactylographies sus-cités, Céline laisse rue Girardon :
– Une version manuscrite incomplète de *Guignol's band*.
– Une version manuscrite incomplète de *Mort à crédit* (roman alors déjà publié).
– Une dactylographie avec corrections de *Périclès*, texte sous-titré "farce en quatre tableaux et petits divertissements", publié plus tard sous le titre *Progrès*.

– Un certain nombre de lettres reçues (amies de cœur, etc.), une correspondance avec son éditeur Denoël ainsi que des documents comptables, un échange de lettres avec Brasillach, un dossier à teneur antisémite (lettres, brochures, etc.), des écrits médicaux dont certains inédits, des photos, des factures, des dessins de son ami Gen Paul, etc.
Un trésor, oui. Qui sera donné dans son entièreté au fonds Louis-Ferdinand Céline à l'Imec.
Il serait souhaitable d'envisager la publication en un volume des inédits littéraires. Ce sont des manuscrits que tout le monde littéraire en général, et les spécialistes de Céline en particulier, croyaient perdus (volés, brûlés, jetés aux ordures) depuis juin 1944 et dont pour certains (l'ensemble *Guerre*) on ignorait l'existence. Soit :
– les deux *Légendes* ;
– les chapitres inédits de *Casse-pipe* ;
– l'ensemble *Guerre* ;
– la première partie de *Londres*.
Un ensemble d'environ un million de signes décryptés et annotés par mes soins. »

Je commets l'erreur d'adresser cette liste détaillée comme preuve de bonne foi. La réponse ne se fait pas attendre. Véronique Chovin m'écrit sèchement :

« Comme François Gibault vous l'a dit hier par téléphone, nous considérons que les documents détenus par M. Jean-Pierre Thibaudat étaient la propriété de Lucette Destouches dont nous sommes les héritiers. Nous nous opposons donc à la remise de cet ensemble à l'Imec et nous en revendiquons sa propriété. François Gibault va vous écrire dans les jours prochains pour vous définir plus précisément notre position, notamment en ce qui concerne la publication des inédits de Céline. »

Jean-Pierre Thibaudat, vers qui je reviens après quelques échanges avec les uns et les autres, me demande de faire au mieux. Nous n'avons guère le choix : en droit, nous ne pouvons nous affranchir des héritiers officiels de Céline, même s'ils sont eux-mêmes aujourd'hui contestés par les descendants de Céline.

Dans la foulée, je suis contacté par Jérémie Assous, un des anciens collaborateurs de François Gibault, attentif à ne jamais faire montre de philosémitisme, et que François, résigné, m'indique être désormais le conseiller de Véronique Chovin.

Attardons-nous un instant sur ce nouveau personnage qui s'invite dans ce bal en train de virer au tragicomique.

Jérémie Assous, qu'à l'instar de François, mais sans la même affection, j'embrassais et tutoyais dans une vie précédente, a été un jeune et brillant avocat. Il a connu son moment de gloire en obtenant une jurisprudence sur la téléréalité, suivie d'un dossier de terroriste gauchiste et d'accointances avec La France insoumise. Et voilà ce fils d'un « juif tunisien d'origine », dixit Wikipédia, défenseur de Véronique Chovin et, par ricochet, de son ancien patron. Un bon choix politique ; juridiquement moins évident…

30 juin 2020

Veuves abusives, fils indignes et gigolos avides

Les dernières volontés sont généreuses, cruelles, étonnantes, tragiques, suscitant la déception et la hargne des proches, réjouissant la veuve abusive, le fils indigne, le gigolo avide et le neveu de la concierge – formule presque traditionnelle pour désigner les ayants droit d'auteurs et d'artistes. J'ai d'ailleurs signé un livre illustré sur le sujet[1], ainsi qu'un essai[2]. Tous, couchés sur un testament ou s'estimant lésés par celui-ci, se déchaînent. Certains héritiers écartés intentent procès sur procès au reste de la famille ; d'autres s'épuisent en querelles dévastatrices qui les conduisent de l'étude du notaire au cabinet de l'avocat, puis au palais de justice.

Car tout héritage est, par nature, compliqué. Quand bien même il n'y aurait que deux enfants pour se partager deux petites cuillères en tout point semblables, la situation ne tarderait pas à dégénérer. Immanquablement,

1. *Dernières Volontés. L'histoire des plus incroyables testaments et successions*, La Martinière, 2018.
2. *Familles, je vous hais ! Les héritiers d'artistes*, Hoëbeke, 2010.

l'un désirera le couvert que l'autre a désigné en premier.

L'affaire se corse lorsqu'il s'agit de la succession d'un artiste génial, d'un visionnaire politique, d'un grand propriétaire, d'un collectionneur, d'un chef d'entreprise ou d'une milliardaire. L'heureux bénéficiaire doit aussi se montrer à la hauteur de l'enjeu intellectuel, financier, etc. C'est d'autant plus difficile que les héritiers sont parfois des neveux éloignés ou des « pièces rapportées » qui récupèrent ainsi, sans même la connaître, l'œuvre ou la fortune d'un « oncle d'Amérique » – lorsqu'ils ne sont pas eux-mêmes des artistes de moindre talent que leur illustre géniteur. Sans compter ceux qui ont affronté le défunt de son vivant ou tournoyé autour de lui dans l'espoir d'être couchés – tout un symbole – sur son testament. L'actualité relativement récente, de Johnny Hallyday à George Michael, sans ignorer le sort probable d'Alain Delon, témoigne de ces enjeux.

Les testaments finissent souvent au tribunal. Ils comportent parfois des clauses très insolites. Certains d'ailleurs ont disparu, volontairement ou non, pendant longtemps...

J'ai rédigé de nombreuses pages sur les héritages d'Antoine de Saint Exupéry, de Stieg Larsson, de Napoléon, de Daniel Wildenstein, d'Alfred Nobel, d'Hergé, de Borges ou de Howard Hughes. Fort de tout cela, j'ai aussi rédigé la préface et les notices de la réédition des *Veuves abusives* d'Anatole de Monzie[1]. Cet avocat, ancien maire de Cahors et visé comme tel lors de l'épuration, y dressait le portrait à charge de huit

1. Grasset, 1937 ; coll. « Les Cahiers rouges », 2011.

héritières de grands hommes – écrivains, compositeurs, scientifiques ou même empereurs –, de la compagne de Rousseau à l'épouse de Michelet, en passant par Mmes Tolstoï et Wagner. Car, des veuves abusives aux fils de concierges couchés par défaut sur un testament, les héritiers d'auteurs sont souvent devenus des ayants droit… d'« emmerder » le monde !

Certains ont décidé de ne rien divulguer des œuvres qui dorment dans un atelier de peintre ou un tiroir de bureau d'écrivain. D'autres, heureux bénéficiaires, battent monnaie en publiant le moindre brouillon ou en éditant par milliers des lithographies douteuses. D'autres encore intentent procès sur procès à quiconque ne souscrit pas à l'image idyllique qu'ils entendent donner de leur glorieux ancêtre et détruisent manuscrits ou clichés séditieux. D'autres enfin sont prompts à « marchandise » sous forme de parc d'attractions et de figurines en toc. Tous font fructifier la manne, entravent la recherche… ou s'épuisent à se quereller entre eux, oublieux des desseins du créateur lui-même, pour s'arroger pouvoir et royalties, au grand agacement des milieux de la recherche et de la culture. Précisons quand même que certains ayants droit sont exemplaires ; mais ils sont rares…

Admettons malgré tout qu'il n'est pas toujours facile de se voir léguer le fardeau d'une œuvre vénérée et convoitée par tous. Certains de nos auteurs chéris sont eux-mêmes responsables de la foire d'empoigne qu'ils ont laissée s'installer *post mortem*, faute d'avoir désigné et trié par testament les bons des mauvais disciples, déchargé les enfants submergés au profit des veuves plus structurées (ou vice-versa !).

C'est dans cet état d'esprit, fort de cette longue histoire et de mon expérience professionnelle, que je reçois dans mon cabinet, en juin 2020, ceux qui sont alors les seuls héritiers de Louis-Ferdinand Céline.

11 juin 2020

Le jeu des institutions

D'autres paramètres que ceux liés aux caractères des uns et des autres ont achevé de semer la discorde entre les deux camps.

Ainsi, dès l'origine, Jean-Pierre Thibaudat avait pour ambition de déposer les six mille feuillets à l'Imec. Il avait travaillé dans les locaux de cette institution, une abbaye normande millénaire transformée en centre de recherche, en vue de rédiger des livres sur le théâtre. Lui qui, très jeune, avait publié des romans chez Minuit et Bourgois, avait aimé ce lieu dédié à la littérature. En outre, l'accès aux documents y était plus facile qu'à la Bibliothèque nationale de France.

Dès son premier message, le courriel qu'il m'adresse le 8 juin 2020, Jean-Pierre évoque l'Imec, « dont vous êtes l'avocat et où j'ai eu l'occasion d'aller travailler plusieurs fois ».

J'ai été en effet très lié à l'Imec, un centre de recherche et de conservation d'archives d'éditeurs et d'écrivains du XXe siècle créé par un homme extraordinaire, Olivier Corpet, que j'avais rencontré à la naissance de son entreprise intellectuelle. Il est mort en octobre 2020, après une très longue maladie dégénérative. La nouvelle directrice, nommée par défaut en 2015, s'est empressée de congédier son prédécesseur, qui avait demandé à rester dans la boucle. J'ai été l'avocat mensualisé de l'Imec de 1993 à décembre 2022, lorsque sa directrice en a décidé autrement, oubliant que, en plus de mon mandat d'avocat, Olivier Corpet m'avait chargé de piloter un fonds de dotation que nous avions imaginé ensemble, destiné à gérer plusieurs successions majeures de créateurs.

Je m'étais lié de façon inattendue avec Olivier. Âgé de vingt et quelques années, j'avais suivi ma moitié de l'époque à la fête d'anniversaire de Monique Nemer, femme remarquable du monde de l'édition, dans une de ces rares (et moches au regard de leur surface et de leur prix) maisons du Paris intra-muros. Je n'y connaissais pas grand monde, hormis mon ex et ses amis de la presse littéraire. Je suis assis seul sur une chaise, loin de toute table, quand un grand bonhomme, tout aussi mal à l'aise, s'assoit près de moi. Il est chercheur au CNRS, logé à l'université de Paris-Jussieu. Il y a fondé une minuscule entité, la Bibliothèque de littérature française contemporaine (BLFC), qui a publié quatre premiers volumes confidentiels. Je l'arrête aussitôt car je possède les quatre ouvrages en question, à commencer par les deux gros pavés de *L'Édition sous l'Occupation*, signés par Pascal Fouché. Surprise totale, entente immédiate et cordiale, amitié vite évidente.

Lorsque ce qui deviendra l'Imec sort de terre, en 1989, je suis encore étudiant en droit (je prêterai serment en 1993). Très vite, je donne des conseils juridiques désintéressés à cette structure balbutiante imaginée par une poignée de chercheurs qui souhaitent collecter ce que les grandes institutions publiques ne recueillaient pas. Jusqu'au début des années 1990, en effet, les grandes institutions conservant des archives culturelles, en l'occurrence d'écrivains, ne s'intéressaient qu'aux grands manuscrits et aux correspondances entre noms connus. La Bibliothèque nationale de France, en premier lieu, mais aussi, par exemple, la bibliothèque Jacques Doucet (qui dépend de la chancellerie des universités de Paris et détient notamment les fonds Mallarmé, Apollinaire, Tzara ou encore Michel Leiris), regardaient comme négligeables les autres types de documents : photographies, épreuves corrigées, contrats d'édition, ouvrages annotés, etc. Elles ignoraient aussi l'autre versant de l'histoire littéraire : les éditeurs et leur colossale mémoire. Quant aux conditions d'accès, elles étaient dirimantes : les chercheurs devaient être des professionnels encartés (thésards, profanes se lançant dans un travail biographique, historiens chevronnés) ; les amateurs, eux, n'avaient aucune chance ou presque d'obtenir communication d'un document. Les horaires étaient délirants (à Doucet, seules des demi-journées de travail étaient possibles) et les délais refroidissants (il fallait être très patient), etc.

La BLFC, devenue Imec, roule sur un boulevard. Lui parviennent assez vite les archives de maisons d'édition trop heureuses de ne plus avoir à stocker jusqu'à plus d'un siècle de papiers, mais aussi celles de Colette, Camus ou Genet. L'Imec recueille en outre les documents comptables et juridiques de grands écrivains. Un fonds Céline est inauguré, sous la tutelle d'André Derval, célinien et cofondateur de l'Institut. Céline et Genet sont même les deux premiers auteurs à rejoindre les fonds de l'institution.

Ce sont des années de succès et d'agrandissement. Les premiers bureaux et quelques tables de consultation se trouvent rue de Lille, dans le VIIe arrondissement de Paris, tandis que les tonnes de papier sont entreposées dans d'anciennes carrières en Seine-et-Marne.

Né à Paris sur le campus de Jussieu, avec une proposition exigeante et excitante, l'Imec est devenu un bâtiment culturel de plus et peu commode, dans la banlieue d'une préfecture mal aimée.

Le siège déménagera pour s'agrandir rue Bleue, dans le IXe arrondissement. Jusqu'au jour où, vers 1995, Olivier Corpet m'emmène visiter près de Caen avec René Garrec, le président du conseil régional de ce qui est alors la Basse-Normandie, l'ancienne abbaye nourricière de la ville, désacralisée après 1789 et dont les bâtiments désertés se dégradent peu à peu. L'abbatiale, comme la grange aux dîmes, sert aux paysans du coin pour entreposer des engins agricoles. Mais l'endroit a été en partie rénové dans les années 1980, les cellules devenant des chambres confortables censées accueillir, l'été, des étudiants anglo-saxons venus voir les plages voisines du Débarquement. Le projet est tombé à l'eau car l'abbaye n'était pas utilisée le reste de l'année. René Garrec a proposé à Olivier Corpet d'y recueillir l'Imec, bureaux, salle de consultation et stockage. Les présidents successifs de l'Imec, les éditeurs Christian Bourgois et Claude Durand, très engagés, auxquels succédera Jack Lang en 2008, jouent le jeu et suivent ce chantier qui prendra des années : financement par les collectivités locales, rénovation des bâtiments existants et construction de nouveaux, déménagement des collections, transfert du personnel… Seule la direction décide alors de conserver des bureaux à Paris, rue de Rivoli, puis dans la très chic avenue Marceau, avant de s'installer il y a peu dans le VIe arrondissement, déconnectée des équipes.

L'Imec est cependant confronté à un problème structurel : c'est une simple association régie par la loi de 1901 sur les organisations à but non lucratif. C'était là le choix initial, qu'imposait sans doute le cadre de l'université de Jussieu quand y fut fondée la BLFC. L'entreprise se transforme vite, mais, quand je rencontre Olivier, il est déjà trop tard pour changer aisément, et trop tôt pour en avoir les moyens : devenir une fondation exigerait une mise de cinq millions de francs. Et il n'existe pas encore de formule intermédiaire entre l'association et la fondation. La loi ne changera qu'en 2008, permettant la création de fonds de dotation.

Dans le vaste et riche paysage culturel français, seule la Cinémathèque française, fondée par Henri Langlois, vit sous le même régime associatif que celui de l'Imec. Pour celui-ci, c'est un vrai problème : une association loi 1901 ne peut recevoir ni legs ni donation. En d'autres termes, les écrivains ou leur famille, comme les éditeurs, y déposent leurs archives, mais peuvent revenir sur ces simples dépôts.

Pour pallier partiellement cette difficulté, nous avons donc créé, la loi ayant évolué, un fonds de dotation, baptisé Fonds pour la mémoire de la création contemporaine (FMCC), dont le président est celui de l'Imec, tandis que j'en deviens le secrétaire général. Cette mission est bénévole et totalement distincte de mon statut d'avocat.

Je continue ainsi à œuvrer pour l'Imec en parallèle du barreau. Le FMCC servira d'outil providentiel, recueillant en premier lieu les extraordinaires archives de la grande photographe Gisèle Freund, qui a immortalisé James Joyce en couleurs, André Malraux en noir et blanc et la clope au bec, et réalisé le portrait officiel de François Mitterrand lors de son entrée à l'Élysée…

Au visionnaire Olivier Corpet s'est joint d'emblée un petit groupe de chercheurs en histoire littéraire qui connaîtront des destinées plus ou moins heureuses. Il y avait là, notamment, François Laurent, qui fera une belle carrière dans l'édition de livres de poche ; André Derval, célinien convaincu, créateur de l'impressionnant fonds Céline aujourd'hui en déshérence, voire naufragé, depuis que la directrice actuelle l'a forcé à prendre sa retraite ; et aussi un historien de l'édition, parti depuis lors ronronner dans une annexe de l'intersyndicale patronale du milieu du livre. Il sera mon éditeur d'ouvrages techniques sur le droit du livre et le droit d'auteur durant plus de vingt ans. Il n'est spécialiste de rien, assez revanchard et complotiste (s'opposant tour à tour à Olivier Corpet, puis à sa successeuse), écrit sur tout et rien et a signé sur Céline un « Découvertes Gallimard ». Rien de blâmable à cela, mais un album de vulgarisation ne vous érige pas en expert incontestable. Voilà pourtant l'homme qui, se servant de mes commentaires cordiaux post-une du *Monde* en août 2021, les transformera en confidences et en blanc-seing pour s'autodésigner chez Gallimard comme seul apte à éditer le premier inédit de Céline, puis à codiriger le volume de la Bibliothèque de la Pléiade.

Grâce à Olivier Corpet, j'ai voyagé au Liban et en Italie aux côtés d'Alain Robbe-Grillet et d'autres écrivains de grand renom. Je suis monté sur scène au théâtre de Caen avec la défunte comédienne Valérie Lang, fille de Jack et de Monique. J'ai pris la parole dans un colloque avec l'ami et légendaire éditeur Jean-Jacques Pauvert – dont je suis devenu plus tard le biographe –, l'auteur Bernard Noël et le susnommé Alain. J'ai signé des articles, mais aussi un livre sur la censure, programmé puis torpillé par la directrice qui lui a succédé, guère à la hauteur des enjeux politiques et littéraires.

Résumons : Jean-Pierre Thibaudat sous-entend, dans son premier message, qu'il souhaite remettre les manuscrits de Céline à l'Imec, dont je suis encore l'avocat et un compagnon de longue route. En qualité de secrétaire général de son fonds de dotation, je propose à l'Institut de tout récupérer pour le verser au fonds Céline. Pour contrecarrer nos projets, la directrice comme son président me disent que Céline n'est pas à leurs yeux un écrivain d'importance, sans doute et surtout parce que, pour l'une comme pour l'autre, une intellectuelle de gauche wokiste et un dirigeant du Cac 40 très conformiste, séparer publiquement l'œuvre de l'auteur est difficile à soutenir publiquement. Résultat de ce pudding : un manque d'intérêt pour la littérature et une peur politique panique.

Jean-Pierre Thibaudat redira, en août 2022, son état d'esprit : « Très tôt, j'ai pensé qu'un jour, lorsque les circonstances rendront l'opération possible (la disparition de Lucette Destouches me délivrant de mon serment), il faudrait que cet ensemble unique aille à un fonds d'archives public, l'Imec ou la BNF, chacune de ces institutions ayant un fonds Céline, pour être mis à la disposition de chercheurs. Ô chimère ! J'étais un rêveur, je pensais que les grands écrivains morts depuis longtemps appartenaient à l'histoire littéraire de leur pays, j'ignorais à peu près tout de la législation des droits d'auteur, je n'avais jamais eu affaire à des ayants droit. [...] Je m'y suis plongé corps et âme, voluptueusement, des nuits entières, escomptant que, le moment venu, ce trésor littéraire viendrait enrichir un fonds d'archives concernant Céline. J'étais naïf. La suite, longtemps après, allait le prouver[1]. »

C'est ainsi que l'affaire va s'engluer, comme tant d'autres. M'étant rendu dans le bureau de Pierre Leroy, président de l'Imec depuis 2013, pour tenter de le convaincre, j'ai obtenu un feu vert sans enthousiasme. Même son de cloche chez sa subordonnée principale. Pierre Leroy est surtout accaparé par les affaires de la famille Lagardère, puisqu'il a été secrétaire général de ce groupe familial – qui a grandement périclité – avant d'être bombardé, par intérim, patron d'Hachette Livre, numéro un de l'édition en France et cinquième groupe mondial. Mais Pierre Leroy n'est pas à proprement parler un grand patron : il a toujours été le second d'un grand patron. Il doit pourtant présider, lui qui n'a que l'habitude de décider. Difficile d'avancer dans de telles circonstances à la tête de l'Imec, devenu une grosse machine humaine, littéraire et politique, sans aménager véritablement un

1. Blogs.mediapart.fr/jean-pierre-thibaudat, « Céline, le trésor retrouvé – L'inventaire (2/9) », 3 août 2022.

temps de travail spécifique. Dans une telle institution, un président, qui est en réalité l'ultime décisionnaire, peut être occupé par d'autres fonctions si la direction générale est affirmée et réfléchie. Or l'intéressé est aux abonnés absents. C'était déjà le cas dans les années précédentes, mais la Covid, pour un homme âgé aujourd'hui de soixante-quinze ans, est un bien dangereux virus.

Qui donc est ce président de l'Imec qui ne s'intéresse pas aux manuscrits de Céline ? Un homme paradoxal, contradictoire. Je l'ai pratiqué, comme ses prédécesseurs, très longuement. Le « process » était complexe, mais on arrivait à naviguer.

Pierre Leroy est indéniablement un grand bibliophile, mais un lecteur obtus et limité. Une anecdote suffira pour décrire le décalage, voire l'écart, entre le président et son institution. Lorsque je me rends dans son hôtel particulier professionnel, un somptueux immeuble proche de la place de l'Étoile, en pleine pandémie, je l'annonce naïvement à sa directrice générale. Elle me confie dans la foulée une liasse de documents (procès-verbaux, contrats et autres autorisations) dans le but que je les lui fasse parapher. Le conseil d'administration et les salariés attendent en effet sa signature depuis des mois… Revenant de ce singulier entretien qui a duré près de trois heures, je rapporte les papiers en bonne et due forme. Chemin faisant, je raconte que mon interlocuteur m'a montré le passeport de Franz Kafka, acquis quelques semaines auparavant à Vienne, où il s'est rendu pour l'occasion. La directrice en reste médusée, me rappelant que l'Imec vient d'inaugurer une exposition Kafka assez pauvre en objets éloquents… Elle rage que ce papier d'identité n'ait pas pu figurer au cœur de son exposition. Tout est dit, ou presque, dans cette historiette.

J'ajoute que j'ai plaidé (et gagné) par le passé en faveur de l'Imec et du FMCC, dont il est le président depuis qu'il est devenu celui de l'Imec. La création de ce fonds de dotation est une victoire intellectuelle, juridique et stratégique, arrachée au prix d'un très manifeste manque d'enthousiasme : Pierre Leroy ne mettra les pieds à aucune des réunions du FMCC que j'organise en sa perpétuelle absence. Dès que j'évoque le nom de Céline, celui qui me reçoit me rétorque – alors qu'existe à l'Imec un fonds Céline assez substantiel ouvert à la recherche depuis près de trois décennies – qu'il lui préfère de beaucoup Albert Camus. Je connais cette appétence, puisque au printemps 2016 Pierre Leroy a montré à la bibliothèque de l'Arsenal, annexe historique de la BNF sur la rive droite de Paris, les pièces emblématiques de sa collection : un superbe exemplaire de *L'Étranger*, publié par Gallimard en 1942, avec envoi autographe de Camus ; celui de *L'Homme révolté* dédicacé à Simone de Beauvoir.

Toute cette activité de l'Imec a été jalousée, puis concurrencée. D'autres lieux se sont réveillés peu à peu au sein des facultés françaises. De très fortunées universités américaines sortent leur chéquier pour acheter des fonds auprès des ayants droit d'auteurs. La situation a commencé à tourner. Puis Olivier Corpet est mort. Son art était aussi politique : il savait convaincre les élus, autant que les grands auteurs et leur famille. La dynamique était cassée. Peu à peu, le financement est venu à manquer. Et la crise s'est installée. Les successions de créateurs prestigieux ont regardé vers d'autres cieux, en particulier ceux de l'État incarné par la Bibliothèque nationale de France, qui en demandait et redemandait. En toute logique, la BNF a commencé à changer de cap et choisi de recueillir ce qu'elle négligeait auparavant. Il faut dire que Laurence Engel, qui en est la présidente, humaine autant qu'efficace, a accompli avec éclat un premier mandat sans tache. Elle a, en toute logique, été reconduite pour un second mandat il y a peu. Le contact a donc été aisé avec celle qui m'avait invité, peu avant « l'affaire Céline », à évoquer le mécénat de la bibliothèque.

On l'aura compris, j'ai beaucoup aidé l'Imec, simple association régie par la loi de 1901, à se présenter comme une institution fréquentable. Or la voilà au cœur de la discorde. Lorsque Jean-Pierre Thibaudat l'évoque devant François Gibault, celui-ci s'écrie, consterné, que c'est loin (près de Caen), inaccessible, donc inutile. Et, sans attendre, il va tenter de monnayer les impôts de la succession avec la BNF en lui proposant, d'abord, le manuscrit de *Mort à crédit*.

15 juillet 2020

Menace de plainte

Jean-Pierre Thibaudat et moi n'avons pas cédé au raidissement qui semblait venir d'une moitié de nos interlocuteurs, c'est-à-dire de Véronique Chovin – François étant, certes, exécuteur testamentaire de Lucette Destouches et donc de l'écrivain.

Nous nous interrogeons sur leurs motivations. L'argent en est une : ces documents valent une fortune. Le seul manuscrit de *Voyage au bout de la nuit* a été préempté aux enchères au profit de la Bibliothèque nationale de France pour 12,184 millions de francs en mai 2001, soit l'équivalent de 1,82 million d'euros. C'était il y a deux décennies. Le prix des grands manuscrits s'est envolé depuis lors. En novembre 2022, la correspondance de Céline avec le jeune Roger Nimier a été adjugée 45 500 euros sans les frais ; un feuillet peu consistant de *Nord* est parti à 500 euros. Combien vaut l'ensemble des six mille feuillets détenus par Jean-Pierre ? Sans doute entre 15 et 30 millions d'euros. Les droits d'auteur, en cas d'édition, seraient à l'avenant. De fait, en 2022, le roman inédit *Guerre* s'est vendu à plusieurs centaines de milliers d'exemplaires et des dizaines de traductions sont en cours.

Le sulfureux écrivain pamphlétaire Marc-Édouard Nabe – dont j'ai été l'avocat –, qui a notamment consacré un livre à Lucette Destouches[1], parle à juste titre, en septembre 2021, de « butin célinien » – clin d'œil au *Bulletin célinien* publié par la Société des lecteurs de Céline – à propos des « six mille pages de manuscrits de Louis-Ferdinand Céline, dont l'existence a été révélée par Jérôme Dupuis en août 2021[2] ».

Mais François Gibault est aussi connu pour son aisance matérielle. Il vit dans le somptueux hôtel particulier de la très bourgeoise rue Monsieur, dans le VIIe arrondissement de Paris, où il est né. Et sa cohéritière a épousé un promoteur immobilier. Chacun est à l'abri.

Les impôts sur la succession sont en revanche problématiques. Il y en a, en théorie, pour plusieurs millions d'euros à verser à l'État. Une somme amoindrie par les droits versés par Gallimard sur les excellentes ventes de *Guerre*, qui a caracolé en tête des listes de best-sellers durant des semaines, avant d'être cédé aux éditeurs étrangers de *Voyage au bout de la nuit* et de *Mort à crédit*, ainsi que *Londres*, *La Volonté du roi Krogold* et la version complète de *Casse-pipe*. Sans compter l'édition dans la Pléiade, l'arrivée en Folio (la collection de livres de poche de Gallimard), etc. La version audio de *Guerre* existe déjà, le film est en cours d'écriture…

Le versant pécuniaire de l'affaire peut donc, à terme, peser dans les décisions liées au contenu des deux valises. Mais le pouvoir devient également être un enjeu d'envergure.

1. *Lucette*, Gallimard, 1995.
2. *Nabe's News*, n° 30, 11 septembre 2021.

François Gibault est légitimement fier de ses décorations. Il m'avait invité à la remise de sa grand-croix de la Légion d'honneur par Nicolas Sarkozy. Toutefois, il a échoué à entrer aussi bien à l'Académie française qu'à celle des beaux-arts. Et ses derniers écrits ont été refusés par Gallimard, avant que la maison ne le découvre titulaire des droits sur de nouveaux manuscrits de Céline et ne se décide à l'imprimer.

Véronique Chovin ne manque pas non plus d'ambition, puisqu'elle a publié deux courts livres sur Céline. Il se murmure aussi chez les céliniens qu'elle garde une valise (encore une !) ayant appartenu au père de Céline. Elle contiendrait quelques photographies inédites, ce qui suffit à les mettre en haleine.

Ne négligeons pas enfin la question « politique », soulevée par Véronique Chovin dès l'entrevue initiale.

C'est pourquoi Jean-Pierre me propose assez vite de sonder nos « adversaires » sur l'idée d'une séparation du trésor en deux parties : l'une, davantage littéraire, composée des manuscrits inédits, pourrait faire l'objet d'une publication chez Gallimard et d'un dépôt au sein d'une institution telle que l'Imec ; l'autre, composée de textes plus polémiques tels que des écrits antisémites ou des correspondances « politiques », pourrait être transmise gracieusement à François Gibault et Véronique Chovin sous réserve que, un jour, ils soient accessibles à la recherche (notamment sur la Shoah).

Le mois de juillet arrive. La discussion se poursuit sur un tempo très lent. Le monde qui résulte de la première vague de Covid est comme cotonneux, d'autant que certains de nos protagonistes ne sont pas très jeunes. François Gibault a passé le confinement cloîtré chez lui, se faisant passer des messages sous la porte. Il m'a appelé dès mars 2020 pour me mettre en garde contre la dangerosité du coronavirus car une princesse de ses amies venait d'y succomber.

Ce n'est qu'au cours d'un été déjà avancé que surgit la menace d'une plainte pénale. Je crois, presque naïvement, qu'elle ne visera que mon client, Jean-Pierre Thibaudat. Je n'imagine pas une seconde qu'elle puisse aussi me concerner, alors que je suis l'avocat du « suspect » par ricochet et que je connais mieux que bien l'un des deux plaignants. J'interroge toutefois mon client sur cette éventualité et lui indique que la « situation de *statu quo* entraînerait l'introduction d'une procédure pénale ».

S'ensuit un chantage assez nauséabond dans lequel on me signifie que, si Jean-Pierre Thibaudat s'obstine, il ne pourrait plus être l'éditeur de l'ensemble chez Gallimard et que « cela serait vraiment dommage ». Je rétorque que « les menaces de plainte sont inutiles » et avertis mes interlocuteurs qu'elle entraînerait une publicité très néfaste, Jean-Pierre étant « un ancien journaliste, d'une famille de résistants ». La solution proposée par mon client me paraît donc plus qu'honorable.

Le 16 juillet 2020, j'adresse un courrier officiel à Jérémie Assous, en réponse à celui qu'il m'a écrit le matin même :

> « Je reviens vers vous à la suite de votre courrier officiel de ce jour dans lequel vous m'indiquez représenter désormais tant M. François Gibault que Mme Véronique Chovin. [...]
> Vous prétendez également que les documents mentionnés dans ce courriel seraient la propriété exclusive de Mme Véronique Chovin et M. François Gibault.

S'ils détiennent effectivement la propriété intellectuelle sur ces documents, ils n'en sont en aucun cas les propriétaires matériels.
J'émets par conséquent toute réserve et contestation sur les prétentions de votre cliente. »

Durant des mois, à compter de fin juillet 2020 jusqu'à notre convocation comme suspects par la police judiciaire, nous n'aurons plus aucune nouvelle de nos contradicteurs.

5 février 2021

La plainte

Le silence s'installe. En cette période de pandémie, le temps est un peu suspendu. Nous sommes sortis du premier confinement, mais d'autres lui ont déjà succédé. François Gibault a survécu, terrorisé, à la première vague. Comme beaucoup de gens très âgés, il s'est senti en danger et s'est claquemuré dans son hôtel particulier. Sa cohéritière est plus jeune. Toutefois, nul n'est au mieux de sa forme. J'apprendrai qu'elle séjourne chaque été longuement en Grèce, ce qui ralentit les éventuelles négociations ou, en tout cas, les complique.

Quant à Jérémie Assous, je le croiserai à l'automne 2020 sous son jour peu aimable, durant une audience à la 17e chambre, celle dite « de la presse », au tribunal judiciaire de Paris. Il ne sortira rien de productif de notre rapide échange. J'appendrai par sa bouche que lui et sa cliente me proposent de préfacer les inédits de Céline en contrepartie d'une réédition des œuvres. Il est imaginé que l'écrivain que je suis prendra le pas sur l'avocat de Jean-Pierre Thibaudat et sur sa défense. Il va de soi que j'ai décliné cette suggestion incongrue.

Jean-Pierre Thibaudat et moi avons tout de même réfléchi à la possibilité d'une action pénale. J'ai imaginé toutes les qualifications juridiques théoriques, en termes de propriété intellectuelle (durée de protection, qui est détenteur des droits sur les inédits, etc.) comme de droit pénal. Cependant, pas un instant je n'envisage d'être suspecté aux côtés de mon client… Quoi qu'il en soit, sur quoi pourrait bien reposer une plainte pénale ?

Il existe plusieurs lectures juridiques possibles de ce qui s'est passé en juin 1944, lors du départ de Céline pour l'Allemagne.

L'écrivain ressassait, sans preuve aucune, qu'il avait été pillé par la Résistance. Il l'a écrit à plusieurs reprises. Seule chose certaine : jamais il n'a remis la main sur ses manuscrits, si ce n'est que les premières dizaines de pages de *Casse-pipe* sont remontées à la surface et ont été publiées par leur auteur en 1949. Le reste du roman est demeuré rue Girardon avec quelque cinq mille autres pages. Céline les a crues perdues, clamant qu'elles avaient été brûlées, détruites, jetées. La concierge aurait témoigné après guerre que la chaussée était couverte des précieux feuillets.

Dans *D'un château l'autre*, Céline écrit : « Ils m'ont rien laissé… pas un mouchoir, pas une chaise, pas un manuscrit… » Dans une lettre à son ami Pierre Monnier : « Il faut le dire partout si *Casse-pipe* est incomplet c'est que les Épurateurs ont balancé toute la suite et fin, 600 pages de manuscrit dans les poubelles de l'avenue Junot, avec les 2e et 3e chapitres de *Guignols* et un roman entier manuscrit, *La Volonté du roi Krogold.* » Et, dans *Rigodon* : « On m'a assez pris, on m'a assez dévalisé, emporté tout ! Hé, je voudrais qu'on me rende ! »

Dans *Maudits soupirs pour une autre fois*[1], il ajoute : « Trésor je l'affirme ! De ces romans tonnerre de Dieu que la littérature française en est appauvrie pour toujours ! La preuve qu'ils les ont brûlés, trois manuscrits presque, les justiciers épurateurs ravageurs ! Pas laissé un atome de cendres ! » Et plus loin au sein du même texte : « quatre je dirai, sans compter la légende gaélique », enfin « trois légendes et deux romans ». La réalité est tout autre et Céline l'a su – j'y reviendrai. Mais la plupart des céliniens se sont ralliés à l'hypothèse d'une disparition définitive.

C'est en partant d'une pure spéculation que François Gibault et Véronique Chovin ont déposé plainte. Les héritiers de Céline considèrent pour leur part que les manuscrits révélés par Jean-Pierre Thibaudat auraient été dérobés dans l'appartement de l'écrivain. Or c'est faux. « Mieux » encore, ils sont convaincus que le coupable aurait été un certain Oscar Rosembly.

Rosembly, né en 1909, s'occupait de la comptabilité de Céline, qu'il avait rencontré par le truchement d'un ami commun, le peintre montmartrois Gen Paul (celui-là même qui, en mars 1941, avait déniché pour Céline l'appartement du 4, rue Girardon au cinquième étage[2]). Bien auparavant, il avait été assistant parlementaire de Camille Chautemps, avant de devenir journaliste pour

1. Titre de la première version de *Féerie pour une autre fois*, qui sera publié en 1952.
2. Jusque-là, Céline vivait avec sa mère rue Marsollier, dans le IIe arrondissement, d'autant que Lucette n'avait guère les faveurs de celle-ci. Montmartre, où arrive le couple en voisins de Gen Paul, est un quartier de bohème artistique. Il y a là l'écrivain Marcel Aymé, le graveur Gabriel Daragnès, le comédien Le Vigan…

l'hebdomadaire *Gringoire*. Il milite plus tard dans le sillage de Marcel Déat et, durant l'Occupation, travaille à la mairie du XVIIIe arrondissement de Paris. Sa lointaine ascendance juive le pousse, lors des descentes allemandes, à se cacher parfois chez Gen Paul. Lequel parviendra à échapper à l'épuration, malgré sa fréquentation des milieux collaborationnistes et notamment d'Otto Abetz, l'ambassadeur du IIIe Reich à Paris.

Rosembly est arrêté en janvier 1945 car il se présentait comme un membre de la Résistance, ce qui lui a permis de perquisitionner l'appartement de l'acteur Robert Le Vigan ou encore celui de Ralph Soupault. Il s'est également rendu dans celui de Céline avec trois autres individus. En 1949, Céline écrira d'ailleurs à Henri Mahé, à propos de cet épisode : « Oscar Rosembly [...] est venu après mon départ ravager mon appartement. »

Rosembly écope de six mois d'incarcération à la prison de Fresnes. Il regagne la Corse en 1947, où il se marie. Une sorte de crise mystique l'a poussé à se rendre en Inde et c'est pourquoi il s'habille en moine hindou, passant pour un hurluberlu dans son village. Il mourra en 1990.

Les héritiers, au lieu de discuter, ont donc préféré déposer une plainte et avancent auprès de la justice le nom de cet Oscar Rosembly, dont Jean-Pierre et moi-même serions les complices...

Voici la substantifique moelle de leur théorie pénale – déposée entre les mains du procureur et qui atterrit à l'Office central de répression des trafics de biens culturels –, ainsi que sa chronologie particulièrement biaisée, voire délirante et mensongère. Ce document inédit mais officiel s'ouvre, après les déclinaisons d'identité et les formules procédurales incontournables, par le « contexte historique lié au vol de certains écrits inédits de Céline ».

Au lieu d'évoquer la fuite en Allemagne, chez les nazis, d'un collabo, sont narrés « l'exil forcé de Céline et le pillage de son appartement rue Girardon par Oscar Rosembly » :

> « Le 17 juin 1944, soit quelques jours après le débarquement du 6 juin 1944, Céline, craignant d'être arrêté ou de faire l'objet d'une exécution sommaire, a quitté précipitamment son appartement de la rue Girardon situé dans le XVIIIe arrondissement de Paris pour se rendre en Allemagne afin de se réfugier ensuite au Danemark. »

François Gibault déclare d'ailleurs à présent que Céline a préféré le Danemark à l'Espagne de Franco parce qu'on le désignait comme plus sûr, l'écrivain ayant des biens et des avoirs à Copenhague. Il va de soi que le compagnonnage et la proximité des dirigeants du régime de Vichy (Pétain, Laval, etc.), la fuite minable d'un criminel intellectuel à Berlin avec son épouse très complaisante ou amoureuse, puis l'arrestation à la frontière danoise d'un couple de misérables antisémites traqués par les nations alliées, n'ont plus la même allure dans la version de l'histoire révisée par François Gibault et ses acolytes :

> « Céline connaissait un dénommé Oscar Rosembly qui demeurait à proximité de son appartement et qui semble même avoir travaillé pour lui à l'établissement de sa comptabilité. À la Libération, en dépit des liens entre les deux hommes, Oscar Rosembly adoptera un comportement pour le moins surprenant vis-à-vis de Céline.
>
> Prétendant agir au nom de la Résistance, il organisa plusieurs perquisitions arbitraires dans le quartier, notamment

dans l'appartement de Céline et dans celui de l'acteur Robert Le Vigan qui avait suivi Céline dans sa fuite.
Oscar Rosembly a été arrêté en septembre 1944 pour usurpation de pouvoir au nom de la Résistance.
Il apparaîtra qu'il ne bénéficiait, en réalité, d'aucune autorisation pour mener les perquisitions qu'il s'était seul arrogé le droit d'effectuer.
Ce comportement lui vaudra d'être incarcéré à Fresnes, sans que les biens saisis par lui illégalement, mais en réalité volés par lui, soient jamais retrouvés.
Lors de sa remise en liberté, Oscar Rosembly décida de s'éloigner de la région parisienne.
Il se rendit ainsi en Corse dans le but de créer une petite industrie de savons à l'huile d'olive.
Sur l'île de Beauté, il fit la rencontre de sa femme Marthe, qu'il épousa en 1948.
De cette union, naîtra Marie-Luce Rosembly. »

Après ce prologue très imagé et surtout totalement inexact, la plainte en vient aux supposées convictions de Céline, qui a émis en réalité une multitude d'hypothèses, allant de la destruction de ses biens par un incendie à leur abandon dans la rue, sans oublier le vol par un voisin résistant, ou par des faux héros de la Libération, ou par des occupants désargentés et avides, etc. La plainte aborde donc ensuite « la recherche par Céline des documents lui ayant été dérobés » et narrer des faits épars et revisités :

« De son lieu d'exil, Céline eut vent du pillage de son appartement et entreprit d'intenses recherches afin de retrouver les documents qui lui avaient été frauduleusement subtilisés.
En effet, parmi les documents dérobés figuraient plusieurs manuscrits inédits d'une valeur inestimable.

Céline se méprit toutefois au départ sur l'identité du pillard qu'il croyait être Yvon Morandat, à qui avait été attribué son appartement de la rue Girardon.

Céline s'en plaindra en 1947 dans une lettre adressée à Henri Poulain :

"Mon occupant rue Girardon m'a foutu à la poubelle – la suite manuscrite de *Guignols* – et encore 3 autres romans en train ! C'est un dénommé Morandat ami de de Gaulle [...] il me hait ce Morandat."

Dans cet extrait, Céline releva que parmi les œuvres lui ayant été dérobées, figurait le manuscrit inédit de *Guignol's band* ainsi que ceux de trois autres romans.

Céline intercédera auprès d'Yvon Morandat afin de tenter de recouvrer ses manuscrits dérobés.

Il en ressortira qu'Yvon Morandat n'avait en sa possession que des "brouillons" de certains écrits de Céline.

Les "définitifs manuscrits" dérobés par Oscar Rosembly durant la perquisition au domicile de Céline restaient, pour leur part, introuvables. »

C'en est presque cocasse puisque c'est bel et bien à ce même Yvon Morandat, rentré de Londres avec de Gaulle, que fut attribué l'appartement de Céline comme logement de fonction, avec ses meubles et les 6 000 feuillets de ses manuscrits et non de simples petits brouillons. Morandat le fera d'ailleurs savoir à l'écrivain une fois celui-ci rentré frauduleusement du Danemark, en 1951. Céline refusera de l'entendre, injuriant d'abord ce compagnon de la Libération, son opposé plus que son opposant… Il dira à son éditeur qu'il convient de « remercier » Morandat car il ne détient rien d'important selon lui, ainsi qu'on va le lire dans la plainte des héritiers, laquelle montre à la fois leur obstination et leur capacité à réécrire l'histoire. Ils affirment ainsi que « ce sont ces "définitifs manuscrits" » qui avaient le plus de valeur, connaissant la méthode d'écriture de Céline. Celui-ci avait en effet pour habitude de retravailler sans cesse ses manuscrits, les « épurant » jusqu'à obtenir une version satisfaisante, le « définitif manuscrit ». C'est ce qu'il explique dans une lettre adressée le 25 novembre 1950 à son éditeur, Pierre Monnier :

> « Remerciez Morandat. Mais il n'a que des épreuves-brouillons, c'est les *définitifs manuscrits* qui m'ont été volés par les *Épurateurs* chez moi ! Vous savez que je fais taper 3 ou 4 fois de suite mes chers romans. M'épure ! J'épure. Un boulot de Chinois. Le brouillon de *Guignols*, je l'ai aussi ! ça ne vaut rien.
> C'est l'épuré qu'il me fallait – 2 ans de boulot ! »

Dans un autre courrier du 2 décembre 1950 adressé au même Monnier, Céline s'épanche sur les autres « définitifs manuscrits » qui lui ont été dérobés en plus de celui de *Guignols*, soit ceux de *Casse-pipe* et de *La Volonté du roi Krogold* :

> « [...] Oh l'affaire Morandat, perdez-vous en gentillesse – C'est pas sérieux : Je les ai aussi ces premières pelures de la suite *Casse-pipe*...
> C'est le définitif manuscrit qui a été bouzillé et qu'il a pas, et *La Volonté du roi Krogold*. Ça c'est aux poubelles de l'avenue Junot ou VOLÉ ??? [...] »

Selon ces écrits, poursuit la plainte, « ce sont donc et à tout le moins les "définitifs manuscrits" suivants qui ont été dérobés à Céline : *Casse-pipe* ; *La Volonté du roi Krogold* ; *Guignol's*. Et ce en plus d'autres documents et correspondances qui viennent d'être retrouvés. Malgré les importantes recherches entreprises, Céline ne sera pas en mesure de retrouver ces manuscrits ».

La plainte dérive ensuite vers les élucubrations, toutes fausses, d'Émile Brami, célinien méritant mais qui s'est totalement fourvoyé. Elle contient un long développement sur les « manuscrits dérobés » :

> « La redécouverte des manuscrits dérobés à Céline auprès de Marie-Luce Rosembly.
>
> Ce n'est qu'en 1999 que ces manuscrits vont réapparaître grâce à la persévérance de M. Émile Brami, libraire spécialisé dans l'œuvre de Céline, auteur de plusieurs livres sur cet écrivain et trésorier de la Société d'études céliniennes, présidée par M. François Gibault.
>
> Celui-ci avait décidé de contacter toutes les personnes portant le nom de Rosembly dans l'annuaire afin de tenter de retrouver la trace de la descendante d'Oscar Rosembly.
>
> Après s'être vu opposer une multitude de fins de non-recevoir, M. Émile Brami réussit finalement à être mis en contact, via son cousin, avec la fille d'Oscar Rosembly, Mme Marie-Luce Rosembly qui résidait toujours en Corse.
>
> Après plus de trois années d'échanges téléphoniques réguliers, Mme Marie-Luce Rosembly révéla à M. Émile Brami que son père avait laissé des archives dans une maison non loin de Corte.
>
> Elle rapporta, à cette occasion, à M. Émile Brami que ces archives, constituées de plusieurs cartons, contenaient de nombreux manuscrits de Céline.
>
> Elle mentionna également, au détour de leurs conversations, que ces archives contiendraient notamment les manuscrits de *Casse-pipe* et de *La Légende du roi Krogold*, ainsi que de nombreux autres.

> M. Émile Brami lui expliqua alors l'importance et la valeur des documents qu'elle détenait.
> Il tenta également de la rencontrer afin de constater la véracité de ces propos, sans toutefois jamais y parvenir, Mme Marie-Luce Rosembly s'arrangeant toujours pour annuler leur rencontre au dernier moment. »

De fait, une longue enquête, entreprise dans les années 2000, a mené Émile Brami à Marie-Luce Rosembly, la fille d'Oscar Rosembly. Celle-ci aurait prétendu, de-ci de-là, avoir en sa possession des manuscrits et documents de Céline. L'obstiné Brami, libraire enthousiaste et biographe de Céline (le troisième au moins, après François Gibault et Frédéric Vitoux[1]), s'est piqué au jeu de retrouver ce trésor. Convaincu de l'hypothèse selon laquelle c'est Rosembly qui aurait récupéré (donc volé) les manuscrits, il se laisse bercer par la douce musique jouée par une vieille dame contente de prendre de l'importance. Il se rend en Corse pour la rencontrer, en vain. Elle dit oui, puis se défile. Émile Brami rentre à Paris sans butin aucun. La piste Rosembly reste purement hypothétique, sans qu'existe aucune preuve de sa véracité. François Gibault racontera, dans un entretien au *Nouvel Observateur*, comment Véronique Chovin a tenté à son tour, par téléphone, d'entrer en contact avec Marie-Luce Rosembly en 2017. Elle lui aurait alors dit « qu'elle avait toujours les manuscrits[2] ». Cependant, la

1. Émile Brami, *Céline à rebours* (3e éd.), Écriture, 2023.
2. Élisabeth Philippe, « Que contiennent vraiment les manuscrits volés de Céline ? Entretien avec François Gibault, leur nouveau "propriétaire" », *Le Nouvel Observateur*, 12 août 2021.

plainte des deux ayants droit donne une version bien différente de cette supposée rencontre :

> « En 2017, M. Émile Brami s'ouvrit de cette découverte à Mme Véronique Chovin, qui possédait également une résidence en Corse à proximité de Corte.
> Celle-ci tenta, à son tour, d'entrer en contact avec Mme Marie Luce Rosembly.
> Elle n'y parviendra pas plus.
> Mme Marie-Luce Rosembly fit avec elle usage du même stratagème qu'avec M. Émile Brami en se défaussant systématiquement de ses engagements.
> Face à la mauvaise foi manifeste de Mme Marie-Luce Rosembly et à l'impossibilité de la rencontrer, Mme Véronique Chovin cessa d'insister dans l'espoir que, le temps aidant, Mme Marie-Luce Rosembly reviendrait spontanément vers elle.
> Ceci n'arrivera jamais et Mme Marie-Luce Rosembly est décédée le 4 novembre 2020. »

La mort de cette dernière, presque un an après Lucette Destouches, et donc après notre rendez-vous à mon cabinet, a suffi pour rendre irrationnels deux héritiers et leurs conseils.

Les deux plaignants en viennent ensuite à ce qu'ils dénomment « la réapparition contemporaine des manuscrits dérobés détenus par M. Jean-Pierre Thibaudat ». Ils expliquent :

> « Dans le courant de l'été 2020 [*alors qu'il s'agit encore de la fin du printemps*], Mme Véronique Chovin et M. François Gibault, en leur qualité d'ayants droit de Céline, ont été contactés par Me Emmanuel Pierrat, avocat au Barreau de Paris, avocat de M. Jean-Pierre Thibaudat [*ici, le numéro de téléphone portable de mon client et son adresse électronique*],

écrivain et journaliste, qui leur a fait savoir que celui-ci disposait de certains manuscrits inédits de Céline dont il souhaiterait négocier la remise.

Compte tenu du caractère peu commun de cette démarche, Mme Véronique Chovin et M. François Gibault ont accepté de rencontrer M. Jean-Pierre Thibaudat au cabinet de Me Emmanuel Pierrat.

Il ressortira de cette rencontre que M. Jean-Pierre Thibaudat détiendrait effectivement plusieurs manuscrits et documents ayant appartenu à Céline.

Par courriel du 12 juin 2020, Me Emmanuel Pierrat l'écrivit à Mme Véronique Chovin et à M. François Gibault afin de récapituler les propositions leur ayant été faites au cours de cette réunion.

Il joignit à son envoi un inventaire indiquant les documents en possession de M. Thibaudat.

Cet inventaire indique que M. Thibaudat a en sa possession les documents dont Céline disait qu'ils lui avaient été dérobés et qui avaient été précédemment en possession de Mme Marie-Luce Rosembly, soit :

Un manuscrit incomplet de *La Volonté du roi Krogold* ;

Un ensemble des séquences inédites de *Casse-Pipe* ;

Une version manuscrite incomplète de *Guignols*.

Il est important de préciser qu'il existe une parfaite concordance entre les manuscrits déclarés volés par Céline et ceux figurant dans la liste de ceux détenus par M. Thibaudat.

Cet inventaire faisait également état de divers autres documents et correspondances qui n'avaient aucune raison de se trouver aujourd'hui entre les mains de M. Thibaudat.

Le caractère personnel des autres documents listés dans l'inventaire (correspondances privées, écrits médicaux, factures, photos, etc.) corroborait également le fait que ces documents provenaient de la perquisition menée illégalement au domicile de Céline. »

Ce résumé très hâtif néglige nombre de détails, ne serait-ce que les circonstances amicales qui m'ont fait contacter François Gibault – et lui seul…

La suite est encore plus succincte et subjective, puisqu'il est affirmé :

« Par courriel du 16 juin 2020, Mme Chovin et M. Gibault ont fait immédiatement connaître leur opposition au projet de M. Thibaudat et ont revendiqué la propriété de ces documents qui, ayant été dérobés à Céline, ne pouvaient en aucune façon avoir été légitimement acquis par M. Thibaudat. En dépit de la connaissance de l'histoire liée à ces documents et de la qualité d'ayants droit de Céline de Mme Chovin et M. Gibault, M. Thibaudat se refusa de procéder à la restitution de ces documents dont la valeur culturelle est inestimable, compte tenu du caractère inédit de la plupart de ces écrits de cet écrivain traduit dans presque toutes les langues et qui apparaît aujourd'hui comme l'un des écrivains français les plus importants du XXe siècle. »

Les paragraphes suivants ne manquent pas de saveur :

« Ces documents dérobés à la fin de la Seconde Guerre mondiale, disparus depuis plus de 70 ans et enfin retrouvés, courent aujourd'hui, à nouveau, le risque de disparaître, d'être détruits, voire d'être revendus au tiers le plus offrant au mépris du droit de propriété de Mme Véronique Chovin et M. François Gibault.
C'est pour cette raison que Mme Véronique Chovin et M. François Gibault n'ont d'autre choix que de procéder au dépôt de la présente plainte. »

Pour conclure, la plainte souligne la possible « qualification pénale des faits » et précise que « les faits dénoncés au titre de la présente plainte sont susceptibles de relever de la qualification de : recel de vol ». La plainte expose par ailleurs :

> « En droit, conformément à l'article 311-1 du Code pénal, le vol est défini comme étant : "la soustraction frauduleuse de la chose d'autrui".
> L'article 321-1 du Code pénal dispose, concernant le recel, que : "Le recel est le fait de dissimuler, de détenir ou de transmettre une chose, ou de faire office d'intermédiaire afin de la transmettre, en sachant que cette chose provient d'un crime ou d'un délit.
> Constitue également un recel le fait, en connaissance de cause, de : bénéficier, par tout moyen, du produit d'un crime ou d'un délit.
> Le recel est puni de cinq ans d'emprisonnement et de 375 000 euros d'amende." »

Le reste de la plainte soutient également que

> « l'élément matériel du vol est constitué par la soustraction frauduleuse d'un bien appartenant à autrui.
> Le recel suppose que, quant à lui, soient réunies deux séries de conditions :
> – une infraction originaire ayant procuré la chose (condition préalable) ;
> – la détention, la transmission ou le bénéfice de cette chose en connaissance de cause (élément constitutif) ».

Quant à l'élément intentionnel, les plaignants argumentent que

« la caractérisation de l'élément intentionnel lié à l'infraction de recel exige la démonstration d'une double connaissance :
– l'agent doit connaître l'origine frauduleuse de la chose ; et
– l'agent doit avoir la volonté de conserver, transmettre ou tirer profit de la chose ».

Or, selon eux :

« En l'espèce, il a longuement été démontré que les documents dérobés à Céline lors de la perquisition illégale effectuée dans son appartement de la rue Girardon par Oscar Rosembly l'ont été sans aucun droit, dans le seul but, pour ce dernier, de s'approprier certains écrits de Céline dont il connaissait la grande valeur culturelle et patrimoniale.
Ces écrits dérobés ont ensuite été dissimulés durant de nombreuses années par Oscar Rosembly, en Corse.
Lors de son décès, ces documents sont revenus à sa fille, Mme Marie-Luce Rosembly, qui ne pouvait ignorer leur origine frauduleuse. »

On voit jusqu'où l'imagination des plaignants les conduit car ils indiquent encore, spéculant d'eux-mêmes sur leur propre capacité à réciter une histoire fausse et à s'en convaincre :

« Bien que contactée par M. Émile Brami et Mme Véronique Chovin qui lui ont restitué le contexte historique de la disparition des documents détenus par son défunt père, Mme Marie-Luce Rosembly n'entreprit aucune démarche pour tenter de restituer ces biens mal acquis à sa véritable propriétaire qui était alors Mme Lucie Destouches, en dépit de sa parfaite connaissance du contexte frauduleux qui a présidé à leur appréhension. »

Je ris presque en relisant, plus de trois ans après sa rédaction, le ton cérémoniel et implacable de ce récit :

> « Mme Marie-Luce Rosembly décida au contraire de les remettre à M. Jean-Pierre Thibaudat, et ce au mépris du droit de propriété de Mme Lucie Destouches, née Lucie Almanzor, veuve et unique héritière de Céline.
> Le caractère frauduleux de cette remise résulte notamment de la parfaite concordance entre les manuscrits déclarés volés par Céline et ceux figurant sur l'inventaire de ceux détenus aujourd'hui par M. Thibaudat.
> Cette concordance est également corroborée par le volume des documents en la possession de M. Thibaudat, soit plusieurs cartons, ce qui correspond à ce que Mme Marie-Luce Rosembly indiquait à M. Émile Brami lors de leurs échanges.
> Enfin, la nature personnelle des documents en possession de M. Thibaudat (correspondances privées, écrits médicaux, factures, photos, etc.) confirme, une fois de plus, qu'il s'agit des documents qui ont été dérobés à Céline lors de la perquisition illégale de son appartement organisée par Oscar Rosembly.
> M. Jean-Pierre Thibaudat connaissait parfaitement l'historique entourant ces documents et donc leur origine frauduleuse.
> C'est d'ailleurs pour cette raison qu'il a pris contact avec Mme Véronique Chovin et M. François Gibault en leur qualité d'ayants droit de Céline avec cette précision que, pour ce faire, il a attendu le décès de Mme Lucie Destouches décédée à Meudon le 8 novembre 2019. »

La scène décrite ensuite est moins drôle. Elle déforme, avec le dessein de nuire, ce qui s'est dit dans mon bureau et en ma présence :

> « Les exposants lui ont rappelé évidemment le contexte de leur disparition lors de leur rencontre de juin 2020.
> En dépit de la provenance frauduleuse de tous ces documents, que M. Thibaudat n'ignorait du reste pas, il tenta tout de même de tirer profit de la résurgence de ces manuscrits inédits.
> Il tenta de négocier leur remise à une bibliothèque et non aux héritiers de Céline en échange de leur accord pour qu'il assure la direction scientifique de la publication de ceux-ci.
> Le comportement de M. Jean-Pierre Thibaudat constitue l'infraction de recel telle que définie à l'article 321-1 alinéa 2 du Code pénal.
> À cet égard, le risque de voir ces documents disparaître à nouveau, comme ce fut le cas pendant plusieurs décennies, est très important.
> M. Thibaudat peut décider de céder ces biens au repreneur le plus offrant dont on ne peut anticiper l'usage qu'il en fera.
> Il peut également choisir de les détruire ou de les dissimuler à nouveau, privant de cette façon le monde culturel d'une importante découverte.
> Ce risque est aujourd'hui décuplé par les revendications des propriétaires légitimes de ces documents.
> Mme Véronique Chovin et M. François Gibault sont dans l'impossibilité de localiser avec précision ces documents.
> Il existe ainsi une réelle urgence à pouvoir localiser et mettre en sécurité ces documents et préserver ce patrimoine culturel majeur.

Pour les raisons développées ci-dessus, Mme Véronique Robert-Chovin et M. François Gibault se voient contraints de déposer la présente plainte contre X pour recel de vol et se tiennent à la disposition des services de Monsieur le procureur de la République à qui il plaira de qualifier les faits dénoncés de recel de vol, de retenir toute autre éventuelle qualification pénale et d'ordonner l'ouverture d'une information judiciaire. »

Voilà comment la messe est dite, l'amitié trahie, la générosité méprisée et la vérité corrompue.

Mars 2011

Entre Champollion et le moine copiste

La théorie – fausse, on l'aura compris – Oscar Rosembly a été soufflée aux héritiers de Céline par Émile Brami, remarquable célinien de mes amis que j'ai mentionné au début de ce récit, puisque c'est lui, quand il était libraire, qui m'avait montré les correspondances avec ses avocats ayant permis à Céline de rentrer en France sous le nom de Destouches, et sur lesquelles je reviendrai…

La « vérité » des héritiers est que Jean-Pierre Thibaudat a ensuite obtenu les manuscrits auprès du fils de Marie-Luce Rosembly et petit-fils d'Oscar Rosembly, lequel était journaliste dans le sud de la France. Véronique Chovin le dira expressément lors de son audition par la police judiciaire, le 3 mars 2021. Elle tente ainsi de répondre aux enquêteurs qui lui indiquent que Jean-Pierre Thibaudat détient ces manuscrits depuis des années, en tout cas bien avant la mort de Marie-Luce Rosembly. Ce à quoi Véronique Chovin rétorque : « Elle a un fils, Olivier Roulot Rosembly, qui est journaliste dans le Midi. »

Un tel luxe de précisions ne peut provenir que des recherches d'Émile Brami et de son imagination débordante, partagée par les plaignants. Il leur permet de tenir pour acquises des absurdités qui ne sont en rien étayées scientifiquement. Absence de rigueur de l'un et mauvaise intention des deux autres vont ici de pair. C'est au terme de cette hypothèse spéculative que Jean-Pierre Thibaudat est présenté dans leur plainte comme le complice de cette famille et, par conséquent, comme un receleur.

La réalité est tout autre. Jean-Pierre Thibaudat m'a montré les fichiers enregistrés sur son ordinateur, datés pour certains et par exemple de mars, août et septembre 2011. Ils portent en titres les noms des chapitres des manuscrits de Céline. C'est la preuve que mon client détenait ses manuscrits bien avant le supposé contact entre Véronique Chovin et Marie-Luce Rosembly.

J'ai sous les yeux, alors que je rédige ces lignes, la capture d'écran de l'ordinateur de Jean-Pierre Thibaudat. Y figurent la liste des fichiers contenus dans le dossier intitulé « CASSE PIPE TOUT », notamment ceux de plusieurs chapitres[1], ainsi que les fichiers intitulés « la guerre et la blessure, intro » ou encore « Londres 8 »... Les dernières datations remontent à février, mars et mai 2020, soit la période immédiate qui succède à la mort de Lucette Destouches en novembre 2019. C'est à ce moment, dois-je le rappeler, que Jean-Pierre Thibaudat se remet au travail pour prendre en compte les publications scientifiques parues durant un peu plus d'une décennie jusqu'à ce décès. Tout cela est conforme à ce

1. Voir p. 212.

qu'il me confiera, mais surtout me chargera de dire plus tard aux médias.

Par conséquent, si quelques documents ont été volés par Oscar Rosembly dans l'appartement de Céline, il ne peut pas s'agir des manuscrits conservés par Jean-Pierre Thibaudat. Dès le début de nos conversations, celui-ci répète d'ailleurs que les manuscrits n'ont pas été volés par des résistants, mais examinés par eux. Ils cherchaient notamment à obtenir des informations sur l'identité et les activités des collaborateurs amis de Céline dont celui-ci aurait noté les coordonnées et qui seraient cachés ou en fuite afin d'échapper à l'épuration.

Rappelons aussi que lorsque Louis-Ferdinand Céline a quitté son appartement et fui la France en juin 1944, alors que les autorités officielles étaient encore les forces allemandes, il abandonna ses manuscrits dans l'appartement qu'il louait à Montmartre. Jean-Pierre Thibaudat et moi-même avons donc toujours été convaincus que ceux-ci n'ont pas été volés ou pillés, mais récupérés légitimement par des résistants.

Deux versions s'opposaient donc. Et, tant que Jean-Pierre Thibaudat n'avait pas révélé l'origine exacte des documents en sa possession, cela n'empêchait pas les plaignants de s'embourber dans leur propre théorie.

Fin septembre 2021, presque deux mois après la mise au jour du « trésor », Henri Godard, ancien professeur à la Sorbonne et éditeur de Céline dans la Pléiade, âgé de quatre-vingt-cinq ans, s'exprime dans *Le Télégramme*. Le journaliste lui demande ce qu'il pense de « l'histoire présentée par Jean-Pierre Thibaudat, journaliste de *Libération*, à qui le “paquet” a été remis ». Avant que Jean-Pierre ne révèle le nom du grand résistant Morandat, il répond : « Je n'y crois pas. Mon sentiment est que Thibaudat a mis en avant sa qualité de journaliste au moment des faits, alors qu'il ne l'est plus, pour se réfugier derrière le secret des sources. Le dépositaire a-t-il qualité et compétence d'archiviste ? On peut légitimement se demander dans quel état tout cela se trouve aujourd'hui. On imagine les difficultés supplémentaires que cela pourrait occasionner à l'avenir pour les éditeurs scientifiques, moi et d'autres, qui ont perdu quinze ans de travail[1]. »

Le professeur Godard n'est certes pas un enquêteur. Mais la réponse de l'universitaire âgé, dictée par les héritiers, est tout bonnement fausse. Dans un autre entretien, le 6 août sur France Info, François Gibault assenait : « Cela fait des années que nous cherchons la trace des documents qui ont disparu, qui ont été volés. » Il m'apparaissait dès lors étonnant que les ayants droit n'eussent entrepris aucune démarche juridique à l'encontre de Marie-Luce Rosembly pour mettre la main sur les manuscrits dont ils étaient convaincus qu'elle les détenait.

Un peu plus tard, je savourerai un autre paradoxe cocasse de la thèse soutenue par les héritiers. Ils ont continué d'arguer longuement que Jean-Pierre Thibaudat n'était devenu détenteur des manuscrits qu'à la fin des années 2010, vire début 2020 (le 12 août 2021, François Gibault déclarera au *Nouvel Observateur* : « En 2017, Véronique Chovin est entrée en contact, par téléphone, avec Marie-Luce

1. Henri Godard, « Chez Céline, la force de la littérature l'emporte sur l'opprobre », propos recueillis par Jean-Luc Germain, *Le Télégramme*, 28 septembre 2021.

Rosembly, qui lui a dit qu'elle avait toujours les manuscrits »), mais qu'un préjudice immense leur aurait été causé par la possession pendant quinze ans des manuscrits par le même Jean-Pierre Thibaudat. Quinze ans, vraiment ? Cela contredit allègrement leur propre plainte.

Pour le reste de celle-ci, rappelons que, en droit pénal, il existe aussi et surtout une notion d'intentionnalité. Les plaignants l'ont esquissé plus que rapidement car ils n'avaient pas le choix de passer outre. Afin que les juges condamnent un délit ou un crime, il est nécessaire que soient réunis un élément matériel (le fait, par exemple, de cambrioler ou de tuer), ainsi qu'un élément intentionnel (le désir ou, *a minima*, la conscience d'avoir commis une infraction).

Or, il ne pouvait y avoir recel dans le cas de Jean-Pierre Thibaudat car, comme je le pensais dès alors (à raison, puisque la justice a ensuite entériné notre analyse et donc notre cause), la « caractérisation de l'élément intentionnel » liée à l'infraction de recel exige en effet, comme on l'a déjà lu dans la plainte, la démonstration d'une double connaissance :

– le suspect doit connaître l'origine frauduleuse du bien ;

– il doit avoir la volonté de conserver, transmettre ou tirer profit de celui-ci.

Or, Jean-Pierre Thibaudat n'a jamais prétendu être le propriétaire des manuscrits retrouvés. Le billet qu'il a rédigé, publié sur son blog hébergé par Mediapart, en atteste : « Ne m'étant jamais senti le propriétaire de ce trésor[1]… »

1. Blogs.mediapart.fr/jean-pierre-thibaudat, « Le trésor retrouvé de Louis-Ferdinand Céline », 6 août 2021.

Quid de l'élément matériel de l'infraction, qui serait donc la soustraction frauduleuse de la chose d'autrui ? Il n'est, lui non plus, en rien démontré, voire avéré. Car cet « élément » suppose notamment deux séries de conditions : une infraction originaire ayant procuré la chose (condition préalable) ; la détention, la transmission ou le bénéfice de cette chose en connaissance de cause (élément constitutif). Las, l'infraction originaire, la soustraction frauduleuse des manuscrits, n'est pas démontrée.

L'article 321-1 du Code pénal dispose que « le recel est le fait de dissimuler, de détenir ou de transmettre une chose, ou de faire office d'intermédiaire afin de la transmettre, en sachant que cette chose provient d'un crime ou d'un délit. Constitue également un recel le fait, en connaissance de cause, de bénéficier, par tout moyen, du produit d'un crime ou d'un délit ».

« Procéduralement », pour ce qui est du délit de recel et de sa complicité, il appartient au ministère public ou aux parties civiles d'établir l'élément intentionnel de l'infraction. Et l'article 2276 du Code civil d'indiquer qu'« en fait de meubles, la possession vaut titre ». « Néanmoins, celui qui a perdu ou auquel il a été volé une chose peut la revendiquer pendant trois ans à compter du jour de la perte ou du vol, contre celui dans les mains duquel il la trouve ; sauf à celui-ci son recours contre celui duquel il la tient. »

Or, comme le rappelle notamment François Duret-Robert dans son *Droit du marché de l'art*[1], qui fait autorité : « Si l'acquéreur est de bonne foi, au sens

1. Dalloz, 8e édition, septembre 2023.

de l'article 2276 du Code civil, c'est-à-dire s'il était convaincu, au moment de l'achat, que le vendeur était le légitime propriétaire de l'objet en question, il ne peut être considéré comme un receleur, même s'il apprend par la suite l'origine frauduleuse de cet objet. C'est ce qu'a déclaré la Cour de cassation dans un arrêt du 24 novembre 1977. » Et d'ajouter que, « pour apprécier cette bonne foi, on doit donc se placer au moment de l'entrée en possession. Le fait que, par la suite, l'intéressé apprenne la vérité ne modifie pas la situation ».

Les juges accordent généralement une grande importance au fait que les objets concernés ont été payés à des prix très inférieurs à leur valeur réelle. C'est ainsi que la cour de Paris, approuvée par la Cour de cassation, a déclaré que « le demandeur ne saurait sérieusement prétendre qu'il ignorait la provenance frauduleuse des tableaux achetés par lui à Y..., alors qu'en professionnel averti, il devait nécessairement se rendre compte, eu égard à la vileté du prix payé, qu'il faisait l'acquisition de toiles que Y... ne pouvait s'être procuré qu'à la suite d'un vol ».

Sans oublier que Jean-Pierre Thibaudat a manifesté son souhait de rendre accessibles les manuscrits inédits et exceptionnels de Céline. Toujours dans son blog, le critique de théâtre écrit et insiste : « Il était l'heure pour moi de briser un si long silence, de proclamer haut et fort l'existence de ce trésor inestimable tout en souhaitant qu'il soit, dans un avenir relativement proche, mis à la portée de tous[1]. »

1. Blogs.mediapart.fr/jean-pierre-thibaudat, « Le trésor retrouvé de Louis-Ferdinand Céline », 6 août 2021.

De fait, Jean-Pierre Thibaudat n'a jamais entendu tirer un bénéfice personnel des manuscrits. Par mon intermédiaire, il a pris rendez-vous avec les ayants droit afin que les manuscrits soient remis à une bibliothèque publique.

Il a réalisé gracieusement, pendant des années, un travail immense de classement et de transcription, dans l'attente de la fin de l'échéance fixée par sa source, c'est-à-dire la disparition de Lucette Destouches, la veuve de Céline. Il ne pouvait rendre les manuscrits à cette dernière, qu'il avait rencontrée à l'occasion d'une chronique de *L'Église*[1], seule pièce de théâtre signée par Céline, car ses engagements déontologiques lui imposaient de respecter sa promesse.

1. Voir p. 80.

17 mars 2021

Audition à la PJ

J'ai « reçu » la plainte non sans une certaine surprise, d'ailleurs partagée par le procureur de Paris qui la classera sans suite le 21 septembre 2021, au terme d'une vaste et rocambolesque action menée par l'Office central de lutte contre le trafic de biens culturels (OCBC). Il est rare, en effet, que des receleurs révèlent un quelconque larcin à des héritiers, puis remettent spontanément l'objet du supposé délit à la police, le tout sans tenter de tirer la moindre utilité économique de documents dont la valeur pourrait pourtant s'élever à plusieurs dizaines de millions d'euros.

Deux policiers de l'OCBC, ce service de la police judiciaire spécialisé dans le marché de l'art, se sont donc présentés à mon cabinet. Je connais de longue date l'un d'eux, qui m'apprend qu'il est monté en grade, ce dont je le félicite. Ils sont à la recherche de mon client : le pseudonyme de Jean-Pierre, ce nom de « Thibaudat » qu'il a pris de sa mère pour signer ses premiers articles de presse, les déroute. Je les rassure en leur expliquant que nous viendrons de nous-mêmes leur apporter les manuscrits qu'ils disent traquer. Ce sera chose faite quelques jours plus tard, sous les yeux effrayés de Jean-Pierre car les policiers entendent compter les feuillets un à un, sur le sol de leur bureau peu reluisant à mains nues, au risque de fragiliser et abîmer le papier.

Jean-Pierre a beau jeu de leur remettre des manuscrits classés, mais garde par-devers lui – et c'est son droit – sa transcription.

Avant l'audition de mon client, je comprends que je serai moi aussi interrogé comme suspect. La qualité d'avocat s'est évanouie : je suis convoqué à la PJ en tant que possible receleur… À quoi cette prouesse tient-elle ? J'ai passé jusqu'alors vingt-huit ans au barreau sans jamais être ainsi mis en cause dans une affaire pénale. Véronique Chovin me l'a pourtant dit en juin 2020, lors de notre seule entrevue à mon cabinet : sa fille est procureure… Mélange des genres si français, quand tu nous tiens !

In fine, la plainte est déposée « contre X », mais *a minima*, après avoir « donné » les noms des citoyens à entendre avec leurs coordonnées. Mon cabinet est indiqué et le numéro de téléphone comme l'adresse électronique de Jean-Pierre Thibaudat sont mentionnés très expressément.

En désormais plus de trois décennies de carrière, je n'ai jamais fait déposer d'autre plainte que « contre X ». C'est la parade procédurale pour éviter, en cas d'échec, que le plaignant ne soit poursuivi à son tour pour « dénonciation calomnieuse ». En revanche, j'ai à chaque fois pris soin de citer les noms des personnes à convoquer dans les locaux de la police agissant sur ordre du procureur.

Après le dépôt de la plainte, il n'est d'ailleurs pas rare de parler « hors dossier », c'est-à-dire officieusement, avec le magistrat en quête de convictions ou de certitudes sur l'identité des éventuels délinquants… Je n'apprécie guère que les deux héritiers et leur avocat aient cru bon de me viser. Une vraie tentative de corruption.

Jean-Pierre Thibaudat puis moi-même sommes interrogés en vain. Mon client répond « secret des sources » à chaque question, tandis que je répète « secret professionnel » à toute autre. Je précise toutefois aux officiers de la police judiciaire – et le fais noter au procès-verbal de mon audition – que la prise illégale d'intérêt peut être questionnée pour ce qui concerne la rapidité de notre convocation et le ton de celle-ci, alors que Véronique Chovin a évoqué devant moi le fait que sa fille est procureure.

De même, je m'étonne que des échanges confidentiels entre l'avocat qu'est François Gibault et moi soient produits à l'appui de la plainte qu'il a déposée.

Vient aussi ce moment cocasse où le policier qui m'interroge me demande ce qu'il doit lire du grand écrivain, ses collègues lui ayant dit que ça faisait « mal au crâne ».

Heureusement, une supérieure, au rang de commissaire, passe me saluer et me faire part de l'émotion que lui a procurée cette découverte littéraire.

Alors qu'en théorie je me trouve dans leur service parce que je suis suspecté de recel, les enquêteurs me demandent encore qui peut expertiser l'écriture de Céline. Ils craignent de restituer de faux documents aux héritiers, qui les en accuseraient, et veulent donc tout faire authentifier. Un galeriste spécialisé dans les objets asiatiques, m'expliquent-ils, les a ainsi mis sur la sellette un an auparavant. Les policiers avaient remis le fruit de leur perquisition, d'impressionnants vases antiques, que le marchand avait récusés en clamant à la substitution !

Je leur indique les noms des meilleurs libraires en manuscrits, mais leur suggère surtout de prendre attache avec Guillaume Fau, le conservateur des documents du XXe siècle à la Bibliothèque nationale de France, laquelle détient déjà le manuscrit de *Voyage au bout de la nuit*. Le manuscrit de ce chef-d'œuvre publié en 1932 a en effet échappé au sort de ceux restés dans l'appartement de Céline après son départ en juin 1944. Un an auparavant, l'écrivain l'avait vendu à un marchand de tableaux, Étienne Bignou, en contrepartie d'une petite toile de Renoir et, surtout, de 10 000 francs. De ces huit cent quatre-vingt-six feuillets, on avait perdu la trace avant qu'ils soient mis aux enchères par Pierre Berès, libraire de livres anciens qui affirmait l'avoir retrouvé chez un collectionneur anglais. La Bibliothèque nationale de France préempta ce texte exceptionnel.

Nous parlons d'ailleurs argent avec les policiers car désormais la succession de Céline va devoir prendre en compte la valeur du contenu des deux valises, quelques dizaines de millions d'euros, que l'administration fiscale va elle aussi calculer en gardant à l'esprit qu'il s'agit d'un lot exceptionnel sur le marché de l'art et de la librairie ancienne comme d'une future source colossale de droits d'auteur. Je songe, en évoquant ces chiffres devant eux à leur demande, que tout cela pourrait se régler par une dation de l'ensemble de 6 000 feuillets à l'État au profit de la Bibliothèque nationale de France, dans le but de régler les impôts ainsi soudainement générés à leur détriment par les plaignants eux-mêmes.

Le classement sans suite nous parviendra quelques mois plus tard. Mais, dès notre sortie des locaux de l'OCBC, Jean-Pierre et moi songeons à la façon de ne pas faire sombrer le « trésor » dans l'oubli et de forcer ceux qui vont se le voir remettre à le publier et à le confier à une bibliothèque publique.

19 mars 2021

La presse entre dans le jeu

J'ai déjà « travaillé », pour ne pas dire coopéré, avec le journaliste Jérôme Dupuis, notamment lorsqu'il était au service culture de *L'Express*. Je le sais authentique amateur de Céline, écrivain auquel il a consacré plusieurs articles. Il écrit bien, réagit vite et est un homme de parole. Le voici en free-lance depuis un ou deux ans, lorsque je propose à Jean-Pierre Thibaudat de le contacter.

Très vite, il apparaît que Jérôme Dupuis a déjà été contacté par Émile Brami, avec qui il est très lié. Je découvre que ce dernier lui a confié avoir été sollicité par François Gibault et Véronique Chovin, qui lui ont demandé de développer sa thèse sur Oscar Rosembly afin d'étayer leur plainte. Pour en avoir le cœur net, je prends d'ailleurs contact avec Émile. Il est édifié d'apprendre que j'ai été interrogé par des policiers qui me suspectent. Émile est un ami qui se sent trahi par les ayants droit de Céline. Il me dit n'avoir jamais voulu qu'une plainte soit dirigée contre moi. François Gibault dira plus ou moins de même. Cela fait beaucoup d'amis qui m'ont envoyé la police judiciaire…

J'ai connu Émile Brami car sa librairie se trouvait rue Bréa, à deux pas de mon cabinet du boulevard Raspail. Le bibliophile que je suis avait aussitôt compris, en poussant la porte de cette étroite boutique, que son occupant avait un goût immense pour la littérature et son histoire. Un juif célinien est d'ailleurs toujours un personnage atypique. Émile avait monté une micromaison d'édition, imprimant à quelques exemplaires les illustrations d'Éliane Bonabel pour *Voyage au bout de la nuit*, mais aussi un texte de Félix Guattari, gage de son éclectisme. Nous étions devenus proches au fur et à mesure de conversations sur la littérature.

Bien plus tard, alors qu'Émile avait été sollicité pour prendre la direction éditoriale d'une maison baptisée L'Éditeur, je lui confiai le dernier texte du romancier Jack-Alain Léger, dont j'étais le curateur. Émile avait lu et appréciait vivement cet auteur à qui j'étais lié comme avocat et ami, au point d'en être aujourd'hui l'exécuteur testamentaire. Jack-Alain s'était fâché avec tous ses éditeurs et presque tout Saint-Germain-des-Prés. L'affaire fut rapidement conclue et nous avons été heureux de voir paraître en librairie, en 2016, ce texte baptisé *Zanzaro Circus*. D'autant que, comme je ne l'apprendrais que plus tard, l'ancien libraire avait permis au reporter de rencontrer Marie-Luce Rosembly. Jérôme Dupuis a d'ailleurs été convaincu, après cette entrevue dans un restaurant, qu'elle ne détenait rien de sérieux.

Lorsque j'ai commencé à négocier avec Jérôme Dupuis, Émile Brami s'est donc mêlé à nos échanges. Jérôme et Émile ont rencontré Jean-Pierre, qui leur a expliqué longuement ce que contenaient les six mille feuillets, sans révéler l'origine de ce trésor. Émile a même pu se pencher sur un échantillon substantiel des manuscrits inédits et a débattu durant des heures avec Jean-Pierre à propos des interprétations possibles liées à l'existence de ces textes.

Jérôme Dupuis a pu mesurer le travail colossal que Jean-Pierre Thibaudat avait abattu, déchiffrant pendant des années l'écriture du romancier, en silence et sans s'attribuer la moindre parcelle de gloire. Cela témoignait d'une volonté noble de voir s'étendre notre patrimoine littéraire.

Janvier 1951

Tour de passe-passe au tribunal

Jean-Pierre m'avait confié avoir travaillé jour et nuit à tout classer et déchiffrer.

Sa mission, son devoir, mais aussi son fardeau, c'est d'abord une caisse en bois lestée de six mille feuillets sens dessus dessous et non numérotés dont il a « hérité ». Il faut commencer par mettre en ordre cette montagne de papier, repérer quel feuillet, dont aucun n'est numéroté, suit quel autre. Céline a tout conservé depuis son adolescence. Rappelons que gît là une (piètre) nouvelle de jeunesse intitulée *La Vieille dégoûtante*, qui sera publiée en avril 2023 dans un numéro de la *NRF*, mais aussi le manuscrit de *Mort à crédit*, quatre livres complets inédits, des lettres par dizaines, des articles de presse annotés, etc.

Céline a cinquante ans quand il s'enfuit. Ce sont donc quarante-cinq ans d'écriture – et de griffonnages – qu'il laisse derrière lui (à l'exception, on l'a vu, du manuscrit de *Voyage* qu'il a vendu et de quelques pages entre les mains de son assistant), ne sachant guère pour combien de temps il part, ce qui adviendra politiquement, militairement, juridiquement, littérairement, sous quel délai il réintégrera son appartement montmartrois. Il emporte son chat Bébert, sa femme épousée un an plus tôt, une ou deux liquettes et quelques pantalons pliés à la va-vite. Les meubles, les objets et surtout les textes qu'il a gardés par-devers lui ou récupérés chez Denoël, son éditeur, sont laissés à leur propre sort, donc à l'abandon. C'est l'écrivain Céline qui doit fuir et c'est le docteur Destouches qui part, sans son œuvre.

En 2003, un des protagonistes de ce récit, le désormais ancien libraire et célinien Émile Brami, m'avait sollicité – plus comme lecteur chevronné de Céline que comme homme de loi – pour examiner la correspondance restée confidentielle entre Céline et ses avocats français. Grâce à lui, j'avais lu en précurseur les échanges entre les avocats Naud et Tixier-Vignancour et leur client Céline. Ce second plaideur avait manigancé auprès du parquet et déniché un procureur complaisant pour le régime de la collaboration, lequel avait permis de présenter le dossier du bon docteur Destouches, un médecin de quartier méritant ayant eu pour seul tort d'être demeuré favorable au Maréchal... Le juge ordinaire de permanence, en avril 1951, avait mordu à l'hameçon et autorisé le retour en France du docteur Destouches. Céline ne s'en était pas vanté et avait bien vite trouvé refuge dans un pavillon à Meudon, où Lucette avait commencé à donner des cours de danse. Avant que l'administration ne détourne les yeux et que l'édition française, à commencer par Gaston Gallimard, ne vienne toquer à sa porte, non sans prudence ni avoir racheté au préalable la maison et le fonds du très ambigu éditeur Robert Denoël, abattu mystérieusement en 1945.

Je connais d'autant mieux cette affaire qu'Émile Brami m'avait confié plusieurs dossiers juridiques (cinq au total) liés en grande partie à Céline, en me demandant de l'aider à en comprendre le sens. Le premier d'entre eux concernait directement les poursuites contre le Céline collabo. Je soupçonne alors ces dossiers d'être sortis d'un cabinet d'avocat, tel que celui de Jean-Louis Tixier-Vignancour, devenu le conseil de Céline en 1951, quand l'écrivain piaffait au Danemark, d'où il parviendra à le faire rentrer en France.

« Tixier » a été élu en 1936 à l'extrême droite. Il votera, comme la plupart des parlementaires, les pleins pouvoirs à Pétain et deviendra ensuite, de 1940 à 1941, secrétaire général adjoint à l'Information de l'État français dans le gouvernement de Vichy. Il obtient notamment la francisque. Il démissionne en janvier 1941, avant de prendre part, durant près de cinq mois, aux comités de propagande du Maréchal. Les choses tournent mal, du fait de son très fort tempérament : il démissionne à nouveau en mai 1941 et sera arrêté en juillet de la même année en raison de « propos injurieux à l'égard du Maréchal, chef de l'État ». Il quitte alors Paris pour Tunis, où il s'inscrit au barreau local. Il y est arrêté en décembre par les Allemands et sera libéré, un an et demi plus tard, par les troupes alliées. À la suite de plusieurs faits d'armes et coups d'éclat, il est détenu en Tunisie, puis à Fresnes.

À la Libération, en 1944, il est seulement condamné à l'inéligibilité. Le représentant du parquet a argué en sa faveur : « En 1939-1940, il fit la guerre comme officier d'artillerie d'une unité antichars et obtint deux citations. En 1943, il partit comme volontaire pour accompagner un convoi d'explosifs en Tunisie. En 1944, il demanda à servir dans une unité parachutiste mais fut refusé à cause de son âge. Il est donc établi qu'il s'est efforcé par tous les moyens de se battre contre l'ennemi[1]. »

Jean-Louis Tixier-Vignancour redeviendra député en 1956, non sans avoir regagné le barreau de Paris. François Gibault déclare d'ailleurs que la plus belle plaidoirie qu'il lui ait été donné d'entendre fut prononcée en 1962 par Tixier-Vignancour, selon lui l'un des plus grands ténors français « avec Berryer fils et Fernand Labori[2] », dans l'affaire Salan. En 1965, il sera candidat à l'élection présidentielle contre de Gaulle, récoltant un peu plus de 5 % des suffrages, essentiellement des « pieds-noirs », avec l'aide de Jean-Marie Le Pen, son directeur de campagne.

Pour ce qui est de la défense du paria Céline, Tixier a succédé en 1951 au grand pénaliste qu'était Albert Naud, également ancien résistant : autant dire que le courant avec l'écrivain ne passait pas vraiment, malgré l'aide de l'avocat danois Thorvald Mikkelsen. Céline le traitera d'ailleurs de « peau de zébi », tandis qu'il qualifie Tixier-Vignancour d'« hurluberlu ».

Blessé au cours de la bataille de France, Naud est revenu au barreau. En 1941, il a été arrêté pour propagande gaulliste. Il écope de deux mois de prison à la Santé, puis rejoint à nouveau la Résistance. Destin bien éloigné de celui de Céline, quand bien même un véritable avocat n'est en rien un militant des convictions politiques de son client. Albert Naud signera d'ailleurs

1. Cité par Jacques Trémolet de Villers, *Tixier-Vignancour. Hommage*, Dominique Martin Morin éd., 1991.
2. François Gibault, *Libera me*, *op. cit.*

un essai éloquent intitulé *Les défendre tous*[1] : telle est la promesse qu'il s'est faite après avoir assisté à sa première exécution en tant que défenseur, celle du commissaire collaborateur Fernand David (dit « David les mains rouges », ou « l'homme aux 80 000 fusillés »...), jugé en 1945 pour avoir traqué les Juifs, les francs-maçons et les communistes.

François Gibault, qui l'a également connu, décrit ainsi Albert Naud : « petit, râblé, bâti un peu comme un tracteur, avec la voix rauque d'un paysan qui rameute ses bœufs [...], madré selon tous les sens du terme et paysan dans l'âme[2] ».

C'est en s'inscrivant, à la fin de la guerre, sur la liste des avocats volontaires pour être commis d'office qu'il devient celui de nombreux « collabos ». Naud dira à ce propos qu'il plaide « devant des cours qui ne sont pas à l'honneur de notre Histoire », face à « des jurés serviles et honteux d'avoir crié en d'autres temps "Vive le Maréchal" », qui « se lavaient de toute culpabilité dans le sang des condamnés[3] ». Il réussit à arracher la grâce du général Mangeot, avant d'être requis par la défense de Pierre Laval. Albert Naud sera aussi le conseil du journaliste et essayiste Robert de Beauplan, qui sera condamné à mort et dont la peine est commuée en détention à perpétuité.

1. Robert Laffont, 1973.
2. François Gibault, *Libera me*, *op. cit.*
3. Cité par Louis Rheims, *in* Yves Ozanam et Stéphane Lataste, *La Conférence des avocats de Paris. Une école d'éloquence. Deux siècles de discours de Louis XVI à nos jours*, Ordre des avocats de Paris, 2010.

Que contient donc, puisque me voici revenu à Céline, le plus important des dossiers que me confie Émile Brami, intitulé « CÉLINE CONTRE MINISTÈRE PUBLIC » ?

Il y a là, d'abord, un texte de Céline, douze pages dactylographiées, daté du 6 novembre 1946 et intitulé « Réponses aux accusations formulées contre moi... »

Vient ensuite un « Dossier Denoël », contenant un arrêt de la 11e sous-section départementale de la Seine, en date du 30 avril 1948, lesté d'une note de Tixier-Vignancour.

J'y lis aussi une longue correspondance entre l'avocat français et son confrère de Copenhague, Mikkelsen, accompagnée d'un document danois du 17 avril 1950 sur l'extradition de Céline. Les lettres courent tout au long de l'année 1948 et offrent plusieurs développements sur l'écrivain exilé. Y sont notamment évoqués son état physique et mental, ainsi que les raisons pour lesquelles Céline s'est rendu au Danemark et y est resté.

En mai 1949, les deux hommes échangent à propos de l'issue de l'affaire. Le 29 juillet suivant, Tixier-Vignancour informe Mikkelsen de la procédure et témoigne de ses espoirs de réussite : il a eu connaissance, de façon très confidentielle, du projet de réquisitoire, en clair des préconisations d'un procureur favorable à leur cause et qui requerra mollement sur le cas du Dr Destouches... Durant l'automne et dans de nombreux courriers, ils évoquent ensuite la procédure, avant d'être amèrement déçus, le 19 novembre 1949, par le dessaisissement du juge Seltensperger. Une audience doit avoir lieu le 15 décembre de la même année et Tixier prend donc des conclusions.

Un arrêt de la cour de justice de la Seine rendu le 21 février 1951, condamnant par contumace Céline à un an de prison, pose moult difficultés aux deux avocats. Le 6 mars, Tixier-Vignancour adresse une demande de mainlevée du mandat d'arrêt au président du tribunal militaire de Paris, permettant ensuite à Céline d'enregistrer une dénonciation d'opposition à l'arrêt de la Cour de justice, le 12 mars 1951. L'audience du tribunal militaire aura lieu le 17 avril suivant.

Une ordonnance de mainlevée du mandat d'arrêt délivrée le 19 avril 1949 est rendue par le président du tribunal militaire de Paris, le 15 mars 1951. Et un jugement du tribunal militaire du 21 avril 1951, prononçant l'amnistie, est adressé par Tixier-Vignancour à un certain Thomas, vice-consul de France près de l'ambassade de France au Danemark. Céline rentrera en France en juillet 1951.

Le deuxième dossier que me communique Émile Brami, toujours à titre amical (et donc gracieux) et sans jamais m'en indiquer la provenance, porte le titre « CÉLINE – DIFFAMATIONS ». Il est plus mince que le premier.

Y figure une assignation de Céline à l'encontre de « M. Paul Parisot, M. P. Bologny, M. F. Bondy, rédacteurs et directeurs de la publication *Preuves* », placée en 1951 devant le tribunal de première instance de la Seine.

On y trouve aussi une lettre de l'écrivain Albert Paraz à Albert Naud, datée du 6 février 1951 et rédigée en faveur de Céline. Les deux hommes sont amis : c'est Céline qui a présenté Paraz à Denoël, devenu son premier éditeur. Lequel Paraz prendra la défense de son confrère dans trois volumes pamphlétaires, le plus connu restant *Le Gala des vaches*[1]. Le cas Paraz revient dans plusieurs correspondances à propos de son propre procès et de celui de Paul Rassinier, dont il a cité un ouvrage, *Passage de la ligne*, dans son livre *Valsez saucisses.* Rassinier a ensuite demandé à Paraz de préfacer son essai *Le Mensonge d'Ulysse*, qui s'attaque aux résistants et suscite des poursuites d'Edmond Michelet et de plusieurs associations de déportés. Michelet se désistera et les associations perdront en première instance, avant de gagner en appel. La Cour de cassation reviendra sur cet arrêt, mais, entre-temps, Rassinier est exclu de la SFIO en raison de ses liens avec Paraz. Rappelons que le pacifiste Paul Rassinier, entré dans la Résistance, torturé et déporté à Buchenwald puis à Dora-Mittelbau, sera, avec Maurice Bardèche, le « père » du négationnisme et, à ce titre, l'inspirateur de Robert Faurisson.

Arrive ensuite une assignation, datée de 1951, de Céline à l'encontre de Robert Lazurick et Pierre Loewel, qui dirigent le journal *L'Aurore.*

Subsistent aussi dans cet empilement de lettres, articles de presse et actes de procédure une plainte pour faux, usage de faux, dénonciation calomnieuse contre René Julliard, déposée entre les mains du doyen des juges d'instruction en octobre 1951, ainsi que des observations de Céline, partie civile dans ce procès contre son éditeur, avec des « exemples de dénonciations publiques faites en France par le livre édité par Julliard ». Cette ultime affaire fait l'objet d'une série de correspondances, mais

1. Éditions de l'Élan, 1948 ; L'Âge d'homme, 2003.

s'achève par un non-lieu que rend le juge d'instruction Marc Escolier, le 16 avril 1953.

Le troisième dossier est baptisé « CÉLINE contre FROISSART ».

Le rôle de cet autre éditeur est connu. Le dossier comprend d'abord une lettre originale adressée le 19 décembre 1948 par Charles Frémanger, des éditions Froissart, à Céline. Elle porte sur un projet de réédition de ses œuvres. À cette fin, Frémanger propose à Céline de recourir à tous les moyens, « y compris, bien entendu, l'édition clandestine ». La lettre est accompagnée de deux projets de contrats.

S'ensuit une autre missive, en date du 3 août 1949, à propos de *Voyage au bout de la nuit*. Les éditions Denoël, qui ont jusque-là publié les livres de Céline, sont mentionnées.

Tixier-Vignancour se mêle de l'affaire et parle à Céline de la question des droits d'auteur. Il prend contact avec Frémanger, l'interroge sur le nom de son avocat.

Une longue lettre manuscrite de Pierre Monnier, destinée à Tixier-Vignancour, le 31 mai 1951, fournit d'amples informations sur la réédition, par les éditions Froissart, de livres de Céline. Précisons que Monnier republie lui aussi Céline, dès 1949, commercialisant le reliquat de *Casse-pipe*, avant, l'année suivante, de reprendre *Mort à crédit* et de sortir *Scandale aux abysses*. L'éditeur signera aussi, comme auteur cette fois, un *Ferdinand furieux*, en 1979.

Au milieu de nombreuses lettres échangées entre des proches de Céline et son avocat, celui-ci prend attache avec l'écrivain, le 5 juin 1951, à propos de l'administration de ses biens.

Les choses s'enveniment ensuite avec la maison d'édition Froissart. Elle répond, le 10 septembre 1951, à l'huissier Lagorce à propos de la rectification d'erreurs commises par les administrations judiciaire et fiscale. Tixier adresse à Céline une mise au point sur le dossier, par un courrier du 1er décembre 1951, avant de lui demander, le 9 janvier 1952, la transmission des pièces et contrat relatifs aux éditions Froissart. Tixier-Vignancour se renseigne, le lendemain, auprès d'un « maître Collom », sur les éditions Froissart. Une assignation au nom de Céline est délivrée à l'encontre des éditions Froissart, dont le siège social est en Belgique, et des éditions Jean Froissart, dont le siège est en France, devant le tribunal civil de la Seine, le 20 février 1952.

Le 10 juin 1952, le juge d'instruction Escolin demande à Tixier-Vignancour la liste des personnes dont l'avocat entend demander l'audition. Il existe donc une procédure pénale, en plus des poursuites diligentées devant la justice civile. Celle-ci rend un jugement (émanant de la 3e chambre civile du tribunal civil de la Seine, chargée des affaires de propriété intellectuelle) le 13 mars 1953.

Les éditions Froissart, belges et françaises, quelles qu'elles soient, forment opposition car elles ont été condamnées par défaut… La procédure repart donc pour un tour et se replaide le 26 mars 1954. Là encore, le dossier que possède Émile Brami est truffé de correspondances et de conclusions échangées durant un peu plus d'une année.

Le nouveau jugement (dix-sept pages) est rendu par la 3e chambre du tribunal civil de la Seine, le 9 avril 1954. Il débouche, entre autres, sur une expertise qui ne semble guère plaire à l'éditeur car Tixier-Vignancour le fait sommer d'y assister, le 6 septembre 1955.

Un certain Me Thielland écrit de nombreuses fois à Tixier-Vignancour et finit par lui dire, le 7 janvier 1958, qu'« il faudrait bien en sortir ». Et Tixier de répercuter à Céline, dès le lendemain, qu'« il faut absolument que nous en sortions ».

Quelques billets envoyés de part et d'autre complètent le tout.

Enfin, Émile Brami m'apporte un dossier « LE VIGAN contre MINISTÈRE PUBLIC ». Ce célèbre ami de Céline est en effet jugé à son tour et défendu lui aussi par Tixier-Vignancour. Robert Coquillaud, dit Le Vigan, a joué les seconds rôles dans plusieurs films d'importance, tels *Quai des brumes* ou *La Bandera.* En 1935, il fut Jésus-Christ dans le *Golgotha* de Julien Duvivier. Mais, durant l'Occupation, il donne libre cours à son antisémitisme sur Radio-Paris, dans l'émission-revue « Au rythme du temps ». Il adhère au Parti populaire français de Doriot en 1943 et s'enfuit à Sigmaringen, en même temps que Céline, en juin 1944. Il sera d'ailleurs un des personnages de *D'un château l'autre*, *Nord* et *Rigodon.* Il ne dételle pas et se produit sur les ondes d'Ici la France jusqu'en janvier 1945.

Une dizaine de documents (lettres, procès-verbal d'interrogatoire de Le Vigan, rapport d'inspecteur, etc.) garnissent son dossier pénal, avec l'audition… d'Oscar Rosembly le 23 janvier 1945 et de plusieurs autres suspects (Désiré Bourg, Robert Morin et André Pacary) par un commissaire principal.

Le Vigan sera incarcéré à Fresnes à son retour en France (après avoir tenté de passer en Suisse), condamné à dix ans de travaux forcés, ainsi qu'à la dégradation nationale. Il est mis en liberté conditionnelle en 1948 et part pour l'Espagne, puis l'Argentine. Il y tournera dans quelques longs métrages, avant de mourir, miséreux, en 1972.

Sur l'instant, j'ai pensé qu'Émile Brami voulait faire usage, dans un ouvrage, de cet ensemble qui fourmillait de précieuses informations, voire m'associer à un projet d'édition. Je lui ai livré une longue analyse, puis n'en ai plus entendu parler. Sans doute le tout a-t-il été revendu par le marchand (de livres, de manuscrits et de tableaux) qu'il était aussi.

De fait, le 16 mai 2012, la maison de vente Artcurial mettait aux enchères plusieurs dossiers extirpés des archives de Jean-Louis Tixier-Vignancour. Il s'agissait d'un seul lot comprenant plusieurs dossiers judiciaires liés à Céline, complétant ce que j'avais pu examiner. On y lit notamment, sous la plume de Mikkelsen : « La seule chose qui est certaine, c'est qu'il refuse positivement de courir le risque de se rendre en France pour être condamné ; pessimiste comme il est, il ne s'attend pas à être acquitté. » Mais Tixier-Vignancour indique, en octobre 1949, l'arrêt des poursuites contre Céline. Et d'ajouter, en novembre : « Est-ce à dire que je lui conseille de rentrer ? Non. Qu'on le veuille ou non, son procès sera retentissant du fait de sa personnalité à lui, Céline, et aussi de la mienne, je puis le dire sans fausse modestie. [...] En somme, il vaut mieux que notre ami se laisse juger par défaut et attendre des temps meilleurs. »

Le 29 janvier 1951, Tixier annonce à son client qu'il a été condamné à un an de prison par la Cour de justice.

On trouve également dans ce lot de documents présentés aux enchérisseurs une partie du dossier contre les éditions Froissart et leur dirigeant, Charles Frémanger. Ainsi qu'un autre pan du procès en diffamation contre Julliard. Puis vient aussi un morceau de l'affaire Le Vigan. Il s'agit donc là de l'autre partie des dossiers en possession d'Émile Brami, puisque les affaires évoquées y sont strictement les mêmes.

Je n'ai pas encore mentionné un cinquième dossier remis par Émile Brami : celui du contentieux ayant opposé Céline à Yvon Morandat. J'y viendrai[1]. Quoi qu'il en soit, le lecteur comprendra déjà ma surprise quand la plainte déposée avec l'aide intellectuelle d'Émile Brami fera fi de toute allusion à Morandat.

1. Voir p. 198.

7 août 2021

Jean-Pierre Thibaudat prend la parole

Quelques mois après nos auditions respectives, dont nous sommes sortis libres, Jean-Pierre Thibaudat et moi n'entendons plus parler officiellement de l'enquête. Depuis le 17 juillet 2021, les manuscrits sont désormais entre les mains des héritiers, à qui les enquêteurs ont fini par les remettre.

Nulle convocation devant un tribunal correctionnel ne nous a été remise ou adressée. Nul juge d'instruction n'a été saisi du dossier. Je me manifeste d'ailleurs assez vite, en avocat de Jean-Pierre et de moi-même, pour en obtenir copie.

La théorie du recel s'est largement dissipée, puisque j'ai fait entendre aux enquêteurs qu'il est très rare, dans l'histoire criminelle, que des supposés receleurs contactent spontanément les propriétaires des biens supposément volés.

De fait, le commandant de police adjoint de l'OCBC, un major, et l'adjudant qui a travaillé avec lui écrivent, le 27 juillet 2021, à la vice-procureure de Paris supervisant l'enquête que, « même si des doutes subsistaient quant à la connaissance de l'origine frauduleuse des manuscrits par MM. Thibaudat et Pierrat, leur volonté de ne pas souhaiter les restituer ou d'en tirer un quelconque bénéfice n'était pas matérialisée ».

Le classement sans suite ne sera formellement délivré qu'au mois de septembre suivant, mais il est en bonne voie. Je donne donc le feu vert à Jérôme Dupuis, qui a terminé son long article pour *Le Monde* depuis plusieurs semaines.

Quand j'obtiens copie du dossier de l'enquête, je suis malgré tout effrayé par l'ampleur des investigations. Les policiers se sont inquiétés, à juste titre, de savoir si Jean-Pierre Thibaudat était bel et bien titulaire d'une carte de presse. C'est un point capital, puisqu'il invoque le secret des sources pour se refuser à livrer l'origine du « trésor ». Les enquêteurs ont cependant fouillé dans ses comptes bancaires, épluchant les relevés dans l'espoir qu'apparaîtrait la trace d'un mouvement frauduleux (ou à tout le moins suspect) en lien avec ces manuscrits d'une valeur astronomique.

Les officiers ont suivi à la lettre la piste Rosembly, qui étaye toute la plainte, et retrouvé les enfants de Marie-Luce Rosembly, dont le fameux journaliste du sud de la France (de fait, il habite Marseille) censé avoir comploté avec mon client. Son patrimoine a été disséqué : les actes relatifs à son bien immobilier en copropriété figurent au dossier.

Les enquêteurs ont retracé, en « bornant » son téléphone portable, tous les déplacements de Jean-Pierre Thibaudat depuis la date du décès de Marie-Luce Rosembly, cherchant à détecter, en vain, une rencontre avec le fils

Rosembly. Ils sont restés plus que perplexes et l'écrivent car il en ressort des voyages souvent éclairs à Besançon, Montluçon, Toulouse, Lille, Bourges, Strasbourg, en Normandie, dans le Finistère et même à Marseille. Une impressionnante carte de France hachurée est annexée au dossier d'enquête. Aucun des fins limiers ne semble avoir bien compris que c'est le critique dramatique Jean-Pierre Thibaudat qui zigzaguait ainsi sur le territoire national, au gré des spectacles et des festivals de théâtre…

Les appels passés ou reçus par Jean-Pierre sont listés, en particulier ceux du jour de la réunion à mon cabinet avec les deux héritiers.

Enfin je suis en belle place dans cette obsession. Ma vie a été analysée : famille (enfants et vie amoureuse !), comptes bancaires, propriétés immobilières, etc. Rien de bien agréable en qualité d'avocat. Ce genre de traitement est, en théorie, réservé aux gens de robe fortement soupçonnés de faits plus sérieux. C'est dire qu'il flotte sur cette enquête, sur ordre du parquet, un parfum qui ne fait pas honneur à la justice. J'ai eu raison d'invoquer la prise illégale d'intérêts lors de mon audition quand je me suis étonné des moyens mis en œuvre, comme du fait d'être moi aussi sur la sellette. Céline écrivait dans *Voyage au bout de la nuit* : « Les gens se vengent des services qu'on leur rend », et avec pour une fois quelque raison.

Jean-Pierre Thibaudat et moi avons d'autant plus à cœur que l'affaire soit révélée. Nos intentions sont pures : faire publier les inédits et rendre l'ensemble des documents accessible à la recherche. Or, non seulement les ayants droit de Céline n'en ont cure, mais, pis encore, ils ont porté plainte ! Lorsque la une du *Monde* paraît, c'est pour nous un soulagement ; le public est enfin informé et les héritiers ne pourront plus se contenter de camper sur leurs positions de dissimulation de ce qu'ils ont récupéré à l'Office central de lutte contre le trafic de biens culturels (OCBC) et qu'ils n'avaient pas l'intention de divulguer.

Jean-Pierre et moi sommes d'accord sur le fait que je communiquerai pour notre compte commun, ce que je ferai notamment en étant l'invité de la matinale de France Inter, le 11 août 2021, en compagnie… d'Émile Brami.

Jean-Pierre a choisi de ne pas répondre à ses confrères journalistes. Il n'a pas envie – après avoir, comme moi, parlé à Jérôme Dupuis pour ses quatre pages du *Monde* – de se fâcher avec tel ou tel auquel il n'aura peut-être pas le temps de répondre. Seule entorse à cette ligne de conduite : depuis 2015, il rédige un blog publié sur Mediapart, intitulé « Balagan » et le plus souvent consacré au théâtre. Edwy Plenel, qui a fondé et dirige cette rédaction, l'a tout de même appelé pour lui demander d'évoquer les manuscrits de Céline. Ce qu'il fait, par loyauté envers le journal dans lequel il écrit, dans un billet du 6 août 2021.

Il y relate notamment la genèse de l'affaire : « Un coup de fil au journal *Libération* où je travaillais alors. On veut me voir. Me donner des documents ayant appartenu à Louis-Ferdinand Céline. Je crois un instant à un canular. Sait-on jamais. Rendez-vous est pris. La personne ne vient pas les mains vides mais avec un tombereau de documents. À l'évidence, la personne semble vouloir s'en débarrasser. Sa veuve Lucette ? Il ne veut pas entendre parler de la famille de Céline, pour des raisons sans doute politiques ou ayant trait à l'antisémitisme de l'écrivain.

La rencontre ne dure pas. Il n'est pas question d'argent. Je ne reverrai jamais cette personne mais je tiendrai parole : je ne remettrai pas le contenu du tombereau – dont j'ignore alors tout – à Lucette Destouches. »

Il précise encore : « Sur une page volante ces simples mots "*je pars*". Le 17 juin Céline, Lucette et leur chat Bébert quittent leur appartement de la rue Girardon munis de faux passeports. Ils partent pour le Danemark, via Sigmaringen. L'auteur de *Bagatelles pour un massacre* craint d'être arrêté, liquidé. Il ne déménage pas, il fuit. Avec forcément peu de bagages. Il dit vouloir confier ses manuscrits à sa mère, son oncle, un cousin. Mais "c'est bien des risques", écrira-t-il, plus tard, en revenant sur cette période, dans *Maudits soupirs pour une autre fois*. Il n'en a pas le temps ou y renonce, on ne sait. Il en emporte, il en laisse. Beaucoup. »

Il conclut enfin cette première prise de parole (écrite) par un constat : « Les manuscrits rendus, l'affaire semble devoir être classée sans suite. Ne m'étant jamais senti le propriétaire de ce trésor, au mieux son provisoire dépositaire, m'en délester ne me fit rien. Mon trésor à moi fut d'en décrypter les parties inédites. Une épopée intime. Un tête-à-tête fabuleux. Les ayants droit ont récemment récupéré le trésor. Que deviendra-t-il ? Il était l'heure pour moi de briser un si long silence, de proclamer haut et fort l'existence de ce trésor inestimable tout en souhaitant qu'il soit, dans un avenir relativement proche, mis à la portée de tous. Dans une institution publique pour qu'il soit accessible, en particulier aux chercheurs et aux étudiants. Et, pour ce qui est des inédits, dans une publication qui n'attende pas la refonte nécessaire des œuvres de Céline dans la Pléiade[1]. » Le ton est celui d'un honnête homme épris de culture et fidèle en amitié comme à ses convictions et à la parole donnée, que j'ai appris à beaucoup apprécier depuis plus d'un an que nous devisons ensemble.

1. Blogs.mediapart.fr/jean-pierre-thibaudat, « Le trésor retrouvé de Louis-Ferdinand Céline », 6 août 2021.

2025 ?

Le sort des pamphlets

Dans son premier texte, en réalité très court, publié sur le site de Mediapart, Jean-Pierre Thibaudat évoque en passant « des documents à teneur antisémite » figurant parmi l'énorme masse de papiers qui lui a été remise. Il évoquera plus tard le contenu de cette partie si singulière du « trésor ».

La presse française et mondiale, dans son ensemble, a salué la découverte, non sans évoquer le passé de collabo de Céline. C'est ainsi que *The Times* a cru bon d'évoquer « les manuscrits perdus de Céline, le nazi littéraire », mélangeant un peu tout, notions politiques et réalités historiques.

La question de la distinction à opérer entre le romancier et le pamphlétaire, entre l'écrivain qui manque de peu le prix Goncourt et le fuyard qui rejoint Pétain à Sigmaringen, mérite en revanche d'être posée. J'ai souvent écrit sur la nécessité de ne pas s'y tromper[1], car la *cancel culture* s'en prend à la totalité d'une filmographie

1. *Nouvelles Morales, nouvelles censures*, Gallimard, 2018 ; *Les Nouveaux Justiciers. Réflexions sur la « cancel culture »*, Bouquins, 2022.

ou d'une bibliographie au motif qu'un acte, un geste, une phrase peuvent entacher la carrière d'un auteur.

Certains ont fustigé ces dernières années, en vrac, le prix Nobel attribué à Peter Handke, les Césars remis à Roman Polanski, le « passé nazi de grands penseurs du XXe siècle, à commencer par Heidegger », ou encore « l'inscription d'un Céline ou d'un Maurras au livre des commémorations nationales[1] ». Il faut, bien entendu, se garder de ce travers, sauf à vider nos bibliothèques de toutes les œuvres du pédophile Lewis Carroll, de l'assassin François Villon, des voleurs André Malraux et Jean Genet, etc.

On me rétorquera que, pour Céline, l'œuvre se confond, au moins dans les trois pamphlets, avec l'homme. Certes, mais ces trois livres sont bien identifiés et seront, espérons-le, pour l'histoire et le devoir de mémoire, réédités avec le soin et les précautions impérieusement nécessaires – accompagnés des « sources » telles qu'elles figurent dans les documents conservés par Jean-Pierre Thibaudat et qui se trouvent aujourd'hui dans le coffre-fort des héritiers.

Gallimard a de nouveau évoqué la possible remise sur le marché des pamphlets antisémites. C'est sans doute moins une grande affaire commerciale qu'un souci de rester maître de toute l'œuvre de Céline. En effet, tous ses textes connus rejoindront le domaine public dès début 2032 (puisque l'écrivain est mort le 1er juillet 1961) et seront donc librement publiables par tout un chacun. Aux termes du Code de la propriété intellectuelle, « l'auteur jouit, sa vie durant, du droit exclusif d'exploiter son œuvre sous quelque forme

1. Gisèle Sapiro, *Peut-on dissocier l'œuvre de l'auteur ?*, Seuil, 2020.

que ce soit et d'en tirer un profit pécuniaire. Au décès de l'auteur, ce droit persiste au bénéfice de ses ayants droit pendant l'année civile en cours et les soixante-dix années qui suivent ». *Voyage au bout de la nuit* ou encore *Mort à crédit* sont donc protégés jusqu'au 31 décembre 2031.

Les concurrents sérieux de la célèbre maison d'édition, mais aussi les néonazis, se feront alors une joie de diffuser *Bagatelles pour un massacre*, *Les Beaux Draps* et *L'École des cadavres*. Il importe donc de disposer, avant l'arrivée de ces textes dans le domaine public, d'une version scientifiquement irréprochable, dotée d'un apparat critique inattaquable, préfacée avec dignité et respect, afin de couper court à tout immonde traficotage.

Il serait inouï que la plus grande partie des deux valises qui ont tant voyagé dans le temps soit publiée aujourd'hui au plus grand bénéfice des héritiers de Céline – et du public – que l'on ne puisse pas examiner le « dossier juif » alors que cette facette du personnage risque, dans le cadre de ses recherches sur les liens entre les livres et le droit, d'être instrumentalisée par racistes et antisémites, au grand dam de tous les humanistes. D'autant que ces trois pamphlets insensés sont déjà en vente, à prix élevés, chez certains libraires d'occasion et brocanteurs. Ils ont en effet bénéficié d'importants tirages, de 1938, date de parution du premier d'entre eux, jusqu'à la fin de la Seconde Guerre mondiale. Jeune étudiant en droit, je les ai moi-même acquis sur les quais de la Seine, dans une boîte de bouquiniste. On les trouve aussi piratés en ligne sur des sites tenus par des officines d'extrême droite. Et, dans les pays arabes, en particulier en Égypte, les pamphlets sont édités à ciel ouvert, comme des essais couramment lisibles.

La catastrophe d'une réédition soudaine, sans aucun préalable, sans édition intelligente, est donc à craindre en 2032. D'ici la date d'arrivée dans le domaine public, il est nécessaire d'obtenir l'accord des ayants droit et de leur éditeur, à qui ils ont cédé les droits de publication en France comme de vente à l'étranger, pour les exploiter sous quelque forme que ce soit : édition en braille, extrait dans un manuel scolaire, adaptation au théâtre, etc. Quant aux inédits, ils ont rejoint ce régime. Car, à l'inverse de la situation que nous connaissions, Jean-Pierre Thibaudat et moi, en juin 2020, depuis lors, les manuscrits inconnus ont été publiés et l'on connaît l'existence de ceux qui ne le sont pas encore. Par conséquent, tout rejoint le giron commun et sera publiable librement en 2032.

Les ayants droit se sont retrouvés bien vite devant un dilemme. Il leur était loisible d'attendre l'arrivée de l'œuvre de Céline dans le domaine public sans avoir publié aucun inédit, soit près de onze ans à ronger leur frein entre le moment où ils ont récupéré les manuscrits via la police judiciaire et leur publication. Ils bénéficieraient ainsi, pour les textes alors découverts, d'une durée de protection de vingt-cinq ans qui est prévue par le Code de la propriété intellectuelle quand les inédits paraissent, alors que le reste de l'œuvre de leur auteur appartient déjà au domaine public. Rien ne les aurait d'ailleurs obligés à en accorder la primeur à Gallimard.

Or, François Gibault est né en 1932, tandis que sa cohéritière a vu le jour vingt ans plus tard. Patienter, cela revenait à se priver de la publicité liée à la parution de ces volumes. Chacun des deux ayants droit a en effet signé une préface à l'un des volumes inédits qui seront traduits dans le monde entier. Sans parler du pactole : les droits d'auteur auraient été plus importants durant un quart de siècle que ceux générés entre mai 2022 et le 31 décembre 2031, mais en retarder la perception était difficile. Il fallait aussi s'attendre a une bataille juridique des 2032, car Jean-Pierre et moi disposons d'une copie des textes remis aux ayants droit, et surtout une transcription remarquable.

Ils ont donc choisi de publier, ce qui était inéluctable. Il faut dire aussi que notre manœuvre rendait difficile de tenir sans rien dire, une fois imprimées la une et les quatre pleines pages du *Monde*.

De plus, la révélation détaillée, comme c'était le cas dans l'article de Jérôme Dupuis, pouvait être interprétée comme l'annonce d'une divulgation. Les héritiers, qui avaient permis à Émile Brami de venir consulter (rapidement) les manuscrits, ont alors accepté d'en parler, de concert avec le célinien qui leur avait servi la thèse Rosembly.

Après avoir participé à cette matinale sur France Inter face à moi, Émile Brami a enchaîné les analyses et commentaires médiatiques pendant tout le mois d'août 2021. François Gibault, à son tour, a répondu à une équipe d'Arte venue filmer chez lui les amas de papier, puis au *Figaro*, à *L'Obs*, et ainsi de suite.

J'ai alerté les éditions Gallimard, maison dont je ne suis pas l'avocat, mais sous la marque de laquelle j'ai publié quatre livres (je n'évoque même pas ceux que j'ai livrés à d'autres enseignes du même groupe, de Denoël à Flammarion). J'avais longuement interrogé Antoine Gallimard pour les besoins de ma biographie de l'éditeur Jean-Jacques Pauvert, négocié de temps à autre avec lui et un de ses bras droits. Je le salue toujours avec sympathie quand je viens voir Jean-Marie Laclavetine, mon délicieux éditeur-interlocuteur (fin romancier par ailleurs), ou ma cousine germaine Stéfanie Delestré, qui dirige la « Série noire ».

La célèbre maison s'est donc avisée que la publicité faite au très long article de Jérôme Dupuis, repris par toute la planète en quelques jours, avait peut-être, peu à peu, modifié la durée de protection des six mille feuillets inédits. Alors que, sur le papier, l'affaire pouvait être gardée sous exclusivité contractuelle durant vingt-cinq ans à compter du 1er janvier 2032, cet énorme filon allait devenir bien commun fin 2031.

Avec la révélation publique de l'existence du contenu des deux valises, Gallimard peut à peine compter sur une décennie de droits. Autant de temps précieux à ne pas gâcher pour vendre les textes dans tous les pays francophones, mais également pour susciter l'appétit des dizaines de pays où le *Voyage* et *Mort à crédit*, sont traduits et regardés comme des monuments de la littérature mondiale.

Ce fut le début d'un jeu étrange car le travail à abattre pour déchiffrer était colossal, les ayants droit, Véronique Chovin en tête, suivie de François Gibault, ne voulant pas entendre parler de la transcription d'ores et déjà réalisée par Jean-Pierre Thibaudat.

Gallimard, après un temps de flottement, a pressé le mouvement. L'analyse et la transcription de *Guerre* étaient denses, mais dominables. Celle de *Londres* s'annonçait plus ardue, mais il a été choisi de rester sur une voie techniquement plus praticable qu'une exégèse détaillée des variantes. La mise en forme de *La Volonté du roi Krogold* était de loin la plus aisée, Céline ayant dicté une des deux versions de ce texte à une dactylo. (Je reviendrai sur le sort des six cents pages inédites de *Casse-pipe*, réduites en bouillie par les pliures, comme sur le travail qui a été négligé sur l'ensemble du contenu des deux valises.) Gallimard a par ailleurs dû composer avec les deux héritiers, lesquels ne lui ont guère laissé le choix.

Le sort des pamphlets, appelés à rejoindre le domaine public en 2032 – au même titre que les classiques que sont *Voyage au bout de la nuit*, *Mort à crédit*, sans oublier le saisissant *Guerre* –, est très particulier.

Au Canada, où la durée de protection est plus courte qu'en Europe de vingt ans, un traficotage peu reluisant a permis leur publication lors de l'arrivée des textes de Céline dans le domaine public. *Bagatelles pour un massacre*, *Les Beaux Draps* et *L'École des cadavres* y ont été réunis avec la brève diatribe contre Jean-Paul Sartre intitulée *À l'agité du bocal*, ce qui a permis de titrer pudiquement l'ensemble *Pamphlets politiques*, alors que la quasi-totalité est un immonde vomi antisémite, raciste, homophobe, etc.

Avant « notre » affaire, j'avais souvent parlé avec François Gibault, alors ami proche, du destin des pamphlets et de la nécessité de s'y attaquer. Une édition scientifique autorisée et surtout rigoureuse constituait, de loin, la meilleure des préventions. Cela aurait fragilisé les autres projets, tels que celui d'une version trompeuse à la québécoise ou, pire encore, d'une publication légale réalisée par une officine d'extrême droite.

J'avais d'ailleurs évoqué, dès 2014, nos conversations dans un billet pour le magazine professionnel *Livres Hebdo* : « François Gibault s'interroge, et est interrogé, de plus en plus sur la fin du retrait des pamphlets de Céline qui ont toujours été vendus à prix d'or chez les bouquinistes, ont été republiés sous le manteau et dans de méchantes éditions pirates, mais sont surtout aujourd'hui reproduits sur Internet par les mêmes officines politiquement très orientées. Alors, quand verra-t-on une édition scientifique irréprochable chez Gallimard, avec un apparat critique inattaquable, préfacée avec dignité et respect de la mémoire de la Shoah, pour couper court à cet atroce traficotage[1] ? »

L'idée a d'ailleurs pris forme en 2018. L'heure était alors aux dépenses de plus en plus importantes, afin que Lucette Destouches puisse continuer à vivre dans le pavillon de Meudon en y bénéficiant des meilleurs soins médicaux. Les droits d'auteur générés par les livres de poche et les volumes de la Pléiade déclinaient. Céline n'était plus lu en classe. Les ventes sur prescription scolaire avaient chuté, alors que les soins étaient démultipliés ainsi que leur coût, par conséquent.

La négociation entre François Gibault et Gallimard avait donc commencé en vue d'une édition sérieuse des pamphlets. De l'argent avait été trouvé en contrepartie, afin de couvrir les frais de Meudon. Las, l'information avait fuité bien trop tôt. Restait notamment à convaincre un préfacier insoupçonnable – le nom de Pierre Assouline, comme on l'a vu, avait été cité –, prévoir des notes exemptes de tout reproche, etc. Or, François Gibault avait commenté par inadvertance cette prochaine réédition dans un quotidien régional, au détour malheureux d'une interview. Le coup était tiré et le tir de barrage ne

1. Emmanuel Pierrat, « Retrait ou repentir », *Livres Hebdo*, 17 avril 2014.

se fit pas attendre. Serge Klarsfeld, président de l'association Fils et filles de déportés juifs de France, suivi par de nombreux intellectuels, monta aussitôt au créneau, prenant Gallimard au dépourvu. L'éditeur déclarait à l'AFP, le 11 janvier 2018 : « Au nom de ma liberté d'éditeur et de ma sensibilité à mon époque, je suspends ce projet, jugeant que les conditions méthodologiques et mémorielles ne sont pas réunies pour l'envisager sereinement. »

Dans la foulée, Gallimard indiquait s'être de lui-même présenté à la Délégation interministérielle à la lutte contre le racisme, l'antisémitisme et la haine anti-LGBT (Dilcrah), dépendant du Premier ministre, afin d'argumenter sur le projet, « alors que l'on trouve aisément et sur plusieurs sites Internet les textes en libre accès ». Et de préciser avoir apprécié « le soutien qu'a pu apporter le Premier ministre. Je regrette d'autant plus de devoir suspendre la parution que le chef du gouvernement avait bien vu en Céline un écrivain dont la place est centrale dans la littérature française ».

Un débat non pas similaire, mais qui présente nombre de points communs, a eu lieu à propos de *Mein Kampf*. Une nouvelle traduction du livre d'Adolf Hitler est parue en France en juin 2021, chez Fayard, dans une édition très singulière conçue en Allemagne, dès 2016, par l'Institut d'histoire contemporaine de Munich, sous le titre *Historiciser le mal. Une édition critique de « Mein Kampf »*. Le prix très élevé de l'ensemble – un ouvrage largement plus dense, au sein duquel figure le texte d'Hitler – a été fixé pour dissuader les badauds ; toutefois, l'éditeur a adressé gratuitement ce livre à toutes les bibliothèques qui en faisaient la demande.

Le contexte de cette nouvelle édition mérite un rappel juridique autant qu'historique.

En mai 2014, la société de vente aux enchères Pierre Bergé & Associés comptait proposer un exemplaire de *Mein Kampf*, présenté au sein de l'impressionnante collection de documents et livres judiciaires et criminologiques de Philippe Zoummeroff. Le lot fut retiré de la vacation à la suite d'une demande du Bureau national de vigilance contre l'antisémitisme, s'indignant qu'il soit annoncé « comme s'il s'agissait d'un objet d'art, écrit par un poète ou un membre de l'Académie française. [...] Hitler est avant tout un criminel contre l'humanité, un assassin ».

Le livre « litigieux » était un exemplaire de l'édition originale du manifeste d'Adolf Hitler, publié en deux volumes en 1925 et 1927. Cette toute première émission comporte une erreur de chiffrage à la page 345 du second tome, qui porte le chiffre 34. Ces deux volumes étaient estimés entre 3 000 et 4 000 euros. Précisons que *Mein Kampf* n'a connu qu'un succès limité lors de sa parution... avant d'être offert aux jeunes mariés par l'État nazi et d'atteindre un tirage total d'environ dix millions d'exemplaires en 1945.

Benoît Forgeot, formidable libraire d'anciens et expert de la vente, avait alors déclaré au *Monde* : « Je suis un peu effondré par cette polémique. Cette collection n'a rien de fétichiste, elle est au contraire militante. Philippe Zoummeroff, quatre-vingt-cinq ans, est juif. Il a été caché pendant là guerre à Cahors et une partie de sa famille a péri dans des camps. » Sans compter qu'il avait mis sur pied une bourse en faveur de la réinsertion des détenus. Sa collection documentait notamment « l'horreur sous toutes ses formes, depuis les tortures infligées contre les prétendues sorcières au XVIe siècle, jusqu'aux dérives idéologiques du XXe ».

Dans le même journal, Philippe Zoummeroff, décédé en 2020, avait lui-même précisé : « C'est incompréhensible. Le manuscrit de *Mein Kampf*, c'est l'horreur absolue, je l'ai acquis pour défendre les juifs, pour documenter l'abjection. [...] Cette collection est le contraire de l'apologie ; c'est une dénonciation. Mais pour dénoncer, encore faut-il regarder l'histoire en face et ne pas en cacher la part la plus sombre ou la plus ignoble[1]. »

Cette position qui consiste à examiner et affronter le mal est celle qu'ont adoptée les éditions Fayard en ne proposant pas une simple réédition du livre d'Hitler. Une conférence de presse a eu lieu au CNRS et les bénéfices sont depuis lors reversés à la Fondation Auschwitz-Birkenau.

Tout ceci est lié au statut particulier de ce texte. Adolf Hitler étant mort en 1945, son « œuvre » est tombée dans le domaine public au 1er janvier 2016, soit, conformément aux règles européennes en la matière, soixante-dix ans après la mort de l'auteur (la date étant toujours repoussée au 31 décembre suivant). Mais, à la fin de la Seconde Guerre mondiale, les Alliés ont confié la propriété des droits de *Mein Kampf* au Land de Bavière, lequel s'est acquitté de sa mission avec la plus grande parcimonie, ne délivrant les autorisations de publication qu'au compte-gouttes. En Allemagne, comme en Hollande, le livre a été interdit de commercialisation.

1. *Le Monde*, 8 mai 2014.

En France, la cour d'appel de Paris, dans un arrêt en date du 11 juillet 1979, a imposé un assez long avertissement (de huit pages) sur la version proposée par les Nouvelles Éditions latines, estimant que le livre pouvait être autorisé à la vente compte tenu de son intérêt historique, mais devait être accompagné d'un texte mettant en garde le lecteur.

Cette doctrine est hélas combattue. *Mein Kampf* est ainsi édité sans restriction aucune en Iran, en Turquie, en Inde, en Indonésie ou encore en Russie. En 2009, *Waga Toso*, adaptation manga du livre d'Hitler, publié en violation des droits d'auteur détenus par le Land de Bavière, s'était vendu à plus de 45 000 exemplaires au Japon.

Nul ne pouvait se réjouir d'une réédition de *Mein Kampf*, mais la rigueur scientifique et le sérieux insoupçonnable des éditions Fayard inscrivent cette démarche dans un devoir de mémoire plus qu'indispensable et qui honore l'édition française, alors que les vieux démons menacent de plus en plus de resurgir au sein même de notre société.

Septembre 2021

Le gâchis et le succès

En août 2021, François Gibault est revenu de sa campagne normande à vive allure, tandis que Véronique Chovin n'a pas interrompu ses congés en Grèce. Ce délai fait monter une certaine tension car les deux héritiers, qui croient pouvoir laisser les manuscrits au coffre, doivent désormais se coordonner.

Je n'ai pas de nouvelles directes des éditions Gallimard, dont le patron est lui aussi en vacances, sur son voilier. En revanche, je parle un peu naïvement de la situation avec un proche de la maison, en sa qualité de spécialiste de l'histoire de l'édition.

Je suis l'auteur de nombreux ouvrages juridiques, notamment destinés aux professionnels du livre et publiés au Cercle de la librairie, une très ancienne organisation interprofessionnelle réunissant libraires et éditeurs. Elle gère la base de données Électre et exploite le magazine *Livres Hebdo*, dans lequel j'ai tenu une chronique juridique durant plus de deux décennies. Et j'ai contribué dans cette maison à plusieurs ouvrages encyclopédiques sur l'histoire de l'édition.

Mon interlocuteur tout au long de ces années, chargé du catalogue, était Pascal Fouché, que je connaissais déjà comme l'un des fondateurs de l'Imec. Il avait vite quitté cette aventure intellectuelle pour se faire embaucher comme spécialiste de l'histoire de l'édition au Cercle de la librairie. Hormis ses ouvrages consacrés à l'édition sous l'Occupation, ou encore le travail d'annotation scientifique du *Journal* de l'avocat Maurice Garçon, son autre marotte est Céline, à qui il a consacré un volume de la collection « Découvertes Gallimard ».

C'est à lui, à la parution de l'article de Jérôme Dupuis dans *Le Monde*, que je parle cordialement du contenu des manuscrits. Quelle n'est pas ma surprise de découvrir peu après que, fort de ce savoir inédit, il s'est proposé pour éditer le premier opus issu du « trésor » gardé jusque-là par Jean-Pierre Thibaudat – celui que j'ai baptisé *Guerre* et dont la publication fera sensation. Ce roman autobiographique complète en quelque sorte *Voyage au bout de la nuit*, puisqu'il commence, pour ce que nous en connaissons, à la blessure de Ferdinand dans une tranchée. Il manque les neuf premiers chapitres, ce que ne mentionnent ni l'avant-propos signé par François Gibault ni l'apparat critique établi par Pascal Fouché, alors que Jean-Pierre et moi savons que le chiffre 10 apparaît en tête du premier feuillet de ce texte. Jean-Pierre a d'ailleurs longuement commenté ce manque dans les épisodes de son blog. Il y relève également les erreurs de Pascal Fouché, les mots qu'il n'a pas réussi à déchiffrer, mais aussi ceux, plus rares, qu'il a devinés quand lui-même avait échoué :

« "J'ai attrapé la guerre dans la tête", dit Ferdinand (écrit Céline). Dans son errance, il croise des soldats anglais qui le conduisent à un hôpital. Tout ce "premier" chapitre semble être écrit par un Ferdinand narrateur, entre mémoire et délire, sur son lit d'hôpital. Dernière phrase : "Ces choses se passèrent à l'hôpital de la Parfaite Miséricorde le 22 janvier 1915 à Noirceur-sur-la-Lys vers quatre heures de l'après-midi." Pascal Fouché, l'éditeur de ce texte chez Gallimard en mai 2022, a retiré cette phrase du texte, considérant que sa place n'est pas logique dans la chronologie. Curieux raisonnement. Nous ne sommes pas dans un discours logique mais dans un délire. Et cette phrase a toute sa place dans ce texte chaotique. [...] c'est une publication tronquée. "Pas tout à fait", les trois premiers mots du chapitre ont été biffés (et renvoyés en note) pour donner l'illusion d'une œuvre à part entière, non sans arrière-pensée commerciale, peut-on penser[1]. »

Or, j'insiste, le texte de *Guerre* retrouvé « commence » au chapitre 10. Manquent les neuf premiers chapitres. Céline les a écrits. Réapparaîtront-ils un jour ?

« Enfin, poursuit Jean-Pierre Thibaudat, comme d'autres textes manuscrits de Céline, le déchiffrage [de *Guerre*] n'est pas toujours aisé. Ici et là on bute, on doute. D'où les termes "mot ill." et autres "quelques mots ill." qui apparaissent, çà et là, dans *Guerre*. Pascal Fouché a déchiffré certains mots sur lesquels j'avais buté. L'inverse est aussi vrai. »

Le mystère des neuf premiers chapitres absents de *Guerre* laisse à penser que quelqu'un est parti avec une petite part du « trésor » laissé par Céline rue Girardon, avant que le futur habitant des lieux, Yvon Morandat, compagnon de la Libération, n'en mette la quasi-totalité à l'abri. Céline

1. Blogs.mediapart.fr/jean-pierre-thibaudat, « Céline, le trésor retrouvé. Pas tout à fait. *Guerre* (6/9) », 11 août 2021.

lui-même a confié à Gallimard quelques dizaines de pages de *Casse-pipe* qu'il avait pu sauver dans sa fuite.

Il est vraiment dommageable que Gallimard et les ayants droit aient refusé de pactiser avec Jean-Pierre Thibaudat. Cela aurait permis d'éviter des approximations, de gagner du temps et surtout de reconnaître la juste place de mon client, devenu un ami.

Jean-Pierre a raconté, en août 2022, la besogne gigantesque qu'il avait abattue : « Il me faudra beaucoup de temps avant de mettre de l'ordre dans ces milliers de feuillets manuscrits ou tapés à la machine, de lettres, photos, dessins, comptes avec son éditeur Denoël, écrits médicaux, dossiers sur les juifs, etc. Je mesure, petit à petit, leur importance. [...] Parallèlement, pris au jeu, je me plonge dans l'abondante littérature célinienne. Je lis les biographies, les nombreux essais [...], je consulte le site Le petit célinien, je dévore les œuvres tardives de Céline, ses correspondances publiées, j'étudie de près les ouvrages qui évoquent l'écriture de Céline et son délicat décryptage. Je vais jusqu'à acheter les pamphlets (dont Céline avait interdit la republication à son retour en France) chez un libraire spécialisé de la rue Saint-André-des-Arts, aujourd'hui disparu. Bref, je deviens, par la force des choses, un petit célinien[1]. »

J'ai tenté de faire passer des messages à Gallimard pour souligner ce gâchis. En vain.

J'aurai confirmation de cet état d'esprit lorsque Jean-Pierre Thibaudat, à l'automne 2022, réunira, pour en

1. Blogs.mediapart.fr/jean-pierre-thibaudat, « Céline, le trésor retrouvé. L'inventaire (2/9) », 3 août 2022.

tirer un court ouvrage de témoignage[1], la série de billets qu'il a publiés l'été précédent sur le site de Mediapart. Le service juridique de Gallimard dégaine aussitôt. L'éditeur et plus vraisemblablement les peu reconnaissants ayants droit entendent qu'aucune ligne inédite de Céline ne soit divulguée. J'ai, bien entendu, relu le manuscrit avec un œil d'avocat rompu depuis près de trois décennies à passer au peigne fin les livres problématiques, textes et images, dans le but d'éviter les procès pour diffamation, atteinte à la vie privée, violation du droit à l'image ou encore contrefaçon en raison d'une citation malvenue.

Je m'étonne aussi auprès de Pascal Fouché, – avant de me rappeler que l'adage selon lequel on n'est jamais si bien servi que par soi-même est toujours en vigueur – qu'Émile Brami ait été d'emblée écarté de toute édition des inédits. Il me semblait pourtant légitime : ses livres sur Céline sont remarquables, malgré sa préférence pour la piste Rosembly. Il n'est certes pas le seul célinien politiquement irréprochable, c'est-à-dire sans accointance avec l'extrême droite nostalgique du régime de Pétain. Émile Brami présentait aussi l'avantage d'avoir la sympathie de François Gibault, voire de Véronique Chovin. Pascal Fouché ose alors me dire que Gallimard souhaite faire appel à un universitaire, ce qui élimine d'emblée Émile Brami ou encore David Alliot, des « amateurs », bref des gens peu sérieux, à ses yeux, alors que lui-même a passé sa carrière dans les maisons d'édition.

Guerre a été lancé en librairie en mai 2022, devenant un événement littéraire mondial de première importance.

1. *Louis-Ferdinand Céline, le trésor retrouvé*, *op. cit.*

Imprimé et aussitôt retiré à plusieurs dizaines de milliers d'exemplaires, il est passé en tête des ventes. Toute la presse a spéculé sur les intentions de Céline. En avait-il souhaité la divulgation ? Destinait-il ce texte à un ensemble plus vaste ? Avait-il désiré le retravailler ? Quant à l'avant-propos de François Gibault, il ne dit presque rien, non plus, du passé politique de Céline. Ne parlons pas de son attitude de plaignant vis-à-vis de Jean-Pierre Thibaudat et de moi-même : nous ne sommes pas mentionnés, non plus que cet acte glaçant. Enfin, la présentation du texte par Pascal Fouché est assez superficielle et ne dit mot des passages perdus.

Fin 2022, *Guerre* atterrit assez logiquement dans le classement des meilleures ventes de romans de l'année, à la neuvième place, juste derrière le récit de la lauréate du prix Goncourt, alors que *Londres*, paru en octobre, six mois après *Guerre*, figure déjà dans le « Top 100 ». Début 2023, le journal professionnel *Livres Hebdo* annonce que *Guerre* s'est vendu à 185 601 exemplaires en 2022, tandis que *Londres* – un manuscrit de mille pages en trois parties, dont une déjà retravaillée et quasi prête à être éditée, les deux autres déjà très élaborées –, a été commercialisé à hauteur de 56 784 volumes. Soit près de 400 000 euros à percevoir pour les héritiers de l'écrivain qui, au gré des droits de cession en édition de poche et en traductions, et surtout de la parution d'une troisième fiction, *La Volonté du roi Krogold*, ainsi que de la refonte des œuvres complètes dans la Bibliothèque de la Pléiade, percevront plusieurs millions d'euros inattendus.

De nombreux lecteurs m'ont contacté, surpris, choqués parfois, en particulier par le ton cru de certains passages de *Guerre*. Ces remarques m'ont semblé saugrenues. Peut-être est-ce aussi l'indice que Céline n'aurait pas livré un tel roman sans, au préalable, s'être relu afin de s'autocensurer. Quant aux exégèses et commentaires les plus imaginatifs et vains publiés notamment par de pseudo-historiens de la littérature, leurs spéculations seront invalidées par les autres inédits dont ils n'ont pu attendre la publication.

À l'heure où j'écris ces lignes, *Guerre* a été republié dans la Bibliothèque de la Pléiade. N'a été ajoutée par Gallimard qu'une poignée de notes sur la transcription et les ratures plus ou moins lisibles de Céline. C'est peu dire que cette édition supposée savante est frustrante. La préface d'Henri Godard, universitaire âgé et spécialiste de Céline, n'a pas beaucoup varié depuis la version précédente. Un peu comme si les six mille pages mises au jour n'avaient rien changé à la perception de son œuvre, à la lecture de sa vie, à l'exégèse possible du *Voyage*. Deux ou trois paragraphes paresseux servent de mise à jour à ce long texte érudit mais daté.

C'est comme si cette incroyable découverte, la plus extraordinaire de toute l'histoire littéraire, n'avait rien apporté. Or, le trésor ramené à la surface par Jean-Pierre Thibaudat révolutionne tout ce qui a été pensé, discuté, écrit et asséné sur Céline. « Invoquer sa postérité, c'est faire un discours aux asticots », a-t-il écrit dans le *Voyage* ; mais il ne le pensait pas, tant il tenait à ses documents et à être publié. Le lecteur attendra donc sans doute que Céline rejoigne le domaine public, en 2032, afin qu'un connaisseur éclairé livre une édition digne de ce nom et donc vision nouvelle de cet ensemble.

D'ici là, des individus ou des chercheurs, quelle que soit leur langue de travail, se lanceront-ils dans une mise au point, sans pour autant avoir le droit de reproduire l'œuvre concernée ? Pour le moment, je lis des analyses journalistiques particulièrement stupides ou incohérentes. Dans *L'Obs*, un critique littéraire de renom se demande sérieusement si ne va pas jaillir un jet plus abouti de *Guerre*, *Londres* et *La Volonté du roi Krogold*... Il semble également convaincu que nul ne va rééditer les pamphlets antisémites et en parle comme d'une découverte qu'il aurait faite. On dirait Céline non pas *pour les nuls*, mais bel et bien *par les nuls* !

Je dois parfois me pincer quand j'entends des lecteurs me déclarer d'un air blasé qu'ils ont trouvé *Londres* un peu faible en comparaison de *Guerre*, lui-même regardé avec condescendance quand ils évoquent *Voyage au bout de la nuit*. Toutes les rentrées littéraires regorgeraient-elles de chefs-d'œuvre à foison ?

Heureusement, certains en ont, comme moi, des frissons. Je me souviens d'avoir lu, durant l'été 2020, ces phrases qui marquent : « J'ai toujours dormi ainsi dans le bruit atroce depuis décembre 14. J'ai attrapé la guerre dans ma tête. Elle est enfermée dans ma tête. » J'étais seul chez moi, il était tard, et je parcourais ligne à ligne la longue transcription établie et dactylographiée patiemment par Jean-Pierre Thibaudat. Je ne pouvais m'empêcher, de temps à autre, de me plonger dans la copie du manuscrit – et non, rassurons les chercheurs, dans le manuscrit lui-même, gardé bien à l'abri.

On m'objectera, non sans raison, que tout cela n'est pas très grave, puisque Céline est redevenu partiellement fréquentable. Le succès en atteste. En quelques semaines, *Guerre* a franchi la barre des 100 000 exemplaires achetés. En juin 2023, la maison d'édition Gallimard comptait doubler ce score avant la fin de l'année. L'œuvre posthume du grand écrivain et salaud mort en 1961 était placée soudainement en piles sur les tables des Relay et en tête de gondole dans les grandes surfaces !

Il faut dire que le texte est extraordinaire : les mourants que soulage l'infirmière dans un hôpital de campagne, le narrateur s'invitant au bal de plaisirs… Céline blessé au front, avant d'être soigné : histoire connue mais jamais racontée. Les deux cent quarante feuillets sauvés sont de la veine d'un chef-d'œuvre, aussi saisissant que *Voyage au bout de la nuit*, dont il est une sorte de suite ou de prolongement, ainsi que les lecteurs ont pu s'en rendre compte. Dans *Guerre*, Céline décrit pour la première fois les morceaux de corps propulsés dans les airs et qui retombent sur leurs propriétaires. Il y a aussi l'infirmière en chef, celle qui entoure les blessés et joue de la *rigor mortis*. On y saisit le moment charnière où la sexualité, la vie, la chair attirante et excitante, reprennent le dessus sur les plaies, se jouent des putrescences ainsi que des béances. En bref, c'est Éros et Thanatos au temps de la Première Guerre mondiale.

Le *Bulletin* de la maison Gallimard a annoncé la parution, au mois d'octobre suivant, de *Guerre* dans la collection de poche « Folio ». L'illustration de couverture était, comme attendu, signée Tardi – qui a revisité les chefs-d'œuvre de Céline en 1992 et que l'éditeur associe à toutes les versions de poche de l'écrivain maudit. La présentation en était éloquente : « Écrit deux ans après

Voyage au bout de la nuit, *Guerre* lève le voile sur l'expérience centrale de l'existence de Céline : le traumatisme physique et moral du front. Avec ce livre d'une violence totale, entre récit autobiographique et œuvre d'imagination, une pièce capitale de l'œuvre de l'écrivain est mise au jour. »

Mieux encore, *Guerre* a été adapté au théâtre en juillet 2023. Le metteur en scène Benoît Lavigne a présenté la pièce au théâtre du Chêne noir dans le cadre du festival *off* d'Avignon, avec l'acteur Benjamin Voisin.

Bref, Céline est à nouveau une vedette, à défaut d'être un auteur complètement fréquentable.

6 août 2022

Le résistant Morandat sort de l'ombre

Un an, jour pour jour, après la révélation d'août 2021, trois mois donc après la parution de *Guerre*, Jean-Pierre Thibaudat décide de révéler enfin publiquement le nom de celui qui avait sauvé les manuscrits de Céline et les lui avait, directement ou indirectement, remis.

Il me fait alors relire ce qui prendra d'abord la forme d'une dizaine de billets de son blog. Nous sommes certes liés par cette histoire, mais, après la plainte (infructueuse, mais par essence désagréable), il est devenu nécessaire de n'offrir aucune autre prise juridique aux deux héritiers plaintifs qui liront ce texte avec une attention peu bienveillante.

Au préalable, Jean-Pierre a repris attache avec la famille d'Yvon Morandat, de façon à obtenir son accord à la publication de cette information. Ses premiers articles sont mis en ligne sans indication du nombre d'épisodes à venir ni de la piste qu'il entend suivre. Il commence par décrire par le menu ce que contenait la caisse de manuscrits. Puis il raconte nos péripéties, du rendez-vous initial avec François Gibault et sa commère, jusqu'à notre audition par la police judiciaire. Et, avec l'art du suspense, ce n'est qu'au bout de quelques jours qu'il précise qui lui a remis les feuillets et dans quelles circonstances. Il indique qu'Yvon Morandat avait été le principal artisan du sauvetage des manuscrits de la rue Girardon.

Morandat, né en 1913, a été permanent de la CFTC, le syndicat chrétien. Le général de Gaulle le charge d'ailleurs, dès 1941, d'entrer en contact avec les réseaux syndicaux de Résistance. Il se rend à Marseille, d'où il ne rentrera pour Londres qu'à l'automne 1942, à la suite d'un désaccord avec Jean Moulin. Son épouse, Claire, est résistante, comme lui. En juillet 1945, il est fait compagnon de la Libération[1]. Après la guerre, il présidera les Charbonnages de France et fondera, en 1965, le Front travailliste, un mouvement gaulliste de gauche, avant d'entrer en 1968 dans le dernier gouvernement Pompidou en tant que secrétaire d'État à l'Emploi.

C'est dans la foulée de la Libération qu'on lui affecte l'appartement de Céline, rue Girardon. Yvon Morandat met les meubles de Céline au garde-meuble et emporte les manuscrits, qu'il tient à conserver à l'abri de l'humidité. Lorsque Céline arrive du Danemark, Morandat le contacte, lui proposant de lui rendre le tout, à condition qu'il règle les frais de garde-meuble. Céline l'envoie paître et l'injurie.

1. Un compagnon de la Libération appartient à l'ordre de la Libération, fondé le 16 novembre 1940 par le général de Gaulle, « chef des Français libres », afin de « récompenser les personnes ou les collectivités militaires et civiles qui se seront signalées dans l'œuvre de libération de la France et de son Empire ».

Le nom de Morandat ne m'était pas inconnu avant ma rencontre avec Jean-Pierre Thibaudat, puisque l'un des fameux dossiers que m'avait confiés Émile Brami quelques années auparavant lui était entièrement consacré. Cette pile de documents, vraisemblablement issus des archives de Jean-Louis Tixier-Vignancour, était regroupée sous l'intitulé : « CÉLINE contre MORANDAT ». Il comprenait en premier lieu la décoration de la médaille militaire, en date du 30 décembre 1914. Suivaient deux lettres manuscrites de Louis Guillou, l'oncle et parrain de Céline, à Me Tixier, de mars et mai 1945. Était jointe une lettre de Me Tixier à Céline, datée du 22 janvier 1952. On découvrait encore une lettre de Me François Parlier, l'avocat d'Yvon Morandat, à son confrère Tixier, au sujet du mobilier de Céline, envoyée le 26 septembre 1952 et à laquelle Tixier répond le 1er octobre 1952. Le même jour, Tixier écrit à Céline et fixe un rendez-vous téléphonique. Il recontacte Parlier dès le lendemain pour évoquer le « mobilier de Mr Morandat réclamé par Céline ». Encore un courrier de Tixier à Parlier, daté du 8 octobre 1952. Et enfin, une lettre d'un certain Me Maillard à Tixier sur le mobilier, adressée plus d'un an après, le 21 janvier 1954. Le lot complémentaire mis aux enchères le 16 mai 2012 par Artcurial, neuf ans après qu'Émile Brami m'eut fait examiner les dossiers provenant des archives du cabinet de Jean-Louis Tixier-Vignancour (et que j'ai déjà évoqués), contenait une série de correspondances de celui-ci à propos des meubles conservés par Morandat. Les discussions entre avocats n'ont pas abouti.

L'écrivain meurt donc en 1961 sans avoir jamais revu ses textes, qu'il croyait perdus pour de bon. Il a raconté partout que ses écrits ont été pillés, détruits. Leur destruction fait partie de sa légende et alimente sa rage. Il ne veut pas en démordre. Il était sans doute plus simple à ce vieux collabo aigri de refuser d'admettre qu'un ennemi politique – un gaulliste de gauche, résistant par surcroît – ait pu être capable d'un tel geste.

À la mort de Céline, Morandat demande à ses enfants de ne rien rendre public avant la mort de Lucette Destouches. Céline lui en a voulu d'avoir sauvé ses meubles et ses textes. Lucette Destouches a sans doute eu connaissance de cette situation. La caisse restera au grenier de la maison des Morandat à Neuilly, jusqu'à ce qu'Yvon Morandat, à son tour, disparaisse en 1972. Sa femme, Claire, lui survivra jusqu'en 1985. C'est Caroline, l'une des deux filles du couple, qui va recueillir les manuscrits. L'entourage d'Yvon Morandat témoigne à Jean-Pierre Thibaudat toute sa confiance quant à la façon dont il en prendra soin, l'homme de culture qu'il est ayant, de fait, pris conscience de leur importance pour le patrimoine littéraire au fur et à mesure de leur déchiffrage et de leur lecture.

Gilles Karpman est ami de longue date de l'épouse de Jean-Pierre, Véronique Soulé, elle-même ancienne journaliste à *Libération*, mais aussi de Caroline Morandat et de son époux Georges Lanciano. Il raconte : « Un jour de 1985, Georges, de l'air las et détaché qu'il affectait, me dit : "La maman de Caroline vient de mourir, viens manger à la maison, ça lui changera les idées." » On ne refuse pas ce genre d'invitation. Mais il ajoute, à propos de cette visite à Neuilly :

« Ce jour-là, je la vis nerveuse, inquiète. Ils m'expliquèrent qu'après l'annonce du décès de Claire, un procureur envisageait une autopsie, ce qui horrifiait Caroline.

Comme je manifestais mon incompréhension – une autopsie ne se pratique pas d'ordinaire pour le décès de cause naturelle, surtout d'une personne déjà âgée –, Georges m'expliqua que le procureur de la République voulait s'assurer que Claire n'avait pas été assassinée.

Voyant mon effarement, Georges m'explique la situation, pendant que Caroline est occupée au téléphone. Claire était très proche du Général à Londres, elle fut sa secrétaire et certains pensent qu'elle aurait pu détenir des papiers dont le contenu pouvait éclairer quelques zones d'ombre de l'histoire de la Résistance, ce que certains pourraient préférer éviter. Il semble que la justice – ou quelque personne en haut lieu – se soit émue de savoir si quelqu'un n'aurait pas voulu faire disparaître un témoin et ses archives.

Histoire rocambolesque mais douloureuse pour Caroline, qui ne voulait pas se résoudre à voir profaner le corps de sa mère.

Au bout d'un moment, j'entendis Caroline revenir visiblement soulagée. Manifestement, le carnet d'adresses de Caroline contenait les coordonnées de quelques gaullistes historiques qu'elle connaissait depuis l'enfance et avait obtenu d'eux des interventions permettant qu'on laisse sa mère en paix.

C'est cet épisode qui a conduit mes amis à me parler plus avant de l'histoire de la famille de Caroline. Je ne me rappelle plus si c'était le même soir ou quelque temps après, mais ils en vinrent à me parler de quelque chose qui leur pesait. Ils se trouvaient en possession d'une caisse de manuscrits de Louis-Ferdinand Céline, caisse que les parents Morandat avaient promenée lors de leurs déménagements successifs, ne sachant qu'en faire, et la voilà entre les mains – ou plutôt dans la cave – de mes deux amis.

Dans ma naïveté, je ne comprenais pas pourquoi ça semblait leur peser tant ! Mais ils m'exposèrent en quoi la situation leur semblait inextricable. Depuis quarante ans, cette caisse contenant des manuscrits de Céline se trouvait dans la famille sans que celle-ci le sache vraiment. L'existence de ces écrits était connue des spécialistes. Céline en a parlé lui-même dans différentes lettres et plusieurs fois désigné Yvon Morandat comme celui qui les aurait "gardés". Personne n'en parlait mais il était évident pour mes amis que faire ressurgir au grand jour le contenu de cette caisse risquait de jeter l'opprobre sur la mémoire d'Yvon Morandat ! Avait-il réellement gardé les précieux manuscrits de l'infâme génie comme ce dernier le prétendait ? »

Pas de caisse, pas de vol. Qu'elle réapparaisse et l'accusation pouvait être relancée. L'embarrassant « trésor » devint le fardeau des Morandat et, désormais, de Caroline en particulier. Et ce même Gilles Karpman de raconter, à la demande de Jean-Pierre :

« Impossible pour mes amis, férus d'histoire et de littérature, de détruire tout simplement cette caisse et de faire ainsi disparaître l'objet du scandale. Impossible aussi pour mes amis de rendre les documents à qui de droit, c'est-à-dire à Lucette, veuve de Louis-Ferdinand. Après le décès de Céline, Lucette Destouches avait déployé beaucoup d'efforts pour tenter de gommer l'ignominie antisémite de son époux, notamment en s'opposant à la réédition des pamphlets antisémites. Restituer la caisse à la veuve de l'écrivain serait s'exposer, d'une part, à voir des documents gênants pour Céline disparaître ou être interdits de publication. D'autre part, et c'est ce qui terrifiait mes amis, c'était voir Yvon Morandat mis en cause dans son intégrité par certains individus dont l'intérêt pour Céline ne se limitait pas à l'œuvre de l'écrivain, mais pouvait s'étendre à ses affinités politiques. »

Aux yeux de Gilles Karpman, Jean-Pierre Thibaudat, insoupçonnable de complaisance politique, sera « l'homme de la situation ». Et de se remémorer : « Je garderai toujours en mémoire la scène suivante. Nous entrons, salutations d'usage, mais très vite nous nous trouvons à quatre assis autour d'une caisse emplie de papiers. Le regard de Jean-Pierre change car lui sait ce que sont ces feuillets jaunis rassemblés par des pinces à linge en bois... Gilles n'est pas devenu victime de deux mythomanes, il est bien dans le salon de Mlle Lanciano-Morandat devant une caisse pleine de feuillets, certains attachés par des pinces à linge ! Les pinces à linge, ça parle à tous ceux qui se sont intéressés à Céline. Nous allons de découverte en découverte, il y a des échanges de courriers ordinaires, des versions inédites, des œuvres supposées perdues ! »

Gilles Karpman termine cette narration par un point capital : « Je tiens à témoigner avoir eu en main un échange de lettres entre Yvon Morandat et Louis-Ferdinand Destouches par lequel le premier faisait savoir au second qu'il détenait des objets lui appartenant et lui demandait de lui faire savoir comment il pouvait les lui faire parvenir moyennant le défraiement évoqué. Pas de "cher Monsieur" ni de "cordialement", évidemment. La réponse de Louis-Ferdinand fut célinesque à défaut d'être célinienne : "Vous n'êtes qu'un sale prout prout gazeux Gaulliste etc. » (de mémoire, je suis certain du ton et du "prout prout gazeux" qui ne s'invente pas). Ne serait-ce que cet échange, il rend nulles les accusations de vol proférées par l'auteur de *Voyage au bout de la nuit*, Yvon Morandat a voulu rendre ses biens à Céline qui a vertement décliné. »

Jean-Pierre Thibaudat redira en août 2022 : « Un pacte de confiance est scellé : jamais je ne donnerai ces documents à la veuve de Céline, je ne dirai à personne qui les a confiés au journaliste que j'étais et que je suis toujours [...]. Je ne me doutais pas que Lucette Destouches vivrait jusqu'à l'âge appréciable de 107 ans[1]. »

Céline connaissait donc Morandat. Dans une lettre à Henri Poulain, le 4 septembre 1947, l'écrivain antisémite a nommément accusé le grand résistant de pillage : « Mon occupant rue Girardon m'a foutu à la poubelle la suite manuscrite de *Guignol's* et encore trois autres romans en train ! C'est un dénommé Morandat ami de De Gaulle. » Mais surtout, nous l'avons dit, Morandat a contacté Céline dès son retour en France.

Tout ou presque est dit dans une lettre de l'écrivain à son avocat Tixier-Vignancour, le 30 novembre 1953, que cite d'ailleurs François Gibault dans sa biographie de Céline : « Bien entendu je ne fais, je n'écris rien, je ne paye rien. – Qu'ils vendent donc ce qui reste du pillage ! Pensez que j'en ai fait mon deuil de tout ceci ! Effractions, pillages, subis mais *non consentis* ! (embarbouillés de mensonges !) Ces meubles, ces manuscrits étaient chez moi en 44 (juin) garantie du propriétaire – Le logement luimême a été "échangé" par Morandat sans aucun droit ! J'ai perdu, j'ai été volé d'environ 10 millions (valeur à ce jour !) Rue Girardon ! Ces voleurs veulent "régulariser" en me faisant payer 36 739 frs ! L'astuce est lourde [...]. »

1. Blogs.mediapart.fr/jean-pierre-thibaudat, « Céline, le trésor retrouvé – La révélation (1/9) », 3 août 2022.

Mai 2023

Céline de retour dans la Pléiade

On l'aura compris : *Guerre*, *Londres* et, pis encore en l'occurrence, *La Volonté du roi Krogold* ont été publiés à la hâte. En guise de préfaces, inégales, voire insignifiantes, des pensums lénifiants rédigés à tour de rôle par chaque héritier, François Gibault s'offrant *Guerre* et sa comparse *Krogold*.

Régis Tettamanzi, professeur de littérature à la faculté de Nantes depuis 2008, a rédigé l'avant-propos de *Londres*. Cet universitaire, plutôt versé dans l'étude du Brésil, avait codirigé en 2016, chez Honoré Champion, un volume assez aride intitulé *Céline à l'épreuve. Réceptions, critiques, influences*. En 2019, il a également signé *La Parole au scalpel. Médecine et littérature chez L.-F. Céline et quelques-uns de ses contemporains* aux Presses universitaires de Paris Nanterre. Enfin, depuis août 2021 et la révélation de la découverte du « trésor », il a aussi codirigé un essai intitulé *Relire « Voyage au bout de la nuit »*[1]. Il a surtout établi l'édition des *Écrits polémiques*, parue au Québec en 2012, et qui est principalement constituée des pamphlets

1. Presses universitaires de France, 2022.

antisémites[1]. Et ce qui laisse supposer, au vu du rapprochement avec les héritiers de Céline et Gallimard, qu'il s'attaquera à la réédition, en France, des trois pamphlets antisémites agrémentés de textes vifs, mais sans commune mesure avec les écrits antisémites que le titre vise à banaliser.

C'est d'ailleurs Régis Tettamanzi qui, en compagnie de Pascal Fouché et sous l'apparente direction d'Henri Godard, a annoté le tome de la Bibliothèque de la Pléiade réunissant les inédits. Il était temps qu'un peu plus de travail soit effectué : dans la hâte de sortir au plus vite *Guerre* en librairie, le volume ne comprenait aucune note de bas de page ou presque, aucun travail chrono-bibliographique. Le minimum vital ou publiable !

Quant aux transcriptions de la Pléiade, elles pèchent de beaucoup. Jean-Pierre Thibaudat avait passé près de neuf ans sur sa copie, en homme cultivé, critique de théâtre, journaliste et intellectuel chevronné. Mais il s'était aussi procuré, au fil des ans, plusieurs centaines d'ouvrages sur Céline, besognant nuit et jour afin de « traduire » les inédits et les variantes des textes connus. Les éditions Gallimard ont préféré parer au plus pressé, suivant à la lettre la colère amère et la vindicte nauséabonde des ayants droit officiels déchaînés contre Jean-Pierre Thibaudat, successeur du sauveur Morandat et insoupçonnable, à son tour, du moindre appétit mercantile, mais à qui nul ne s'est donc adressé.

1. Louis-Ferdinand Céline, *Écrits polémiques. Mea culpa ; Bagatelles pour un massacre ; L'École des cadavres ; Les Beaux Draps ; Hommage à Zola ; À l'agité du bocal ; Vive l'amnistie, monsieur !*, Éditions 8, 2012.

L'éditeur aurait pu nous sonder, venir vers nous confidentiellement pour vérifier la qualité du travail accompli, ce qui aurait permis de gagner en temps et en intelligence. Mais non. Pascal Fouché et quelques autres ont arbitré différemment, dans leur propre intérêt. La refonte de l'édition de Céline en Pléiade était pourtant l'occasion de corriger ces défaillances et, même sans l'aide active de Jean-Pierre Thibaudat, d'aboutir à un travail d'édition plus élaboré et exact.

Il faut dire, une fois de plus, que le temps – l'entrée de Céline dans le domaine public fin 2031 – jouait en faveur de l'empressement. Il était tout autant indispensable à Gallimard de céder au plus vite les droits de publication en anglais, en mandarin ou en tagalog de quatre livres inconnus d'un des plus extraordinaires écrivains de l'histoire, et mondialement connu.

Mais il y avait un deuxième obstacle à franchir : le manque de « sachants », d'érudits. L'universitaire Henri Godard, qui enseignait à la Sorbonne et fut le maître d'œuvre de l'édition de Céline dans la Bibliothèque de la Pléiade (1979-1988), est né en 1937 et a peu donné de disciples. Car Céline est devenu un sujet incendiaire pour tout jeune universitaire désirant faire carrière. La politique, et en particulier l'étude de ses aspects les moins louables, a desservi Céline bien plus qu'il ne l'avait imaginé. Un grand auteur, c'est, éventuellement, des ventes impressionnantes, une reconnaissance critique, mais aussi et surtout un aréopage de chercheurs et d'enseignants aptes à valider et sanctuariser l'ensemble.

Or, l'après-Godard est un vide presque absolu. Une poignée d'élèves nord-américains a vu le jour, mais en nombre réduit et peu encouragés par les financements des mécènes de campus yankees devenus woke. En France, le paysage a été déserté par l'Université, tant Céline est devenu un des symboles de la collaboration et du « discours de haine ».

J'ai bénéficié d'un programme scolaire, au début des années 1980 (je suis né en 1968), qui autorisait, voire encourageait la lecture de *Mort à crédit*. En revanche, aucune de mes deux filles n'a entendu parler de Céline sur les bancs de l'école… La bête a disparu, son œuvre s'éteignant au gré de générations bien-pensantes incapables de la séparer de son auteur. Il y a, en revanche, plusieurs « amateurs » qui sont devenus de bons spécialistes de Céline : Émile Brami, David Alliot, André Derval, Éric Mazet, etc.

Henri Godard a d'ailleurs admis la difficulté. Fin septembre 2021, deux mois après que *Le Monde* eut révélé l'existence des manuscrits, il déclarait : « C'est difficile de travailler techniquement sur ses manuscrits, mais aussi du fait d'un obstacle idéologique ou moral. La plupart des gens ne veulent pas être mêlés à cela, que leur nom y soit lié. Moi, ça m'a valu des embêtements. Entre le moment où j'ai commencé à travailler sur Céline, en 1967, et aujourd'hui, la cote de l'écrivain est montée bien haut. Ce n'était pas le cas il y a cinquante-cinq ans et ce fut compliqué de trouver un patron de thèse car mes futurs collègues universitaires étaient plutôt du genre à dire : "Cachez-moi cette horreur." » Précisons que la « cote » en question est celle des documents originaux de Céline dont le marché est, de fait, très élevé. Mais c'est là une réalité déconnectée du monde de la recherche et du nombre des lecteurs.

Henri Godard ajoute que ce qui le « fascine au fond, ce sont les textes. Et aussi de comprendre comment un écrivain, sur qui pèse une hostilité forte dans la société d'après-guerre, en est arrivé à être reconnu. C'est la force de la littérature et du style en tant que tels pour dépasser l'opprobre qui y est attaché et qui le restera[1] ». Car il est devenu, pour certains, difficile de séparer l'œuvre de l'auteur – en témoigne la une aussi erronée qu'idiote du *Times*, en août 2021, sur « Céline, le nazi littéraire ».

En attendant, manquent dans l'édition Céline en Pléiade non seulement le travail de fond qui était attendu, mais aussi la mise en perspective politique indispensable. L'enjeu littéraire de la découverte était prodigieux. Confier aux ayants droit et à ceux qui les ont courtisés l'élaboration d'une édition en apparence scientifique et complète était une erreur. Cela rend d'autant plus criant le refus de pactiser, de près ou de loin, avec Jean-Pierre Thibaudat et de récuser ses années de labeur insensé.

Restent également à exhumer, pour mieux comprendre les mécanismes insensés de l'antisémitisme, les lettres échangées avec Robert Brasillach. Elles figurent dans l'ensemble conservé par Yvon Morandat. Elles ne sont plus évoquées par quiconque depuis qu'elles ont gagné le giron des héritiers.

On m'objectera que les correspondances de Céline avec Denoël sont tout aussi manquantes. Leur temps viendra-t-il dans des volumes séparés ? Rien n'a été annoncé.

1. Henri Godard, « Chez Céline, la force de la littérature l'emporte sur l'opprobre », art. cit.

C'est comme si tout cela avait de nouveau replongé dans le noir d'un coffre-fort ou d'un grenier.

Ce qui est certain, c'est que, en dépit d'un travail peu élaboré, le coup commercial a fait mouche. Après le spectaculaire succès de *Guerre* – suivi des ventes, plus modestes mais loin d'être ridicules de *Londres* et de *La Volonté du roi Krogold* –, ont été façonnés deux nouveaux volumes de la Pléiade, justifiés par l'apparition des inédits et accompagnés d'une intense campagne de promotion. Le 11 mai 2023, sont donc sortis deux volumes baptisés *Romans 1932-1934* et *Romans 1936-1947*, qui se substituent aux anciens tomes I et III. S'y sont glissées une nouvelle de jeunesse inconnue, *La Vieille dégoûtante*, une page intitulée *La Charogne* et une dactylographie de *Périclès* (une farce publiée par Céline sous le nom de *Progrès*). Des boîtiers ont été spécialement confectionnés. Quant aux anciens tomes II et IV, leur contenu est resté le même, mais ils sont devenus *Romans 1952-1955* et *Romans 1957-1961*. Pourquoi le reste ne viendrait-il pas, sous une forme ou une autre ? Demeurent ainsi à publier les variantes et repentirs que proposent une version manuscrite de *Mort à crédit* ainsi qu'une autre de *Guignol's band*. Manquent aussi à cet ensemble des correspondances de Céline avec ses amoureuses, des dessins de son ami Gen Paul (l'un des plus compromis des artistes collabos), etc.

Hugues Pradier, le directeur éditorial de la Bibliothèque de la Pléiade, a justifié ainsi le reformatage des volumes : « Pour remettre de l'ordre dans les romans de Céline, il fallait nécessairement refaire deux volumes sur les quatre, le premier et le troisième. Et pour rendre à la chronologie toute sa cohérence, nous avons abandonné la tomaison pour l'indication des dates. » Et d'affirmer : « Il a fallu vérifier toutes les notes précédentes des anciens tomes I et III pour voir si elles n'étaient pas invalidées par les textes retrouvés. De plus, bien des interrogations soulevées par Henri Godard dans ces mêmes notes trouvaient désormais leurs réponses. »

L'ensemble était accompagné d'un nouvel *Album Céline*, signé par Frédéric Vitoux, un des biographes de l'écrivain. L'album de la Pléiade est l'objet offert annuellement à tout heureux acheteur de trois volumes de la célèbre collection. Celui de 1977, qu'avaient signé Jean-Pierre Dauphin et Jacques Boudillet, a été jugé obsolète, notamment dans sa maquette. C'était surtout l'occasion de ne pas se mettre à dos un biographe de poids, siégeant à l'Académie française, qui serait demeuré sur le banc de touche et aurait pu en être publiquement chagriné. « Nous sommes passés de l'iconographie commentée à l'essai illustré, relève Hugues Pradier. Et dans ce texte très personnel Frédéric Vitoux, qui connaît intimement l'œuvre et l'homme, s'est justement attaché à révéler ce qu'il y a derrière les photographies et aussi ce qu'elles ne peuvent expliquer. »

J'avais rendu visite à Frédéric Vitoux durant l'hiver 2019. Je lui ai adressé un sobre message durant l'été 2021, après la une du *Monde*. Il n'a pas réagi sur le moment, mais nous nous sommes retrouvés côte à côte, en juin 2022, pour dédicacer nos livres respectifs dans une manifestation littéraire. Nous avons donc fini par reparler de Céline. En signant cet album, il avait réussi à reprendre pied, tandis que nombre de céliniens ne se sont toujours pas remis de l'arrivée du « trésor ».

Quant à la lecture politique qui doit être faite de l'œuvre, rappelons que, parmi ce qui reste caché et que les héritiers ne vont pas spontanément dévoiler, figure ce que Céline lui-même a appelé le « dossier juif ». À savoir, la documentation dont l'écrivain, profondément antisémite (mais peut-on l'être superficiellement ?), s'est servi pour nourrir ses trois pamphlets, *Bagatelles pour un massacre*, *L'École des cadavres* et *Les Beaux Draps*. J'ai déjà évoqué la nécessité de les republier avec sérieux[1], à condition de les accompagner de ce que contenaient les deux valises apportées par Jean-Pierre Thibaudat en juin 2020.

Figure en effet, dans le « bordereau récapitulatif des scellés judiciaires » daté du 17 juillet 2021 et établi par la police à l'effet de restitution aux plaignants, qui l'ont signé, la mention du « dossier à teneur antisémite (lettres, brochures, etc.) ». Il est décrit ainsi :

« Textes et documents sur les Juifs :

– 2 copies carbones d'un pamphlet dactylographié de 5 pages sur le manque d'entente des antisémites français.
– 1 copie carbone de lettre dactylographiée du 19 juillet 1930 adressée par Céline à un rédacteur de journal à la suite d'un article paru dans *L'Humanité*. Céline se défend de toute sympathie proallemande (il n'a jamais vu Otto Abetz ; il est décoré de la médaille militaire, il n'a pas de relations avec M. Darquier).
– 2 pages dactylographiées intitulées "Les charmes du Talmud" sur la vision de la femme par les talmudistes (*incipit* : "si le Juif est l'ennemi de l'humanité…").

1. Voir p. 169 et suivantes.

– 1 exemplaire du fascicule Karl Bergmeister, “Le Plan juif de conspiration mondiale. Les Protocole des Sages de Sion devant la chambre correctionnelle de Berne”, 1937, 22 p.
– Armand Bernardini, “Précis d'onomastique judaïque”, étude dactylographiée, environ 60 p.
– *Id.*, “Le système de formation des noms judéophones”, dans : L'École française, septembre 1941, p. 17.
– *Id.*, “Les noms hébraïques” ; *ibid.*, décembre 1942, p. 8-14. »

Jean-Pierre Thibaudat précise encore, dans son blog, qu'il a relevé « sur une feuille ces mots “parce que mon cher ami, les juifs sont des lèches culs [*sic*] et des commerçants nés. Ils racolent la jeunesse et”[1] »…

Qu'on ne continue pas à nous dire que tout cela doit rester caché. Je suis partisan d'exposer le mal, sans aucunement le glorifier, mais pour en suivre les cheminements et mieux savoir comment lutter contre sa résurgence. Peut-être la maison Gallimard attend-elle le moment de rééditer les pamphlets pour évoquer ces documents ? Les rendre disponibles en ligne, à défaut de les imprimer, permettrait aux chercheurs de mieux comprendre. Car il faut affronter cette partie de la vie de Céline et la commenter pour prévenir aussi ce dont souffre, presque plus que jamais, le monde contemporain.

1. Blogs.mediapart.fr/jean-pierre-thibaudat, « Céline, le trésor retrouvé – L'inventaire (2/9) », 3 août 2022.

Juin 2023

CASSE-PIPE LE BIEN NOMMÉ

Cette histoire n'est pas terminée.

Au début de l'été 2023, les éditions Gallimard ont annoncé avoir publié tout ce qui devait l'être des manuscrits inédits de Céline, le « trésor retrouvé ». Or, si la réédition des pamphlets reste un enjeu évident, encore faudrait-il aussi venir à bout d'une édition sérieuse de *Casse-pipe*. Il reste pour cela à décrypter un roman complet de presque six cents pages, sur lequel les spécialistes requis à la hâte par Gallimard ont « cané ». Ils n'en ont compris que quelques pages, réduites à l'état de brouillon informe dans un des nouveaux volumes de la Bibliothèque de la Pléiade.

C'est peu de dire que ce récit autobiographique sur le service militaire du jeune Destouches au sein de la cavalerie manque autant qu'il a rebuté les piètres exégètes commis d'office pour lire, déchiffrer et commenter l'extraordinaire découverte. Il est pourtant là, à portée de main. Je l'ai lu et j'en suis témoin. Céline y croyait tant qu'il en avait laissé publier quelques dizaines de feuillets après la guerre, en 1948.

Ce refus d'obstacle par une équipe de céliniens s'explique par le manque d'universitaires ayant travaillé sur les manuscrits de Céline. Depuis Henri Godard, seuls des amateurs se sont penchés sur les pattes de mouche de l'écrivain.

Dans les notes que Jean-Pierre Thibaudat me remet avec l'ensemble des manuscrits et leur transcription, en juin 2020 (et qu'il rendra publiques dans son blog, en août 2022), il raconte ce qu'il faut savoir de *Casse-pipe* :

« Dans une lettre du 4 février 1948, Céline donne son accord à Jean Paulhan pour la publication de *Casse-pipe* dans les *Cahiers de la Pléiade*. Et il précise : “Il n'y aura jamais ni suite ni fin à *Casse-pipe*, hélas ! Il était bon. Mes ‘occupants’ Rue Girardon en ont foutu 15 ou 20 chapitres aux ordures.” Deux ans plus tard (le 15 octobre 1950), dans une lettre à Roger Nimier qui a lu et aimé *Casse-pipe* et qui vient d'envoyer son roman *Le Hussard* à Céline, ce dernier lui écrit : “Allez pas croire que *Casse-pipe* c'était seulement ce préambule ! Diantre il y en avait 600 pages.” Ces pages n'ont pas été foutues aux ordures, ni volées comme Céline n'aura de cesse de le dire et d'accuser “les épurateurs”, mais bel et bien préservées. Elles font partie du trésor qui m'a été confié et sont aujourd'hui dans les mains des ayants droit. Près de cinq cents feuillets répartis en une trentaine de séquences ou chapitres de taille variable. Un ensemble auquel il faut ajouter un certain nombre de pages volantes et de pages rayées provenant d'autres séquences (ou pas) laissant à penser que l'état du manuscrit était encore plus développé. Céline n'exagérait sans doute pas trop en évoquant le chiffre de six cents pages, sachant qu'une page manuscrite de Céline correspond à moins de quinze lignes imprimées. »

Pour avoir eu entre les mains les manuscrits de Céline, et en particulier celui de *Casse-pipe*, je dois admettre que sans le travail de Jean-Pierre Thibaudat, qui y a consacré des années, il est bien difficile de déchiffrer les pages abandonnés à la hâte rue Girardon. Il relève d'ailleurs : « Au crayon de papier, au crayon bleu ou à l'encre noire, comme à son habitude, Céline numérote ses chapitres en haut de la première page, à gauche. Ce triple jeu de numérations correspond probablement à plusieurs étapes du travail. Il existe plusieurs versions d'une même page. Certains chapitres, sans porter forcément le même numéro, se recoupent voire se redoublent (l'un étant une version antérieure de l'autre) ou bien ne correspondent pas. Certains chapitres sont complets, d'autres ne le sont pas (et, pour l'un d'entre eux, manque la première page). Plusieurs chapitres très raturés, très surchargés ou aux feuillets très abîmés rendent périlleux voire impossible leur déchiffrement de toute façon jamais simple, tant il y a de surcharges, de repentirs, sans oublier les variations d'un même nom propre. Comme toujours, Céline n'en finit pas de reprendre sa copie, de raturer, de biffer, de recommencer. Inlassablement. Tout décryptage de Céline est forcément parsemé de "(*mot ill.*)" et autre "(*surcharge ill.*)", sans parler des repentirs, parfois jusqu'à trois ou quatre pour un seul mot. Décrypter, décrypter encore… La difficulté, le doute parfois, c'est un travail harassant mais d'abord continuellement fascinant, envoûtant. Pas facile de s'y retrouver parfois, d'ordonner les différents états de la copie, d'autant qu'il y a des trous (rien entre le chapitre 3 et 10, notés au crayon bleu) et des faux ou vrais redoublements (le chapitre 8 dont le chiffre est noté à l'encre noire, n'a rien à voir avec le chapitre 8 noté au crayon de papier, etc.). Céline n'ayant laissé aucun plan, aucune consigne, l'ordre publié sera donc forcément arbitraire, même si, vaille que vaille, on parvient à suivre une certaine chronologie[1]. »

J'ai sous les yeux, entre autres, une capture d'écran de l'ordinateur de Jean-Pierre Thibaudat. Y apparaît la liste des fichiers contenus dans le dossier intitulé « CASSE PIPE TOUT », notamment ceux de plusieurs chapitres, datés informatiquement, dans leur dernière modification, de 2011 (je conserve volontairement les coquilles) : « CP 2 Ça défile ! merde ! Ça tombe », « CP 5 Le brigadier Le Méheu il étai… », « CP 8 noir le maréchal des logis Gr… », « CP 10 le bleu le matin pendant le pa… », « CP 11 c'est effrayant ce que j'ai sucé », « CP 18 cr bleu et enc noire Pièze al… », « CP 19 encore noire garde manège c… », « CP Peur du l ». Il y a là encore, sur cette même capture d'écran, les fichiers intitulés « la guerre et la blessure, intro » ou encore « Londres 8 »… Pourquoi ne pas avoir même cherché à savoir que Jean-Pierre Thibaudat avait compris de ce roman inédit ?

J'ai enfin lu, et c'est le plus convaincant, près de quatre-vingts pages dactylographiées, très denses, qui correspondant à la transcription du manuscrit par Jean-Pierre Thibaudat.

1. *Cf.* Blogs.mediapart.fr/jean-pierre-thibaudat, « Céline, le trésor retrouvé. Chapitre (9/9) : *Casse-pipe* », 14 août 2022.

Les ayants droit se sont donc engouffrés dans une brèche ouverte par une poignée de céliniens plus ou moins objectifs. Car certains, amers de ne pas avoir été de l'aventure, ont très vite décrié les textes découverts. Ils ont tôt fait de crier aux brouillons sans queue ni tête que, paradoxalement, Céline aurait conservés et qui lui auraient tant manqué.

À leur décharge, il est exact que Céline, à son retour du Danemark, a refusé l'offre de Morandat. En revanche, jusqu'en 1944, il avait tout conservé de déménagement en déménagement et n'avait pas prévu de le perdre. Plus qu'invité à fuir, il ne pouvait que voyager léger. La quantité de feuillets était telle que les emporter était impossible. Et nul ne savait combien de temps allait durer l'échappée, encore moins qu'elle l'éloignerait plusieurs années hors de France et l'empêcherait de regagner Paris. Dans le rapide inventaire qu'il m'adressait, à ma demande, le 13 juin 2020, Jean-Pierre Thibaudat précisait : « En 1934 Céline évoquait un triptyque "Enfance-Guerre-Londres". L'enfance prendra de l'ampleur pour devenir *Mort à crédit*. Restent *La guerre* et *Londres*, Céline mentionne ce dernier titre sur plusieurs chemises cartonnées. C'est là sans doute la version primitive, dont on ignorait l'existence, du futur *Guignol's band*. Même ville – Londres, même milieu (souteneurs), mais autres personnages autres épisodes et une écriture très différente de ce que sera l'explosion stylistique du futur *Guignol's band*. La première partie de *Guignol's band* sera publiée en mars 1944 avant le départ de Céline en juin. Il emportera au Danemark une dactylographie de la deuxième partie. »

De fait, *Londres* narre ce que Céline a vécu dans la capitale britannique, plus encore que dans *Guignol's band*. C'est bel et bien un roman de la prostitution. Mais, selon Émile Brami par exemple, célinien brillant qui s'est pourtant trompé à propos des inédits, *Londres* ne serait qu'un brouillon écrit en parallèle de *Mort à crédit*, que son auteur n'aurait jamais eu l'intention de publier. Il n'en démord d'ailleurs pas. Dans l'édition augmentée de sa brillante biographie de Céline[1], il affirme à nouveau que les manuscrits retrouvés sont des brouillons et rien d'autre : « Un trésor, certes, mais à notre regard d'aujourd'hui. » Significativement, il n'évoque ces six mille feuillets que dans une annexe. C'est l'avis bien injuste d'un homme déçu de ne pas les avoir retrouvés lui-même, de s'être trompé de piste pendant tant d'années, et enfin de ne pas avoir été associé à la publication des inédits.

Jean-Pierre Thibaudat relève encore dans son blog, en août 2022 : « Dans une lettre à son éditeur Robert Denoël, le 26 mai 1938, Céline demande que, dans les nouvelles éditions de *Bagatelles pour un massacre*, soit mentionnée la liste de ses livres “en préparation”. Et il mentionne “dans l'ordre” : “1 *Casse-pipe* 2 *Abîmes, fredaines et soirées* 3 *Honny Soit* 4 *La volonté du roi Krogold*.” *Casse-pipe* conservera son titre, *Abîmes, fredaines et soirées* deviendra *Féerie pour une autre fois*, *Honny soit* deviendra *Guignol's band* et sera publié au printemps 1944. Le manuscrit du *Roi Krogold* faisait partie de l'ensemble de textes en cours laissés par Céline en haut de l'armoire

1. Émile Brami, *Céline à rebours* (3e éd.), Écriture, 2023.

de la rue Girardon avant son départ précipité pour l'Allemagne d'Hitler comme nombre de collaborateurs[1]. »

Plus loin, il note : « La trilogie *Enfance-Guerre-Londres*, Céline ne l'a pas seulement mentionnée, il l'a écrite. »

Henri Godard est en théorie le grand spécialiste officiel de Céline – inutile d'ajouter « en France », même si des experts se manifestent ailleurs, notamment aux États-Unis, au gré d'universités survitaminées par les successions et fondations de milliardaires texans croyant encore aux bienfaits de la littérature. Il est la caution académique, presque la seule, de Céline. Mais, lorsque l'affaire des manuscrits surgit, il paraît si fatigué que rien ne peut l'extraire de sa torpeur. Il a fallu attendre près de six longues semaines avant que le doyen des études céliniennes ne prenne la parole dans un journal régional. Pour l'avoir déjà constaté maintes fois dans cette affaire, les anciens se rabougrissent vite tant prédomine la frustration de ne pas avoir joui de tels scoops et découvertes durant leur carrière active. J'ai fini par comprendre cette rancœur si singulière. Lorsqu'il s'exprime dans *Le Télégramme*, fin septembre 2021, peu après la mise au jour du « trésor », à la question « Que faut-il faire désormais ? », Henri Godard répond pourtant :

« Le scannage de l'ensemble a commencé et c'était une priorité. Ensuite, je pense qu'il faudrait décider le remaniement du tome 3 de la Pléiade, pour y intégrer

1. *Cf.* Blogs.mediapart.fr/jean-pierre-thibaudat, « Céline, le trésor retrouvé. Chapitre (8/9) : Du *roi René* à *La Volonté du roi Krogold* », 13 août 2022.

la suite inédite de *Casse-pipe*. C'est, pour moi, le plus urgent. Quant au reste, j'ai encore de l'énergie, mais je ne suis pas éternel et n'ai plus l'âge de revenir sur l'ensemble. Il en faut aussi pour les jeunes. Ainsi, par exemple, *La Volonté du roi Krogold*, cette "légende gaélique", pourrait légitimement revenir à un chercheur comme Régis Tettamanzi, qui a déjà travaillé sur des fragments de ce texte.

Il est ensuite interrogé sur *Casse-pipe*.

— La règle de la Pléiade est de ne prendre dans le corps du livre que les textes qui ont été revus par l'auteur, donc ce qui vient d'être retrouvé n'est pas destiné à refondre ce qui y a déjà été publié, la plupart des textes entrant dans un cadre différent. À une notable exception, qui est évidemment ce roman dont on ne connaissait que 60 pages qui avaient été revues par Céline et publiées plusieurs fois, entre 1948 et le troisième volume des romans parus à la Pléiade, en 1988. J'avais fait volontairement un volume mince, plus que les autres de la série, parce que je me doutais bien qu'il y avait possibilité que la suite ressorte.

— En quoi ce texte est-il exceptionnel ?

— Il s'agit d'un texte de première bourre, suffisamment important pour que l'on fasse cette exception. Ce que l'on en connaît est très fort, mais la suite le sera beaucoup plus. C'est l'histoire d'un sous-officier emmenant son peloton droit au casse-pipe parce qu'il est dans une situation abominable et c'est la seule manière pour lui de s'en tirer. Ce serait formidable et ça justifierait le titre qui, à l'heure actuelle, est encore un titre volant, sans rapport avec ce qui existait jusqu'alors.

— Comment imaginez-vous votre premier contact avec ce texte ?

— Quand on est avec un bonhomme comme Céline, c'est du tête-à-tête avec le texte, même si, évidemment, on est aidé pour les notes et les matériaux extérieurs. La perspective de travailler sur le déchiffrage des passages difficiles me stimule beaucoup.

— Toute cette histoire ferait-elle sourire Céline ?

— Je ne crois pas, parce qu'il travaillait comme un fou sur ses manuscrits, version après version, et il y tenait énormément. Je ne crois pas qu'il rigolerait de cette partie de ping-pong, il l'aurait mauvaise.

— Imaginez-vous, en tant que spécialiste, ne pas pouvoir travailler sur ce corpus inédit ?

— Non. Si c'était le cas, j'en serais très contrarié… Quand j'aurai pu éditer au moins cette fin de *Casse-pipe*, j'estimerai que ma tâche d'éditeur du travail de Céline sera plus complète. J'aurai alors le sentiment de quelque chose qui s'achève[1]. »

De la promesse à la réalisation…

1. Henri Godard, « Chez Céline, la force de la littérature l'emporte sur l'opprobre », art. cit.

Avril 2023

Quand les autres héritiers se réveillent

Laurent Valdiguié, journaliste à *Marianne*, a une obsession depuis l'apparition du « trésor ». Dès août 2021, dans la foulée de la une du *Monde*, il m'appelait pour m'en parler : *quid* des droits des héritiers de sang de Céline ? Et en octobre 2022, alors que *Londres* apparaissait dans les librairies, il publiait dans *Marianne* les témoignages des descendants directs de Céline : « Nous, ses héritiers du sang, on n'a hérité que des emmerdes[1]. »

De fait, l'écrivain a eu une fille, Colette, née en 1920 de son deuxième mariage, célébré l'année précédente, avec la dessinatrice Édith Follet. Celle-ci était déjà une vedette parisienne et œuvrait notamment dans *La Semaine de Suzette*. Céline lui a dédié l'ouvrage pour enfants *Histoire du petit Mouck*, écrit en 1923 et qu'elle a illustré[2]. Colette était très aimée de Céline, qui terminait alors sa thèse de médecine,

1. Laurent Valdiguié, « Édition : "Nous, les héritiers de Céline, on nous a tout volé », *Marianne*, 5 octobre 2022.
2. Louis-Ferdinand Céline, *Histoire du petit Mouck*, Éditions du Rocher, 1997.

soutenue en 1924. Il existait entre eux une relation de complicité. Elle racontera bien plus tard comment elle observait son père en pleine rédaction de *Voyage au bout de la nuit.*

Colette a seize ans lorsque son fiancé la quitte, ayant appris qu'elle était la fille de Céline. Elle dira aussi l'effroi des parents de Céline et de son frère à la parution de *Mort à crédit*, ainsi que la sensation glaçante éprouvée lors du retour de Céline du Danemark. Son fils, Jean-Marie Turpin, né en 1942, fera connaissance de son grand-père – les autres membres de la famille n'auront pas cette occasion. Il entretiendra même une correspondance avec son grand-père durant les années d'exil au Danemark. Puis il deviendra écrivain à son tour, après avoir obtenu un doctorat et une agrégation de philosophie qui lui permet d'enseigner, trois romans encouragés par Jean-Edern Hallier ne lui permettant guère de vivre de sa plume. Il prendra bien plus tard un pseudonyme, « Turpin des Touches de Lantillières de L… », illustration de sa relation trouble avec Louis Ferdinand Destouches. Il meurt en misanthrope en 2015, quatre ans après sa mère, décédée à l'âge de quatre-vingt-dix ans.

Colette a refusé la succession de son père. Répulsion politique ? Céline est alors, d'abord et avant tout, l'auteur de trois pamphlets antisémites, le collabo notoire qui a connu l'arrestation et sept ans d'exil. Ses autres livres ne se vendent plus. Les textes publiés depuis le Danemark, qu'il s'agisse de *Foudres et Flèches* (1948) ou de *Scandale aux abysses* (1950), n'ont guère rencontré de lecteurs. Les fragments de *Casse-pipe*, parus en 1948 dans *Les Cahiers de la Pléiade*, puis l'année suivante en volume chez Chambriand, n'ont pas éclairé le tableau. Quant aux rééditions de *Mort à crédit* (1951) et de *Voyage au bout de la nuit* (1952), elles ne sont en rien des événements : simple réapparition de romans qui furent marquants, mais devenus presque encombrants. Il faudra attendre que Gaston Gallimard se lance dans la conquête de Céline, une fois celui-ci de retour en France, pour que les affaires prennent un meilleur tour. La machine à vendre reprend alors des forces. Céline entre en Pléiade un an après son décès. Le succès est de retour, malgré le poids du passé politique de l'auteur.

L'irruption des quatre livres inédits et la manne qu'ils représentent ont ravivé une vieille plaie financière dans la famille de Céline. Voilà qui permettait soudain de surmonter le fait de descendre l'auteur le plus antisémite. Je n'ai donc pas été surpris quand, le 26 avril 2023, Laurent Valdiguié a révélé dans *Marianne* que deux des cinq petits-enfants de Colette Turpin envisageaient d'assigner les éditions Gallimard, ainsi que François Gibault et Véronique Chovin. Ils ont en tout cas entrepris d'aiguillonner leur cible en adressant des courriers d'avocat. Leur fondement serait le droit de divulgation, invoqué sans doute pour contourner la renonciation à la succession de leur aïeul. Ce droit, dont j'ai précisé plus avant les modalités[1], est inscrit dans le Code de la propriété intellectuelle (CPI) à l'article L. 121-2.

L'avocate de la famille génétique de Céline déclare ainsi : « Céline n'ayant pas désigné sa veuve Lucette Almanzor comme exécuteur testamentaire, le droit de divulgation de ses œuvres posthumes n'aurait pas dû lui revenir, selon la loi. Surtout, après le décès de celle-ci, ce

1. Voir p. 50-52.

droit moral aurait dû revenir aux descendants de Céline. En effet, sa fille Colette n'y a jamais renoncé expressément, pas plus qu'aucun juge n'a autorisé son époux à y renoncer au nom de leurs cinq enfants[1]. »

Les inédits sont souvent des fonds de tiroir et parfois de réels chefs-d'œuvre que l'on croyait disparus à tout jamais. Tous suscitent de grandes passions, littéraires, financières ou scientifiques, qui peuvent même prendre un tour judiciaire. Le droit sur les œuvres posthumes est en effet complexe, mais d'une rigueur implacable, tant prévue par le CPI que rappelée sans cesse par la jurisprudence. Rien d'étonnant donc à ce que les héritiers de sang tentent d'aller sur ce terrain, qui est le seul cohérent. Ils jouent du fait que Céline n'aurait pas voulu publier en l'état des romans inachevés. Cette théorie n'est toutefois pas corroborée par un testament ou une disposition claire laissée par Céline. De plus, *La Volonté du roi Krogold* a bel et bien été refusé, dans sa version achevée, par Denoël, ce qui prouve la volonté de son auteur de voir ce récit édité.

Les héritiers Destouches ont contacté et rencontré Jean-Pierre Thibaudat au printemps 2023, peu après l'effet d'annonce produit par l'article de *Marianne*[2] destiné à faire pression sur Gallimard en effrayant les éditeurs étrangers sur le point d'acheter les droits de publier les inédits dans toutes les langues dans lesquelles on peut déjà lire *Mort à crédit* et *Voyage au bout de la nuit*. Mais le plus ardu et

1. Cité par Nicolas Bastuck, « Bataille judiciaire autour de la publication des pamphlets antisémites de Céline », *Le Point*, 18 juin 2023.
2. Laurent Valdiguié, « "Droit de divulgation" : les descendants de Céline déclarent la guerre à Gallimard », *Marianne*, 26 avril 2023.

hasardeux pour eux reste bien entendu de démontrer que la renonciation à la succession par Colette ne valait pas pour le droit moral. Bref, l'affaire n'est pas gagnée, sauf à arracher une transaction à Gallimard qui leur abandonnerait quelques royalties pour avoir la paix et faire prospérer mondialement le filon jusqu'à l'entrée de l'œuvre dans le domaine public, en 2032.

Pour le service juridique de Gallimard, la cause est entendue : « Les seuls ayants droit de Lucette Destouches, elle-même unique héritière de Céline, sont Mme Véronique Chovin et Me François Gibault. Les petits-enfants et arrière-petits-enfants qui se manifestent aujourd'hui sont les descendants de la fille de Céline. À la mort de celui-ci, sa fille et ses petits-enfants ont renoncé à l'héritage. Ils ne sont pas héritiers de l'écrivain ; qui plus est, ils ne se sont jamais prévalus d'aucun droit depuis le règlement de la succession, il y a plus de soixante ans désormais. » Au printemps 2023, lorsque la rumeur d'une assignation se répand, Gallimard le réaffirme : « Grâce au travail effectué avec Lucette Destouches, sa veuve, puis ses héritiers, ainsi qu'avec les spécialistes de l'œuvre, la recherche célinienne a considérablement progressé, nourrie par la publication de nombreux textes, correspondances et autres documents d'histoire littéraire. La publication des derniers inédits s'inscrit dans cette tradition critique. » Et le service juridique de l'éditeur de conclure : « Les éditions Gallimard ignoraient tout de ces descendants, qui ne se sont manifestés auprès des ayants droit et des éditions Gallimard qu'en janvier 2023[1]. »

1. Antoine Oury, « Les inédits de Céline au tribunal », ActuaLitte.com, 4 mai 2023.

En juin 2023, la presse se fait l'écho d'une « assignation imminente » à l'encontre de Gallimard et des ayants droit de Céline. Le lundi 19 juin, Guillaume Grenet, arrière-petit-fils de l'écrivain, interrogé par Sonia Devillers sur France Inter, déclare : « Les enfants de Colette et les petits-enfants, nous nous sommes manifestés dès le décès de Lucette Destouches en 2019. » Il s'agissait alors du sort de la maison de Meudon, comme, affirme-t-il, « des papiers, des souvenirs et des photos liés à [sa] grand-mère ».

Quant au « trésor », il estime qu'il n'y a pas là que des manuscrits, mais également « des effets personnels », mis au jour par l'entremise d'un inventaire : des documents de divorce, militaires ou médicaux, autrement dit « des papiers qui nous concernent directement ». Selon lui, cet ensemble ne comporte « aucun effet personnel qui aurait appartenu à Lucette » et ces papiers ne seraient « jamais entrés dans le patrimoine de Lucette ». Et ce, là encore, malgré la renonciation à l'héritage ?

Pour contourner l'obstacle, la famille refait l'histoire. Colette Follet aurait renoncé à la succession car son époux « s'occupait de tout ». Or, celui-ci « n'avait aucune connaissance de ce qu'étaient les droits d'auteur et de quoi vivait Céline. Aucun inventaire n'avait été fait lui permettant de savoir précisément de quoi il se privait[1] ». Et de livrer une autre date, 1996 en l'occurrence, à laquelle la famille de sang se serait inquiétée du devenir du pavillon de Meudon.

1. Hocine Bouhadjera, « "Assignation imminente" de Gallimard et des ayants droit de Louis-Ferdinand Céline », ActuaLitte.com, 19 juin 2023.

Quant au sort des inédits, dont une grande partie a déjà été publiée par Gallimard, Guillaume Grenet estime que, pour ce qui est de leur consultation par les chercheurs, « on n'est pas contre, dans la mesure du respect de notre vie privée ». Il ne s'agirait pas de le faire « à des fins commerciales [...]. On a déjà beaucoup de documents qui viennent de Céline et de sa famille. Des biens qu'on garde précieusement et qu'on n'a jamais vendus ». Le « mal » (la divulgation) étant déjà accompli, leur désir est que « soit mentionné à l'avenir sur chaque exemplaire vendu de *Guerre*, *Londres*, *La Volonté du roi Krogold* et de la version enrichie de deux tomes de la Pléiade, publiés en 2022 et en 2023, à partir des six mille feuillets manuscrits retrouvés en 2021 dans la malle, que les descendants de Céline n'ont pas autorisé leur publication ». Au titre des dommages et intérêts, est exigée la somme de deux euros par exemplaire écoulé.

S'ils craignent la réédition des pamphlets, les héritiers de sang estiment, en revanche, que les pages inédites de *Casse-pipe* « ne sont pas des brouillons de Céline, mais des papiers abandonnés en 1944, et il savait très bien où ils étaient. On lui a proposé de les récupérer, il a refusé, en expliquant que ce n'était que des brouillons, que ce n'était pas très grave. [...] Aujourd'hui, on nous présente ces livres comme des grands crus classés, je ne suis pas certain que ça le soit vraiment, surtout quand on sait le mal qu'il se donnait pour concevoir ses ouvrages[1] ».

Céline n'aura vraiment pas eu de chance avec ses héritiers, quels qu'ils soient.

1. *Ibid.*

2039 ?

« La vérité, c'est une agonie qui n'en finit pas »

La Bibliothèque nationale de France annoncera tôt ou tard officiellement l'arrivée dans ses collections du manuscrit inédit de *Mort à crédit*. C'est en tout cas ce qui a été rapporté par François Gibault lui-même.

Il s'agit en réalité, pour les deux ayants droit, de régler par cette dation les droits de succession engendrés par la découverte du « trésor ». Les documents valant plusieurs millions (ou dizaines de millions) d'euros, le fisc doit percevoir 60 % de leur valeur matérielle comme intellectuelle. Sans compter les droits d'auteur générés par cette arrivée de nouveaux livres traduits dans de multiples langues et qui sont aussi taxés au titre de l'impôt sur les successions.

Ainsi que Jean-Pierre Thibaudat et moi l'avons répété, il serait indispensable, notamment dans l'intérêt de la recherche littéraire comme historique, que l'ensemble des autres manuscrits rejoigne les collections publiques, ce qui semble loin d'être gagné.

Quant au « dossier juif » que Céline avait concocté, il est toujours caché dans le coffre-fort de François Gibault.

Je lui souhaite de quitter ce monde au plus tôt à cent sept ans, comme Lucette Destouches, donc après 2039. Se posera alors, si ces documents inédits ne sont pas réapparus d'ici là, la question de leur sort.

Comme le lecteur le sait déjà, François Gibault est pacsé avec Gang Peng, son compagnon, un homme intelligent ayant connu Lucette Destouches mais qui n'est pas à proprement parler un littéraire, et encore moins un célinien. Gang a un fils, César, que François a adopté. Gang et César devront composer avec Véronique Chovin ou sa fameuse procureure de fille.

Enfin, que deviendra la transcription à laquelle Jean-Pierre Thibaudat a œuvré durant des années et qui surpasse les versions publiées par Gallimard ? À compter du 1er janvier 2032, une fois Céline arrivé dans le domaine public, il sera possible de la publier sans avoir besoin de négocier, d'obtenir l'autorisation des ayants droit. Ce sera le minimum à faire pour rendre justice à son travail, comme surtout à l'histoire littéraire et politique, mais aussi à la magnanimité d'Yvon Morandat. L'histoire de l'affaire Céline n'est donc pas terminée.

Céline l'avait d'ailleurs prédit dans le *Voyage* : « La vérité, c'est une agonie qui n'en finit pas. La vérité de ce monde, c'est la mort. Il faut choisir, mourir ou mentir. Je n'ai jamais pu me tuer moi. »

Table

Table

DU MÊME AUTEUR

(*Suite de la page 4*)

Les Lorettes, Le Passage, 2013.

La Famille d'aujourd'hui pour les nuls, avec Julien Fournier et Sophie Viaris de Lesegno, First, 2013.

Les Arts premiers pour les nuls, First, 2014.

La Liberté sans expression. Jusqu'où peut-on tout dire, écrire, dessiner ?, Flammarion, 2015.

Les Brèves de prétoire, l'intégrale, Chiflet & Cie, 2015.

Les Symboles pour les nuls, First, 2015.

Plus grand que grand, Une histoire insolite du culte de la personnalité, La Librairie Vuibert, 2016 ; Guy Saint-Jean éditeur, 2017.

L'Érotisme pour les nuls, First, 2017.

Stars à la barre, Prisma éditions, 2017 ; Hugo & Cie, 2019.

« Omar m'a tuer », suivi de *« Il pleure, il pleure ! »*, Points, 2018.

« J'accuse », suivi de *« Surtout ne confiez pas les enfants à la préfecture » : l'affaire Papon, 1997*, Points, 2018.

« Juger Mai 68 », suivi de *« J'ai choisi la liberté »*, Points, 2018.

Pierre Simon, médecin d'exception. Du combat pour les femmes au droit de mourir dans la dignité, Don Quichotte, 2018.

La France des vaincus passe à la barre. Une histoire judiciaire de l'épuration en France 1944-1953, First, 2018.

« Vous injuriez une innocente », suivi de *« Si Violette a menti »*, Points, 2018.

« Elles sont ma famille. Elles sont mon combat », suivi de *« Vous avez trouvé 11,9 mg d'arsenic »*, Points, 2018,

« Ils ne savent pas tirer », suivi de *« On aime trop l'argent »*, Points, 2018.

Nouvelles Morales, nouvelles censures, Gallimard, 2018.

Le Grand Livre de la censure, Plon, 2018.

« Les excuses de l'institution judiciaire » : l'affaire d'Outreau, 2004, suivi de *« Je désire la mort » : l'affaire Buffet-Bontems, 1972*, Points, 2019.

« On veut ma tête, j'aimerais en avoir plusieurs à vous offrir » : l'affaire Landru, 1921, suivi de *« Nous voulons des preuves » : l'affaire Dominici, 1954*, Points, 2019.

« Totalement amoral » : l'affaire du Dr Petiot, 1946, suivi de *« Vive la France, quand même ! » : l'affaire Brasillach, 1945*, Points, 2019.

Les Secrets de l'affaire « J'accuse », Calmann-Lévy, 2019.

Le Tribunal de la Terreur, Fayard, 2019.

Faut-il rendre des œuvres d'art à l'Afrique ?, Gallimard, 2019.

Je crois en l'athéisme, Le Cerf, 2020.

Je parle aux fétiches, avec Philippe Bouret, La Rumeur libre, 2022.

Les Nouveaux Justiciers. Réflexions sur la « cancel culture », Bouquins, 2022.

Quand les avocats font l'histoire. De l'Antiquité à nos jours, Albin Michel, 2022.

La Prison de verre. Sexe, argent et politique, Gallimard, 2023.

Cinquante ans de faits divers, Bonneton, 2023.

Fictions et récits

Histoire d'eaux, Le Dilettante, 2002 ; Pocket, 2004 ; Libra Diffusio, 2004.

La Course au tigre, Le Dilettante, 2003 ; Pocket, 2005.

Le Sexe (direction d'ouvrage), La Découverte, « Les Français peints par eux-mêmes », 2003.

L'Industrie du sexe et du poisson pané, Le Dilettante, 2004 ; Pocket, 2006.

Les Dix Gros Blancs, Fayard, 2005 ; Pocket, 2007.

Fin de pistes, éditions Leo Scheer, 2006.

Troublé de l'éveil, Fayard, 2008 ; Éditions des Femmes/Bibliothèque des voix, 2009.

Maître de soi, Fayard, 2010.

Une maîtresse de trop, Biro éditeur, « Les sentiers du crime », 2010 ; Kindle, 2021.

L'Éditrice, Hors collection, « L'instant érotique », 2010.

Maître Nemo largue les amarres, L'Une & l'Autre, 2010.

La Féticheuse, Atelier in-8, 2012.

Qui a tué Mathusalem ?, avec Jérôme Pierrat, Denoël, 2012.

Le Procès du dragon, Le Passage, 2015.

La Vie sexuelle des aventuriers, Éditions du Trésor, 2016.

L'Omnivore, Flammarion, 2019.

Fou ballant trompe la mort, Flammarion, 2021.

Ernestine ou la Justice, avec Joseph Vebret, Les Escales, 2021 ; Bonneton poche, 2024.

De la ligne bleue des Vosges à l'Afrique noire, avec Fred Kleinberg, Éditions Bernard Dumerchez, 2021.

Livres illustrés et livres d'art

Antimanuel de droit, Bréal, 2007.

Le Livre des livres érotiques, Chêne, 2007.

Pommes libertines, avec Richard Conte, Bernard Pascuito éditeur, 2008.

Une idée érotique par jour, Chêne, 2008.

Comprendre l'art africain, Chêne, 2008 ; Galerie 12, 2024.

Cent livres censurés, Chêne, 2010.

Les Nouveaux Cabinets de curiosité, Les Beaux Jours, 2011.

Cent images à scandale, Hoëbeke, 2011 et 2013.

Cent Œuvres d'art censurées, Chêne, 2012.

Le Phallus d'Alain Danielou (édition critique), La Demeure du labyrinthe, 2013.

Il était une fois Peau d'âne, avec Rosalie Varda-Demy, La Martinière, 2014 et 2020, prix Simone Goldschmidt-Fondation de France.

Cent chansons censurées, avec Aurélie Sfez, Hoëbeke, 2014.

Les Mots qui font mâle. Petit lexique littéraire et poétique du sexe masculin, avec Jean Feixas, Hoëbeke, 2015.

Les Grand Procès de l'Histoire, La Martinière, 2015, prix du Livre du patrimoine.

Barbes et Moustaches, avec Jean Feixas, Hoëbeke, 2015.

Le Droit d'auteur, avec Fabrice Neaud, Le Lombard, 2016.

Moi, Emmanuel Pierrat, avocat à la cour, Glénat jeunesse, 2016.

100 infographies pour déchiffrer la justice, La Martinière, 2016.

Les Femmes et la Justice. Femmes avocates, femmes magistrates et femmes criminelles, La Martinière, 2016.

Pièces à conviction. 35 affaires judiciaires qui ont défrayé la chronique, avec Jérôme Pierrat, La Martinière, 2017.

Les Petits Cheveux. Histoire non convenue de la pilosité féminine, avec Jean Feixas, La Musardine, 2017.

Dernières Volontés. L'histoire des plus incroyables testaments et successions, La Martinière, 2018.

3 minutes pour comprendre l'organisation et les règles de la justice française, Courrier du livre, 2019.

Collections, collectionneurs, La Martinière, 2019.

Procès de sang : les tueurs face à leurs juges, Géo Histoire/Prisma éditions, 2020.

Les Plus Grandes Affaires criminelles, Géo Histoire, 2021.

Censurés. Interdire, indexer, surveiller, Éditions de l'Imec, 2021.

Livres sur la franc-maçonnerie

Le Paris des francs-maçons, avec Laurent Kupferman, Le Cherche Midi, 2009 et 2013 ; Dervy, 2024.

Les Grands Textes de la franc-maçonnerie décryptés, avec Laurent Kupferman, First, 2011.

Ce que la France doit aux francs-maçons, avec Laurent Kupferman, First, 2012 ; *Ce que la République doit aux francs-maçons*, First, 2021.

Les Secrets de la franc-maçonnerie, La Librairie Vuibert, 2013.

Les Francs-Maçons sous l'Occupation. Entre résistance et collaboration, Albin Michel, 2016 ; Le Grand Livre du mois, 2016.

Dieu, les religions et les francs-maçons, First, 2016.

Les Francs-Maçons et le Pouvoir, First, 2017.

Le Décodeur des expressions maçonniques, First, 2017.

Les Francs-Maçons et les Rois de France, Dervy, 2019.

Livres juridiques

Guide du droit d'auteur à l'usage des éditeurs, Éditions du Cercle de la librairie, 1995.

Le Sexe et la Loi, Arléa, 1996 ; La Musardine, 2002, 2008, 2015 et 2019.

Le Droit d'auteur et l'édition, Éditions du Cercle de la librairie, 1998, 2005 et 2013.

Le Droit de l'édition appliqué I, Éditions du Cercle de la librairie/Cecofop, 2000.

Guide juridique pratique de l'éditeur. Livre-Presse-Multimédia (en codirection avec Agnès-Lahn Gozin et Arnaud Le Mérour), Stratégies, 2001.

Reproduction interdite. Le droit à l'image expliqué aux professionnels de la culture et de la communication, à ceux qui veulent protéger leur image et à tous les autres qui veulent comprendre la nouvelle censure iconographique, Maxima/Laurent du Mesnil, 2001.

Le Droit du livre, Éditions du Cercle de la librairie, 2001, 2005 et 2013.

Le Droit de l'édition appliqué II, Éditions du Cercle de la librairie/Cecofop, 2002.

La Justice pour les nuls (direction d'ouvrage), First, 2007, 2013 et 2020.

Les Contrats de l'édition, 2011 et 2014, editionsducercledelalibraire.com (uniquement sur support numérique).

Code de la liberté d'expression, avec Vincent Ohanessian, Anne Rideau éditions, 2018.

Auteurs, vos droits et vos devoirs, Folio inédit, 2020.

Dictionnaire du monde judiciaire (direction d'ouvrage), Bouquins, 2022.

Traductions

Pensées paresseuses d'un paresseux, de Jerome K. Jerome (traduit de l'anglais, en collaboration avec Claude Pinganaud), Arléa, 1991 ; Arléa poche, 1996.

Histoires de fantômes indiens, de Rabindranath Tagore (traduit du bengali, en collaboration avec Ketaki Dutt-Paul), Cartouche, 2006 ; Arléa poche, 2008.

Fanny Hill, femme de plaisir (présenté et adapté de l'anglais), Bernard Pascuito éditeur, 2008 ; Kindle, 2021.

Cet ouvrage a été composé
Par Facompo à Montrouge (Hauts-de-Seine)

Impression réalisée par
CPI France
en février 2024
pour le compte des Éditions de l'Écriture
département éditorial
de la S.A.S. Écriture-Communication.

Imprimé en France
N° d'impression : 178430
Dépôt légal : mars 2024

Erika Lorenz

»Nicht alle Nonnen dürfen das«

Erika Lorenz

»Nicht alle Nonnen dürfen das«

Teresa von Avila und Pater Gracián –
die Geschichte
einer großen Begegnung

Herder Freiburg · Basel · Wien

Die Ausgabe erschien 1983 als Herder-Taschenbuch 1090
unter dem gleichen Titel

Buchumschlag: Dirk Waltenbauer

Herder Freiburg · Basel · Wien
Herstellung: Freiburger Graphische Betriebe 1988
ISBN 3-451-21314-1

INHALT

AN DEN LESER

Ich liebe Teresa. Darum wollte ich wissen, wie der Mann war, der junge Pater, der so sehr ihr Herz erfüllte. Aber immer, wenn ich nach Jerónimo Gracián fragte, bekam ich zu hören: „Oh! Das Thema ist tabu!" Teresas Liebe tabu? Heilige und Kirchenlehrerin??

Groß war die Mühe, die Werke des Paters zu beschaffen, noch größer dann die Überraschung: Ein Schriftsteller von Rang, vorzüglicher Erzähler, aus dessen nie ins Deutsche übersetzten Seiten immer wieder die „heilige Mutter Teresa" lebendig in unsere Gegenwart blickt. Wie umgekehrt der Pater in fast allen Briefen und Berichten genannt oder spürbar wird, die Teresa in ihren letzten reifen Jahren schrieb.

Ich stellte sie einander gegenüber, die Texte, die Gedanken, die Erfahrung dieser in ihrer Freundschaft Vielgeschmähten. Die Übersetzung zielt auf Klarheit des Gemeinten, nicht auf die Wortwahl einer fernen Zeit. Zugleich auch auf den Stil, wenn ihn das Wesen der Personen prägte.

So entstand die Geschichte einer Liebe, Geschichte auch des Ordens, für den ja beide lebten. Wechsel der Süße und Bitterkeit von Erfolgen, von Intrigen. Aller Tabu-Spuk ist dabei vergangen. Ich ahne nun, warum Teresa gerade diesen liebte. Der Leser kann verfolgen, wie zwei Menschen, die Einfachheit und Stille im Dienste Gottes wählten, in Drama und Tumult, Tragödie und Komödie gerieten. Rivalitäten dieser Jahre schufen ein Feindbild von Gracián, schwarze Legende, die später ein Chronist der Nachwelt übergab – er war ein Ordensbruder. Das Urteil schien gefällt und traf nicht nur den Pater. Auch darum mußte dieses Buch geschrieben werden, Texte zum Leuchten bringen, die ihres Hintergrunds bedürfen: Nennung und Deutung des Geflechts von Fakten, Daten, Wollen, Können, Meinen.

Nachdenklichkeit des Lesers mag am Ende stehen, doch auch vielleicht ein Lächeln.

Hamburg, im Mai 1983 *Erika Lorenz*

TERESA DE JESÚS
(Rubens-Schüler)

TERESA, MYSTIKERIN IM ALLTAG

Die schöne Teresa

Teresa Sánchez de Cepeda y Ahumada, die sich nach ihrer Mutter Ahumada nannte, wurde am 28. März 1515 in Avila geboren. Der Vater entstammte einer jüdischen Konvertitenfamilie aus Toledo, seine zweite Frau, ihre Mutter, kastilischem Adel aus Valladolid. Teresa hatte elf Geschwister, nur drei davon waren Kinder der ersten Frau des Vaters. Der Name „Ahumada", zu deutsch „die Geräucherte", hat in der Familiengeschichte einen christlich-heroischen Klang: Einer ihrer Vorfahren wurde im Kampfe gegen die Mauren mit seinen Söhnen in einen Turm eingeschlossen, den er anzündete, statt sich zu ergeben. Glücklicherweise kamen alle lebendig heraus, sonst hätte es keine Teresa de Ahumada gegeben.

Teresa wuchs in einer wohlhabenden und gebildeten Atmosphäre auf, die wir heute als „großbürgerlich" bezeichnen würden. Der Rechtsstreit ihres Vaters um sein Adelsprädikat fällt weniger ins Gewicht als die geistige Beweglichkeit und Bildung, die spanische Juden als Träger des wirtschaftlichen Lebens und praxisbezogener akademischer Berufe auszeichneten.

Zwar ging der Vater keinem Broterwerb nach, da sich das für einen adligen Christen nicht gehörte und für den Sohn eines Zwangskonvertiten, der seine Christlichkeit immer noch beweisen mußte, ganz unmöglich gewesen wäre. Aber er war ein geistig äußerst reger und belesener Mann, der zudem Verständnis für soziale Probleme zeigte, indem er nicht nur seine Dienstboten gut behandelte, sondern sogar auf Sklaven verzichtete, weil er diese damals übliche Art des „Personals" für ein großes Unrecht hielt. Auch kümmerte er sich ständig um Kranke und Arme.

Die Mutter, sanften Charakters mit scharfem Verstand, wie ihre Tochter Teresa schreibt, die ihr nicht unähnlich war, heiratete und starb sehr früh. Teresa sieht im Leben der Mutter nichts als Trübsal, vielleicht, weil eine Geburt der anderen folgte. Die Mutter lenkte sich von den Leiden des Alltags gern durch die Lektüre von Ritterromanen ab, die damals die Rolle unseres heutigen Kriminalromans spielten. Die Tochter folgte diesem Beispiel, das sie allerdings später verwarf. Statt dessen hebt sie hervor, daß ihr Vater gute Bücher in spanischer Sprache besaß, von denen er auch einige den Kindern zu lesen gab. Es ist möglich, daß sich darunter auch eine spanische Bibelübersetzung befand. Später, als Teresa bereits Nonne war, wurde die Lektüre volkssprachlicher Bibeln verboten und konnte Teresa in ihren Büchern nur noch frei aus dem Gedächtnis oder aus den reichlich kursierenden geistlichen Büchern zitieren, die mit übersetzten Bibelzitaten gespickt waren. Auch wurden in der täglichen heiligen Messe die Lesungen von den Geistlichen übersetzt.

Doch sorgte der Vater auch für eine gute „sportliche" Erziehung seiner Kinder. Teresa war eine vorzügliche Reiterin, hatte aber auch an Tanz und sonstiger Geselligkeit Freude, da sie von Natur lebensfroh und menschenzugewandt war.

Sie beklagt später manchmal ihren leichtfertigen Umgang mit zahllosen Vettern und Cousinen, ihre Freude an Schmuck, Kleidern, Frisuren, kurz, der eigenen Schönheit und Beliebtheit. Sich beliebt zu machen war von Anbeginn ihr natürliches Streben, hinter dem Sehnsucht nach Liebe angesichts der Gefahr des Untergehens im großen Familienklan stehen mochte. Auch verlor sie schon vierzehnjährig die Mutter.

Pater Gracián, ihr Partner in diesem Buche, schreibt später über sie:

„Die schöne Teresa wurde verschönt und bereichert durch ihre Demut und ihr Streben nach Vollkommenheit." Er setzt hier nach platonischer Art das Schöne und das Gute gleich, aber er sagt auch noch konkreter: „Sie war von solcher Schönheit des Gemütes und Charakters, so freundlich, sanft und anmutig, daß sie alle nach sich zog, mit denen sie umging, weil sie sie liebten und schätzten. Sie fühlte sich abgestoßen von den rauhen und übertriebenen Gewohnheiten, die einige Heilige zutage legen, womit sie sich selbst und anderen verabscheuungswürdig werden."

Der Pater vergleicht sie mit Joseph, dem Sohne Jakobs, wie ihn das Buch Genesis schildert:

„Man sprach von Josephs schönem Angesicht, und die Töchter der Stadt strömten zusammen, um seine Schönheit zu schauen, wenn er das Tor durchschritt. Unsere Teresa war wohlgefällig vor Gott, den Engeln, den Heiligen und allen Menschen, die sie kannten. Sie erlangte von Gott allen Segen des Himmels und der Erde, denn der Herr gab ihr gute natürliche Gaben, Segnungen der Erde, und übernatürliche Gnaden und Talente, Segnungen des Himmels."

Der irdische und himmlische Segen zeigt sich schon in der Kindheit, denn das für Teresas späteres Empfinden Weltlich-allzu-Weltliche hat seine Kompensation in ihrer frühen Neigung zum Klosterleben, das sich zunächst spielerisch zeigt, deutlicher noch in dem unauslöschlichen Eindruck, der dem Kinde das Wort „Ewigkeit" macht, das es rhythmisch wiederholt, als handele es sich um ein Mantra oder das russische Herzensgebet. Solchermaßen von den Tiefen dieses Wortes berührt, setzt Teresa zusammen mit ihrem Bruder Rodrigo einen christlich-heroischen Akt, indem sie siebenjährig auszieht, um gegen die Mauren zu kämpfen und für Christus und seine Ewigkeit das Martyrium zu erleiden. Allerdings endet dieser „Kinderkreuzzug" wohlbehalten jenseits der trotzigen alten Mauern Avilas, wo ein besorgter Onkel die Ausreißer wieder einfängt.

Dem Tode der Mutter folgte eine kurze, durch Krankheit abgebrochene Internatszeit bei Augustinerinnen, die Teresas erst mit 21 Jahren und gegen den väterlichen Willen gefaßten Beschluß, in das karmelitische „Menschwerdungskloster" (Convento de Nuestra Señora de la Encarnación) zu Avila einzutreten, mit beeinflußt haben mag. Wie bei den Augustinerinnen wiederholt sich gleich nach dem Eintritt das Phänomen schwerer Erkrankung, das auf innere Konflikte schließen läßt.

Teresa selbst gibt als Hauptgrund für ihren Klostereintritt „elende Furcht" vor der Hölle an, die durch das vertiefte Ewigkeitswort in ihr Bewußtsein getreten war. Dazu aber auch die Tatsache, daß sich eine ihrer Freundinnen in diesem Kloster befand.

Dennoch, von der Heiligen unerwähnt, sind noch tiefere und wesentlichere Gründe zu vermuten. Berichtet sie doch selbst von den großen Gnaden, die sie gleich in der ersten Klosterzeit erfuhr. Damit sind Gotteserfahrungen gemeint, innere Erlebnisse, zu denen sie in einzigartiger Weise veranlagt war. Sie meint, Gott habe ihr vorwegnehmend schon einmal alles geschenkt, was sich in ihrem späteren geistlichen Leben langsam über viele Jahre auseinanderfalten sollte.

Vor ihrem Klostereintritt am 2. November 1535 hatte Teresa auch eine Heirat erwogen, sie dachte dabei an einen sehr geliebten Vetter. Doch spricht sie nicht von inneren Kämpfen oder Hindernissen. Immerhin war sie für damalige Verhältnisse ein „spätes Mädchen", als sie sich zum Kloster entschloß. Ihre Mutter heiratete mit vierzehn Jahren und der von Teresa sehr geschätzte Franziskaner Osuna bezeichnet einen Mann von vierzig Jahren als „würdigen Greis". Die Beurteilung von „jung" hat sich mit den Jahrhunderten geändert. Das macht die Klagen Teresas, wie spät sie erst eine wirklich ernsthafte Gottzuwendung und Gottesliebe erreichte, noch verständlicher. Sie schreibt in ihrer Autobiographie:

„Weder Gott noch die Welt machten mich glücklich. Mitten im weltlichen Vergnügen fiel mir ein, was ich Gott schuldete; das betrübte mich. War ich innerlich bei Gott, so beunruhigten mich die weltlichen Neigungen. Ich weiß nicht, wie ich einen derart mühsamen Krieg länger als einen Monat, ja, sogar viele Jahre aushalten konnte."

Gottes Barmherzigkeit

So echt und wahr empfunden diese Aussagen auch sind, ist doch ein weiterer Umstand zu bedenken: Teresa schreibt 1560–62 ihre Autobiographie, die erste literarisch bedeutende Spaniens, im Anschluß an die „Bekenntnisse" des heiligen Augustinus und folgt dabei deutlich seinem Vorbild. Über die erste Begegnung mit dem berühmten Buche im Jahre 1554 berichtet sie:

„Damals gab man mir die ‚Bekenntnisse' des Augustinus zu lesen. Und es scheint, als habe der Herr es so gefügt, denn ich habe mich in keiner Weise bemüht, dieses Buch, das ich nie sah, zu erhalten. Allerdings bin ich eine große Verehrerin des heiligen Augustinus, da ich ja, als ich noch im Laienstand war, eine Zeit in einem seiner Klöster verbrachte. Zudem war er ein Sünder gewesen, und der Gedanke an Heilige, die Gott trotz ihrer Sünden an sich zog, tröstete mich sehr, denn ich dachte, sie könnten mir helfen, und daß der Herr, der ihnen verziehen hatte, auch mir verzeihen würde. Eines allerdings betrübte mich, nämlich daß bei ihnen ein einziger Ruf des Herrn genügt hatte, damit sie nicht mehr fehlten, während mich der Herr immer wieder rufen mußte. Wenn ich dann aber die Liebe betrachtete, die er mir erwiesen hatte, faßte ich Mut, denn an seiner Barmherzigkeit zweifelte ich nie, an mir dagegen häufig.

Als ich nun begann, die ‚Bekenntnisse' zu lesen,

meinte ich mich selbst darin zu erblicken, weshalb ich diesen großen Heiligen sehr um seine Hilfe bat, und als ich an die Schilderung seiner Bekehrung gelangte und las, wie er im Garten jene Stimme vernahm, da meinte ich, diese Stimme des Herrn erklinge auch mir in meinem Herzen. Ich war lange Zeit ganz in Tränen aufgelöst und außer mir vor Schmerz über mich selbst. Gepriesen sei Gott, der mich lebendig Tote ins wirkliche Leben rief."

Die Heilige trifft hier nicht nur den „Ton" des Augustinus; sie macht sich auch seine Grundhaltung beim Abfassen der eigenen Lebensbeschreibung zu eigen: Der Mensch Teresa muß in seiner ganzen Sündhaftigkeit und Nichtsnutzigkeit dargestellt werden, um Gottes allmächtige Barmherzigkeit zu verherrlichen. Denn das ist der eigentliche Sinn dieses „Lebens": es handelt in erster Linie von Gott, dessen Liebe an dem unwürdigen Medium Teresa sichtbar wird. Das Buch des Augustinus beginnt:

„Groß bist du, o Herr, und hoch zu preisen, groß ist deine Kraft und unermeßlich deine Weisheit. Und preisen will dich ein Mensch, der doch nur ein Stücklein ist deiner Kreatur, ein Mensch, der einhergeht unter dem Druck seiner Sterblichkeit, dem Zeugnis seiner Sünde, dem Zeugnis, daß du den Hochmütigen widerstehst. Und doch preisen will dich ein Mensch, dieses Stücklein deiner Kreatur. Du selbst aber gibst den Antrieb; so beglückt es ihn, dich zu preisen. Denn zu dir hin hast du uns geschaffen, und unruhig ist unser Herz, bis es ruhet in dir."

Die heilige Teresa schreibt im ersten Kapitel ihrer Autobiographie, die sie manchmal „das Buch von der Barmherzigkeit des Herrn" nannte:

„Wenn ich auch weiß, daß niemand Freude daran haben wird, wenn ich hier meine Schlechtigkeit ausbreite, möchte ich doch, daß alle, die es lesen, meine Halsstarrigkeit und Undankbarkeit gegenüber den Gnaden, die der Herr mir schenkte, verabscheuen. Mein Leben war aller Vollkommenheit fern, weil ich nicht auf läßliche Sünden achtete. Und wenn ich die Todsünden auch fürchtete, doch nicht so, wie ich es hätte sollen, denn ich hielt mich Gefährdungen nicht fern. All dieses läßt mich die Barmherzigkeit erkennen, die mir der Herr erwies, da ich trotz des vielen weltlichen Umgangs doch die Kühnheit zum Gebet besaß."

Teresa, die man auch ein „Genie der Freundschaft" genannt hat, zieht aus diesem „Dennoch" Gottes sehr persönliche, aber auf dem Fundament christlicher Lehre erwachsende Schlüsse:

„Ich sah, daß Gott auch wahrhaft Mensch ist und sich über unsere Schwächen nicht entsetzt, sondern unsere elende, der Erbsünde unterworfene Verfassung von innen her versteht. Darum war er ja zu unserer Erlösung in die Welt gekommen. Man kann mit ihm umgehen wie mit einem Freunde, so sehr er auch der Herr bleibt. O du mein Herr und Gott! Wir stehen ja schon fassungslos vor deiner majestätischen Herrlichkeit, aber noch viel fassungsloser macht uns deine Demut, mein Herr, und die Liebe, mit der du jemandem wie mir begegnest."

Dem religiösen Lebensgefühl des Augustinus entspricht das weibliche und wirkliche Wesen Teresas. So schreibt sie ihre innere Wahrheit nieder und kommt nicht auf den Gedanken, daß sie damit „nebenbei" auch Literatur schafft. Pater Jerónimo Gracián, der sie besser als jeder andere kannte, sieht in ihr nicht das burschikose Mannweib, als das sie manchmal wegen ihrer großen Leistung reformerischer Gründungen dargestellt wird. Er berichtet:

„Der Herr fügte es, daß seine Dienerin (Teresa) sehr demütig war. Sie war auch ängstlich, besaß so wenig Selbstvertrauen und Glauben an ihre große Begabung, wie ich es sonst bei keinem meiner weiblichen Beichtkinder gefunden habe."

Ihre Unsicherheit wird durch den Klostereintritt nicht vermindert, eher noch erhöht, denn das karmelitische Menschwerdungskloster zu Avila zeigte noch Züge eines frommen Damenstifts, „Beaterio", wie man in Spanien sagte, aus dem es auch hervorgegangen war. Es gab in diesem Lande noch keinen regulären weiblichen Karmelitenorden – erst Teresa sollte ihn schaffen. Die 180 Nonnen des „Convento de Nuestra Señora de la Encarnación" waren an keine Klausur gebunden, sie besaßen Dienerschaft und empfingen häufig Besuche. Auch Teresas Klosterleben, so weit es nicht durch Krankheiten behindert war, spielte sich weitgehend im Sprechzimmer ab. Ganz Avila freute sich an der geistvollen Liebenswürdigkeit dieser „Karmelitin", die sich noch Doña Teresa de Ahumada nannte. Warum hatte sie gerade dieses Kloster gewählt? Neben der schon erwähnten Freundin wären hier tieferliegende Motivationen zu nennen: beim Tode ihrer Mutter hatte Teresa die Muttergottes gebeten, sie als ihre Tochter anzunehmen. Der Karmelitenorden aber war der Muttergottes geweiht. Zudem berief er sich auf dunkle eremitische Ursprünge im Karmelgebirge Palästinas: hatte doch schon das Kind Teresa eine Neigung zu dieser kontemplativen Lebensform gezeigt, die ihrer sogenannten „Extravertiertheit" zu widersprechen schien. Vielleicht war es aber gerade diese Ergänzung, derer sie zur inneren harmonischen Entwicklung bedurfte. Und so viele Jahre sie auch brauchte, bis sie ihren Weg des kontemplativen Gebetes gefunden hatte, so sehr wurde sie doch auf ihm begnadet, oder, wie wir heute sagen würden, so genial erwies sie sich für diese Art des geistlichen Lebens.

Das neue Haus

Die von ihr selbst immer wieder bemängelte Oberflächlichkeit und Halbherzigkeit wurde also von außen her begünstigt, fast erzwungen. Und es bedurfte einer tiefen seelischen Erschütterung, bis die suchende, gar nicht so selbstbewußte Teresa den Mut fand, ihren eigenen Weg der Klostergründungen und Ordensreform zu gehen. Wie so häufig bewirkte ein emotional-bildhafter Eindruck die innere Umkehr:

„Die Seele war mir schon müde geworden, aber mein oberflächliches Leben ließ sie nicht zur Ruhe kommen. Da geschah es, als ich eines Tages das Oratorium betrat, daß ich ein Bildnis erblickte, das man in Erwartung eines bestimmten Festes schon dorthin gebracht hatte. Es war ein wundenbedeckter Christus, so ausdrucksvoll und ergreifend, daß mir sein Anblick die Seele erschütterte, denn man sah, was er für uns gelitten hatte. Ich empfand den Schmerz seiner Wunden derart, daß es mir fast das Herz brach. Da warf ich mich tränenüberströmt vor ihm nieder und flehte ihn an, daß er mir die Kraft gebe, ihn nie mehr zu verletzen.

Ich verehrte schon immer die heilige Maria Magdalena und hatte oft über ihre Bekehrung nachgedacht, besonders bei der Kommunion. Ich stellte mir dann vor, daß ja nun gewiß der Herr in mir sei, und so warf ich mich ihm innerlich zu Füßen in der Meinung, er könne meine Tränen nicht von sich weisen.

Aber dieses eine Mal, von dem ich erzählte, vor diesem Bild, schien mir die innere Wirkung größer zu sein, denn ich setzte mein Vertrauen nicht mehr in mich, sondern in Gott. Ich glaube allerdings, ich sagte ihm, ich würde mich nicht wieder erheben, wenn er mein Flehen nicht erhöre. Und ich bin sicher, daß mir das half, denn von diesem Augenblick an ging es rasch aufwärts mit mir."

Dieses rasche Aufwärts, das im neu gewonnenen Gottvertrauen gründet, hat zweierlei Folgen: Teresa findet zu einer sicheren, auch bis zu einem gewissen Grade lehrbaren Weise des inneren kontemplativen Gebets, und sie vermag den gewaltigen Entschluß zu Klostergründung und Ordensreform zu fassen und ins Werk zu setzen. Sie fühlt sich dabei von inneren Ansprachen Gottes, „Seiner

Majestät" unterstützt, und bekommt zugleich die ersten Widerstände in Orden und Umwelt zu spüren:

„Ich erkenne wohl, daß ich sehr schlecht war, aber ich bemühte mich doch, Gott zu dienen. Als ich nun darüber nachdachte, was ich für ihn tun könne, kam mir in den Sinn, daß seine Majestät mich in den Orden geschickt hatte, um dessen Regel mit größter Vollkommenheit zu befolgen. Das Haus, in dem ich lebte, war nicht auf die alte Strenge gegründet, so wie ja auch der ganze Orden dem päpstlichen Milderungserlaß (von 1432) folgte. Das schien mir nicht gut, obwohl ich mich in dem schönen großen Haus sehr wohlfühlte.

Eines Tages kam das Gespräch darauf, ob wir nicht nach Art der Barfüßer-Nonnen (Descalzas, Clarissinnen) leben und dafür ein Kloster gründen sollten. Ich trug mich mit diesem Gedanken schon eine Weile.

Da geschah es eines Tages nach der Kommunion, daß mir seine Majestät befahl, diesen Plan mit allen Kräften voranzutreiben. Die Vision war so beeindruckend und der Herr sprach zu mir in einer Weise, daß ich keiner Täuschung erliegen konnte.

Kaum hatten wir begonnen, unseren Plan in die Tat umzusetzen als eine ganz unbeschreibliche Verfolgung über uns kam: Man redete, lachte, bezeichnete das Ganze als Unsinn, und was mich anbetraf, so sollte ich nur schön in meinem Kloster bleiben! Seine Majestät tröstete und ermutigte mich. Er sagte mir, ich könne daran sehen, wie es den heiligen Ordensgründern ergangen sei, und daß ich noch mehr Verfolgung erleiden müsse, als ich mir überhaupt vorstellen könne. Mir fiel es besonders schwer, daß auch unser Provinzial (Salazar) sich gegen mich stellte. Denn hätte er meinen Plan bejaht, wäre ich vor allen gerechtfertigt gewesen. Dennoch schien es mir unmöglich, von dem Unternehmen abzulassen, so fest glaubte ich an die Offenbarung, die der Herr mir zuteil werden ließ, da sie weder der Heiligen Schrift noch den Geboten der Kirche widersprach. Unter unablässigem Beten war die Sache bald soweit gediehen, daß ich ein gut gelegenes, wenn auch nur kleines Haus kaufen konnte."

Bis das Kloster aber wirklich eingeweiht werden kann, muß Teresa noch mit endlosen Intrigen und Anfeindungen kämpfen. Sie tut das mit erfinderischer Pfiffigkeit, doch manchmal ist sie am Ende ihres Könnens und ihrer Kräfte. Dann sagt sie:

„Herr, dieses Haus gehört nicht mir, für Dich wurde es errichtet. Wenn nun niemand mehr etwas dafür tun will, möge doch Deine Majestät sich seiner annehmen."

Im Wissen um Gottes Auftrag ist die Heilige, die sich nun Teresa de Jesús nennt, nicht eben zimperlich in ihrem Vorgehen. Innerhalb von dreizehn Jahren, d.h. bis 1575, hat sie ungeachtet ihrer labilen Gesundheit elf Klöster gegründet: in Avila, Medina del Campo, Malagón, Valladolid, Toledo, Pastrana, Salamanca, Alba de Tormes, Segovia, Beas de Segura und in Sevilla. Von der Gründung in Sevilla berichtet sie:

„Als wir bei dem Hause angekommen waren, das man für uns gemietet hatte, wollte ich es nach meiner Gewohnheit gleich in Besitz nehmen, damit man es mit der Feier der heiligen Messe einweihe. Aber die Ausflüchte des dort schon anwesenden Paters Mariano schienen mir verdächtig. Um mir nicht wehzutun, wollte er nicht mit der ganzen Wahrheit herausrücken. Ich begriff schnell, um was es ging: wir hatten keine Lizenz!"

Als Teresa dann nach großen Mühen und Schwierigkeiten die Erlaubnis erlangt, wollen die Bewohner des Hauses sie nicht anerkennen. Teresa riskiert eine Art „Hausbesetzung":

„Es mußte viel passieren, bis man uns passieren ließ, d.h. wir konnten nicht einziehen, weil der Bewohner nicht ausziehen wollte. Auch kamen die daneben wohnenden Franziskaner herbei, um uns zu bedeuten, daß wir in keinem Falle da hineindürften. Wäre der Vertrag nicht schon unterschrieben gewesen, hätte ich Gott gepriesen, das Ganze rückgängig machen zu können.

Mehr als einen Monat verbrachten wir in dieser ärgerlichen Situation. Dann gefiel es Gott, daß die Priorin, zwei weitere Nonnen und ich bei Nacht und Nebel einzogen, mit großer Angst, daß die Franziskaner etwas bemerken könnten. Wir hielten jeden uns begegnenden Schatten für einen Mönch! Bei Tagesanbruch aber las der löbliche Garciálvarez, der mit uns gekommen war, die erste heilige Messe in diesem Haus, und so war uns die Furcht vergangen."

Die Hindernisse waren aber auch überreichlich gewesen: Schon auf dem Wege nach Sevilla lief die Fähre auf eine Sandbank im Guadalquivir (beim Dorfe Espeluy) auf. Die Gründerin schildert die Szene mit dramatischer Eindringlichkeit:

„Es handelte sich um eine Fähre, die mit einem Seil ans andere Ufer gezogen wurde. Ich weiß nun nicht, wie es geschah, aber plötzlich trieb das Schiff ohne Führung durch Seil oder Ruder mitsamt unserem Wagen stromabwärts. Mich beeindruckte mehr die Verzweiflung des Fährmanns als die Gefahr. Am Ufer schrie alles durcheinander, wir machten uns ans Beten. Ein Schloßherr wollte uns von seinem Grundstück aus zu Hilfe eilen, und auch unsere Brüder hatten das Seil keineswegs losgelassen: die Strömung war nur so stark, daß sie mitgezogen wurden und einige zu Boden stürzten. Da jedoch seine Majestät die Leiden immer mit Liebe zuteilt, geschah es, daß unsere Fähre auf eine Sandbank auflief. Hier war auf einer Seite das Wasser so flach, daß man uns helfen konnte. Allerdings brach die Nacht schon herein; wir hätten nicht weiterreisen können, wäre nicht jemand vom Schloß gekommen, der uns den Weg wies."

Aber die Schwierigkeiten reißen nicht ab: diesmal bleiben die Wagen bei Córdoba zunächst vor der Brücke stehen, weil zur Überquerung keine Erlaubnis erteilt wird, dann aber, schlimmer noch, auf der Brücke stecken, da die Planen höher sind als das Brückentor. Teresa bestand auf diese bedeckten Planwagen, durch die sie eine Art von Klausur zu wahren bemüht war. Also mußte man den oberen Teil des Brückentors absägen, damit die Wagen passieren konnten. So ging der Einzug nach Córdoba nicht eben unbemerkt vor sich, und Teresa, die an Fieber erkrankt war, berichtet mit humorvoller Ironie:

„Wir stiegen in der Nähe der Kirche aus. Und wenn man auch unsere Gesichter nicht sehen konnte, weil wir in der Öffentlichkeit immer den langen Schleier trugen, genügte es, uns mit diesen Schleiern und den großen weißen Mänteln und Hanfsandalen zu sehen, um alles in Aufregung zu versetzen. Bei dem Schrecken verging mir ganz das Fieber. Denn die Leute lärmten bei unserem Anblick wie beim Stierkampf, wenn die Stiere die Arena betreten."

Diese sehr realistische Seite der Heiligen zeigt sich auch in ihren Briefen, wenn sie z. B. die Erwähnung eines Maurenaufstandes in Sevilla mit der Empfehlung reifer Hagebutten für Blasenleiden verbindet, wenn sie Marmeladenrezepte und Ratschläge gegen Frostbeulen verteilt oder an eine „liebe verehrte Dame" schreibt, sie möge doch um Gottes und Teresas willen oft zum Beichten gehen, worauf dann der Nachsatz folgt: „Ja, bitte schicken Sie mir doch die Puten, wenn Sie so viele haben."

Marta und Maria

Solche handfesten Realismen dürfen aber nicht vergessen lassen, daß Teresa Mystikerin ist, ja, sie stehen im Tiefsten mit ihrem Gebetsleben in Verbindung. Den im christlichen Leben manchmal aufbrechenden Konflikt zwischen aktivem und kontemplativem Leben, zwischen „Marta" und „Maria" hat Teresa gelöst:

In Wahrheit „bleiben Marta und Maria immer beisammen. Denn im äußeren Werk wirkt das innere, und wenn das tätige Leben aus dieser kontemplativen Wurzel erwächst, sind seine Werke wie wundervolle duftende Blüten. Sie erblühen am Baume der Liebe Gottes ganz ohne Eigennutz nur um seinetwillen, und ihr Duft breitet sich aus zum Wohle vieler. Es ist ein starker Duft, der lange anhält und große Wirkungen tut."

Letztlich unternimmt sie Gründungen und Reform nicht um des Ordens, sondern um Gottes und ihrer ungläubigen Mitmenschen willen. Die protestantischen Kirchenabspaltungen in Europa bewegen sie nicht weniger als das Seelenheil der zahllosen Indios im 1492 entdeckten Amerika, von wo ihr Lieblingsbruder Lorenzo, der nach Peru ausgewandert ist, ihr anschauliche Berichte sendet. Sie schreibt:

„Es schmerzt mich immer, so viele Seelen verloren zu sehen, und besonders der Gedanke an die Indios setzt mir zu. Der Herr erleuchte sie! Es gibt ja hüben wie drüben so viel inneres Elend, und da ich doch viel herumkomme und mit vielen Menschen spreche, bin ich manchmal ganz fassungslos. Wir sind ja dümmer als das liebe Vieh, wenn wir die hohe Würde unserer Seele nicht erkennen und sie erniedrigen, indem wir wertlosen irdischen Dingen nachjagen. Der Herr erleuchte uns!

Ich fühlte, ich würde tausendmal mein Leben geben zur Rettung einer einzigen Seele unter den vielen, die ich verloren sah. Doch als Weib, und kein gutes, und obendrein im Dienste des Herrn auf der ganzen Linie behindert, beschloß ich, das Wenige zu tun, das mir möglich ist, nämlich den evangelischen Räten nach bestem Vermögen zu folgen und auch die paar Nonnen hier zu Gleichem zu bewegen. Ich vertraute der Güte Gottes, der immer dem helfen wird, der bereit ist, für ihn alles zu verlassen."

Wie stark das alles mystisch untermauert ist, zeigen die Weisungen, die sie an entscheidenden Lebenswenden aus Visionen bezieht. Auch ihr Eintritt in die Unio mystica, die seinshafte göttlich-menschliche Übereinstimmung des Liebens und Wollens, wird von ihr aufgrund einer Vision genau datiert:

„Es war im zweiten Jahr meines Priorats im Menschwerdungskloster, eine Woche nach dem St. Martinstag (November 1572). Der Herr ließ mich, wie schon öfter, ganz tief im Innern eine bildhafte Vision erfahren. Er reichte mir seine rechte Hand und sprach: ‚Sieh in meiner Hand den Nagel. Er ist das Zeichen, daß ich mich heute mit dir vermähle'. Diese Gnade tat eine solche Wirkung, daß ich völlig außer mir und wie von Sinnen war und ihn bat, er möge entweder meine Niedrigkeit erheben oder mir nicht eine solche Gnade erweisen. Denn ich hatte das sichere Gefühl, daß meine natürlichen Kräfte dem nicht gewachsen waren."

Teresa war sich des Heiklen ihrer visionären Veranlagung sehr wohl bewußt. Darum ging sie, wie Pater Gracián berichtet, eines Tages zum Inquisitor Francisco de Salazar, dem späteren Bischof von Salamanca. Sie sprach zu ihm:

„Herr, ich mache durch die Art meines Gebets manchmal ungewöhnliche geistliche Erfahrungen wie Ekstasen, Entrückungen, innere Ansprachen. Ich möchte aber sichergehen, daß mich der Teufel nicht betrügt. Darum gebe ich mich in die Hände der Heiligen Inquisition, damit sie meine Seelenverfassung und meine Gebetsweise überprüfe. Ich werde mich jeder Anweisung unterwerfen."

Darauf antwortete der Inquisitor: „Gnädige Frau, die Inquisition überprüft weder die Seelenverfassung noch die Gebetsweise, sondern sie hat die Aufgabe, Häretiker zu bestrafen. Schreiben Sie doch alles, was sich in Ihrem Innern abspielt, ganz offen und ehrlich auf, und senden Sie es an den Pater Magister Juan de Avila, der ein hochgebildeter und in Gebetsdingen erfahrener Mann ist. Auf seine Antwort können Sie absolut vertrauen."

Dieser Vorschlag des Inquisitors war für Teresa der erste Anstoß zur Niederschrift ihrer Autobiographie, die uns ihre Persönlichkeit so zeitlos nahebringt. Pater Gracián sieht die Einmaligkeit Teresas, wie auch das Wesen des reformierten Ordens, in der Gleichgewichtigkeit von missionarischer Tätigkeit und mystischer Erfahrung. Damit führt er sie auf die „Ursprünge" des Ordens im Auftrag und Leben des alttestamentarischen Propheten Elija (Elias) vom Berge Karmel zurück:

„Er umfaßte beide Ziele gleichermaßen, den Missionseifer und die Ruhe des Geistes, Predigt und asketisches Leben, Gottes- und Nächstenliebe, Gebet und Seelenführung." Es war dann Aufgabe der Nachfolger des Elija, daß sie „Gott viele Seelen gewannen, indem sie Ungläubige, Heiden und Sünder bekehrten und den katholischen Glauben gegen Häresien verteidigten."

Dabei oblag es den Männern, so schreibt Gracián, nicht mit dem Schwerte, sondern durch Wissenschaft und Überzeugungskraft zu missionieren, während die Frauen „durch das Gebet und das Beispiel ihres geheiligten Lebens" zu wirken hatten. Der Mutter Teresa aber wurde von diesem ihrem Provinzial beides zugestanden, denn sie verfügte, wie er nach ihrem Tode darlegte, über sämtliche Tugenden, die sich sonst kaum in einem Menschen so harmonisch vereinen:

„Tugend ist immer mit Maß verbunden, Extreme werden zu Lastern. Buße z. B. ist eine Tugend, aber nur, wenn sie maßvoll und vernünftig vollzogen wird, sonst schadet sie schuldhaft der Gesundheit. So ist es auch mit den anderen Tugenden. Ich habe niemals so viel Maß und Ordnung gesehen, wie bei der heiligen Mutter Teresa, im Denken wie im Tun, im Sein wie im Reden. So glühend, leidenschaftlich und hingegeben sie auch Gott diente, besaß sie doch Augenmaß und rechtes Gespür. Sie vollzog alles wohlgeordnet und unaufdringlich mit überlegener Klugheit, nachdem sie sich, um sicherzugehen, gründlich informiert und beraten hatte. Nur in der Gottesliebe, die weder Maß noch Grenzen kennt, wie wir bei Esdras lesen, ließ sie ihrem Geiste die Zügel schießen und entflammte ihr Herz nicht im Verborgenen, sondern setzte es auf einen Leuchter, um allen Licht zu geben. Sie war voller Missionseifer, jedoch gemäßigt durch Kontemplation und innere Sammlung. Sie führte und lehrte ein hartes asketisches Leben, aber sie maß es ihren Töchtern mit Barmherzigkeit zu, so daß es kein Ungleichgewicht gab. Mit dieser Ausgewogenheit erhielt sie sich stark und gesegnet und gründete ihre wohlgeordneten Klöster.

Diese Dienerin Gottes scheint wie Jesaja die Herrlichkeit des Thrones Gottes erschaut zu haben, zu dessen beiden Seiten die Seraphim Gott unaufhörlich preisen mit dem Rufe: ‚Sanctus, Sanctus, Sanctus, heilig ist der Gott der Heerscharen!' (Jes 6, 2–3). Denn auch Teresa vereinte zwei entgegengesetzte Seiten: Sie versäumte keine ihrer vielen Pflichten und Arbeiten, die ihr durch die Klostergründungen und Leitung der Nonnen auferlegt waren, auch fand man sie stets pünktlich in der Kirche zu Stundengebet und gemeinsamem Gotteslob. Dennoch war sie eine tief verinnerlichte Einsiedlerin, die ständig in der Gegenwart Gottes lebte. Sie bewies und verherrlichte diese Gegenwart, indem sie unermüdlich reiste und gründete, Verhandlungen führte und Verbindungen herstellte, auf daß viele Seelen für Gott gewonnen würden. – Mit Recht kann man die heilige Mutter Teresa eine Königin nennen, denn ihr Geist war so groß und königlich nur auf das gerichtet, was Gott betrifft, daß sie sich über alles Kleinliche hinwegsetzte und, statt ängstlich zu sein, allen das Kreuzesbanner der Nachfolge Christi vorantrug."

Die komplexe Gestalt der heiligen Teresa von Avila läßt sich immer wieder nur in Antagonismen und Paradoxen erfassen. Das hat sie mit Gott gemeinsam. Der Pater lernte sie kennen, als sie bereits in der Unio mystica lebte. So kannte ihre Liebe keine Grenzen. Dabei versteht die Heilige Gottes- und Menschenliebe als untrennbare Einheit:

„Ob wir Gott lieben, kann man nicht wissen, wenn es auch spürbare Anzeichen dafür gibt. Aber die Liebe zum Nächsten ist erkennbar. Und glaubt mir, je weiter ihr euch in dieser fortschreiten seht, um so größer ist eure Liebe zu Gott. Wir können nämlich niemals zu vollkommener Nächstenliebe gelangen, wenn sie nicht aus der Wurzel der Gottesliebe emporwächst."

Ein großer heutiger Teresa-Kenner, Otger Steggink O.C., erkennt ihre aktuelle Bedeutung in der von ihr gelebten „Harmonie zwischen affektivem und geistlichem Leben." Sie bleibt, so meint der Pater, „weiterhin eine lebendige Herausforderung für Biographen, Psychologen und Theologen."

P. JERÓNIMO GRACIÁN
DE LA MADRE DE DIOS

DER PATER, DEN ALLE LIEBEN

Eintritt ins Leben

Die Stadt Valladolid, in der Jerónimo Gracián am 6. Juni 1545 das Licht dieser Welt erblickte, war damals Sitz des spanischen Hofes. Das große Reich Karls V. und Philipps II., in dem die Sonne nicht unterging, brachte ein gewisses unruhiges Hin und Her; auf Valladolid folgte Toledo, Madrid wurde erst 1561 Hauptstadt. Die Familie Gracián, die schon seit zwei Generationen am königlichen Hofe bedeutende Ämter innehatte, mußte darum mehrfach umziehen. Der humanistisch hochgelehrte und auch als Schriftsteller und Übersetzer klassischer Literatur bekannte Vater Jerónimos, Don Diego Gracián de Alderete, war Sekretär und Dolmetscher unter beiden Königen, deren Sprachkenntnisse nicht der Ausdehnung ihres Reiches entsprachen. Don Diego beherrschte Latein, Griechisch, Arabisch ebenso wie Französisch, Deutsch und Englisch. Er scheint nicht Sekretär im eminent politischen Sinne seines berüchtigten „Kollegen" Antonio Pérez gewesen zu sein, also weniger Staatssekretär als vielmehr ein Gelehrter, der mit den Schriftstücken des „klugen Königs" beschäftigt war, dessen Klugheit sich freilich nicht auf die wirtschaftliche Führung seines Staates bezog. Philipp war trotz seines lebhaften Interesses an Frauen ein eher in sich gekehrter Gelehrter. Er verfolgte weiter die große einheitliche „Reichsidee" der katholischen Könige und fühlte sich daher beauftragt, dieses nun gewaltig gewachsene Reich sowohl gegen den Islam wie gegen den aufkommenden Protestantismus zu verteidigen.

In dieser Atmosphäre des Kampfes gegen die „Ungläubigen" wächst der junge Jerónimo auf, der ein so starkes „apostolisches" Bewußtsein entwickelt, daß er, der stets Friedliche, als erster karmelitische Missionare nach Afrika und Amerika sendet.

Aber bis dahin ist der Weg noch weit. Auch seine Mutter mag zu der Weltoffenheit, die man später an diesem Pater bemerkt, beigetragen haben. Sie ist die Tochter des polnischen Botschafters am spanischen Hofe und eine Verwandte des Königs von Polen, Sigismund I. Ihr Name Danzick wird zu Dantisco hispanisiert. Doña Juana heiratet schon mit zwölf Jahren, übrigens hieß auch ihr Mann nicht ursprünglich Gracián, sondern García. Da dieser Name an Häufigkeit etwa unserem deutschen Meyer entspricht, nannten ihn seine Kommilitonen an der Universität Löwen, wo er sich in alten Sprachen hervortat, lieber Gratianus, was dann spanisch Gracián ergab.

Das Paar hatte so viele Kinder, daß die Angaben der Biographen über die Geburten der so jung vermählten Juana schwanken – sicher ist nur, daß dreizehn dieser Kinder erwähnenswert lang am Leben blieben.

Fünf von ihnen gehen ins Kloster der teresianischen Reform, darunter der begabteste der ganzen Schar, Jerónimo. Antonio, der älteste, dient König Philipp von 1571–76 wie sein Vater als Sekretär. Viel zu früh verstorben, wird er später von Tomás abgelöst, den die Literaturgeschichte manchmal mit Lucás verwechselt hat. Lucás ist eine recht romantische Gestalt, bekannter Dichter und Magier in Toledo und der melancholisch-schmale Unbekannte auf Gemälden El Grecos, der sich Toledo zum Wohnsitz erkoren hatte.

Der kluge Jerónimo ist vom Vater, dem königlichen Sekretär, ursprünglich zu seinem Nachfolger bei Hofe ausersehen. Er lehrt ihn früh die Kunst des Schreibens, vom schönen Schwung der Schrift bis zum gepflegten Briefstil und Aufsetzen juristischer Dokumente und Urkunden mit ihren Kürzeln und Schnörkeln. Zehnjährig beginnt der Knabe noch in Valladolid das Studium der Rhetorik und Grammatik mitsamt der klassischen Sprachen. In Toledo nimmt er dann philosophische Studien auf, und mit 15 Jahren schreibt er sich als Student an Spaniens berühmter Humanistenuniversität von Alcalá de Henares ein. Hier glänzt er in den „Artes", wobei er gelegentlich schon als eine Art Tutor wirken darf. Doch starke religiöse Neigungen veranlassen ihn, beim Jesuitenorden wegen eventueller Aufnahme vorzusprechen. Die Jesuiten beantworten die Anfrage sehr positiv. Aber der bald darauf mit Glanz abgelegte Baccalaureus bringt Gracián wieder auf weltlichere Gedanken. Er erkennt mit Recht seine Eignung für die Laufbahn eines Universitätslehrers. Er studiert mit solchem Eifer, daß er nicht nur bald und wiederum mit Glanz die Lizentiatur und schließlich den Magistertitel erwirbt – er ruiniert sich auch seine Gesundheit, muß mit 19 Jahren aussetzen.

Dabei ist er keineswegs ein unsympathischer Streber. Seine Kommilitonen lieben ihn, denn seine hohe Intelligenz, verbunden mit phänomenalem Gedächtnis, lassen ihn mit genialer Leichtigkeit den Lehrstoff aufnehmen. Er verliert nichts von seinem fröhlich-sanften, fast kindlichen Charme.

Seine Erkrankung hilft ihm, beim Vater den Herzenswunsch, ein Theologiestudium, durchzusetzen. Er hofft so später als Priester und Universitätslehrer seine Begabung und Neigung unter einen Hut zu bringen. Am 25. März 1570 empfängt er die Priesterweihe. Aber das Studium geht weiter: um sich um einen Lehrstuhl bewerben zu können, braucht er den Doktorhut. Zu seinem Lieblingsthema – auch für die letzte Phase der Doktorprüfungen vorgesehen – wird mehr und mehr die Geschichte des Karmelitenordens. Zu diesem akademischen Abschluß soll es jedoch nicht mehr kommen, die Faszination des von der Mutter Teresa de Jesús neu geprägten Ordens ist stärker als alle Berufspläne.

Gracián selbst berichtet, durch welche Fügungen des

Schicksals, die zunächst wie kleine Irrtümer aussahen, es dazu kam. Er wollte als junger Priester am Tage des heiligen Franz von Assisi in Alcalá bei Franziskanerinnen die Messe lesen. Aber er hatte sich in der Uhrzeit geirrt. Darum ging er in das nahe Kloster „De la Concepción" in der Annahme, es handle sich ebenfalls um Schwestern des heiligen Franziskus, über den er eine sehr schöne Ansprache hielt. Ebenso kluge wie ergreifende Predigten waren lebenslänglich seine Stärke.

Hinterher bat ihn die Priorin ins Sprechzimmer, und nun stellte sich heraus, daß er vor unbeschuhten Karmelitinnen gesprochen hatte. Allerdings eigener Art, denn die energische und strenge Priorin María de Jesús hatte das Kloster im Alleingang gegründet. Hinterher erbat sie sich zwar die Statuten von der Mutter Teresa de Jesús, die darüber nicht allzu glücklich war, da die Priorin von Alcalá ihnen eine ganz eigene Auslegung gab. Diese Dinge berühren jedoch den jungen Priester nicht. Er erzählt:

„Nach der Messe bat mich die Mutter Priorin, daß ich künftig ihr, und, wenn sie es wünschten, auch den anderen Schwestern die Beichte abnehmen möge. Um diese Forderung gut erfüllen zu können, bat ich sie, mir ein Exemplar der Klosterregel zu leihen. Sie gab mir die von der Mutter Teresa de Jesús verfaßte. Ich hörte bei dieser Gelegenheit zum ersten Mal von ihr. Ihre Statuten gefielen mir so gut, daß ich Notizen machte und bald einige Gedanken aufschrieb, die mir dazu aus der heiligen Schrift über das Leben der Gründungspropheten Elias (Elija) und Elisäus (Elischa) einfielen. Ich sandte die kleine Arbeit brieflich an die mir persönlich noch unbekannte Mutter Teresa de Jesús, von der ich ein Dankesschreiben erhielt. Ich glaube, daß es ihr Gebet war, das mich bald darauf zum Ordenseintritt bewegte, obwohl doch alle menschlichen Gründe dagegen sprachen."

Von diesen menschlichen Gründen legt der Pater in seiner Autobiographie Rechenschaft ab, der er den Titel „Die Pilgerreise des Anastasio" gab:

„Mein Ordenseintritt erfolgte im Jahre 1572 zu Pastrana. Fast eineinhalb Jahre hatte ich innerlich um diese Berufung gekämpft, was keine geringe Qual war, denn alle natürlichen Gründe sprachen in mir gegen diesen Schritt. Ich meine damit Mangel an Gesundheit, sei es konstitutionelle Schwäche oder Erschöpfung durch das Studium, Verpflichtung meinen Eltern und Geschwistern gegenüber. Denn alle bei Hofe Beschäftigten, und das gilt besonders für meine Eltern, haben keine anderen Einnahmequellen oder gar Zinsen als die Gunst des Königs, der ihren Söhnen die Dienste bezahlt, wenn sie sich dessen nicht als unwürdig erweisen. Nun habe ich zwölf Geschwister. Ein Bruder ist Privatsekretär des Königs und hätte mir zu einem einträglichen kirchlichen Amt verhelfen können, womit ich auch wieder die anderen unterstützt haben würde. Der König war schon an mir interessiert und hatte mich gefragt, wann ich denn den Doktor machen würde – vermutlich, weil er ein Amt für mich im Auge hatte. Ich hatte also studiert und dabei auch einige Schwierigkeiten kennengelernt, die es in Orden gibt und die mich weit von dem Gedanken an einen Ordenseintritt entfernten.

Alles dieses aber lag in mir im Kampfe mit dem glühenden Wunsche, unserer Muttergottes zu dienen. Daher schien es mir andererseits, daß diese meine Herrin mich riefe, zumal ich wußte, daß in ihrem Orden (dem der Karmeliten) die Reform begonnen hatte. Der Gedanke daran wurde oft so stark, daß ich das sehr schöne Bild der Heiligen Jungfrau, das ich besaß, mit einem Schleier zuhing, denn es schien mir, daß sie ganz sichtbar zu mir sprach und sagte, ich möge doch diesen Dienst auf mich nehmen. Meine Beichtväter waren mir keinerlei

Hilfe, besonders der nicht, dem ich in höchstem Maße glaubte und gehorchte: Er sagte mir, es handle sich um eine ganz klare Versuchung. Andererseits aber war es ja so, wie ich es später aus dem Munde der Mutter Teresa vernahm, daß sie ein ganzes Jahr des Gebets daran gegeben hatte, um mich in den Orden zu ziehen, da sie spürte, daß ich es war, der ihr helfen konnte. Der Konflikt brachte mich in einen Zustand, daß ich fast Gesundheit und Leben verloren hätte, so groß war meine Zerrissenheit."

Die Mutter Teresa erzählte ihrerseits: „Während also der Pater Gracián noch in keiner Weise an einen Ordenseintritt dachte, wurde er gebeten, nach Pastrana zu kommen und dort mit der Priorin unseres Unbeschuhten Klosters zu sprechen. Es handelte sich dabei um die Aufnahme einer Postulantin. Wie wunderbar sind doch Gottes Wege! Denn hätte sich der Pater in Alcalá entschlossen, in unseren Orden einzutreten, wäre ihm vielleicht so viel Widerspruch begegnet, daß er seinen Entschluß niemals ausgeführt hätte!

Aber Unsere Liebe Frau, die er so leidenschaftlich verehrt, wollte ihn mit ihrem Habit belohnen. Ich denke mir jedenfalls, daß sie ihm diese Gnade Gottes vermittelt hat und daß auch sie die eigentliche Ursache war, daß er sich so sehr für unseren Orden begeisterte. Diese glorreiche Jungfrau wollte dem, der ihr so sehr zu dienen wünschte, auch Gelegenheit dazu geben. Denn sie pflegt jenen zu helfen, die sich ihrem Schutze unterstellen. So wurde er denn von der Heiligen Jungfrau nach Pastrana geführt, in der Meinung, er solle dort einer Nonne zum Habit verhelfen, während Gott ihn selbst damit bekleiden wollte. O unerforschliches Geheimnis Gottes, der uns für Gnaden bereitet, die wir noch nicht einmal wünschen konnten!"

Der Heiligen liegt daran, die Unentschlossenheit, ja, die völlige Ahnungslosigkeit Pater Graciáns hervorzuheben:

„So kam er nun also nach Pastrana, um von der Priorin die Aufnahme besagter Nonne zu erbitten. In Wirklichkeit aber scheint er mit ihr gesprochen zu haben, weil der Herr seinen eigenen Ordenseintritt wünschte. Als nun die Priorin (Isabel de Santo Domingo) ihn sah, erging es ihr wie den meisten, die ihm begegnen: Sein Umgang ist so freundlich und wohltuend, daß fast alle, die ihm begegnen, ihn lieben. Das ist ein besonderes Geschenk unseres Herrn, weshalb er von allen seinen Untergebenen, Mönchen und Nonnen, heiß geliebt wird, obwohl er keinen Fehler nachsieht. Denn es geht ihm ja um die Vervollkommnung des Ordens. Doch tadelt er mit so freundlicher Milde, daß niemand sich beklagen kann. Es ging also dieser Priorin wie den anderen: Sie wollte ihn unbedingt in unserem Orden haben und sagte den Nonnen, wie wichtig das für alle sei; denn es gäbe kaum einen seinesgleichen, und sie möchten doch alle zum Herrn beten, daß er diesen Mann nicht wieder gehen ließe, sondern ihn zum Klostereintritt bewege.

Diese Priorin ist eine so große Dienerin Gottes, daß ich meine, schon ihr Gebet allein wäre von seiner Majestät erhört worden. Wie viel mehr dann das Gebet all der guten Seelen, die dort im Kloster lebten. Alle machten die Aufgabe zu ihrer eigenen Sache, und mit Fasten, Kasteiungen und Gebeten flehten sie unaufhörlich zu seiner Majestät, der uns deshalb die Gnade gewähren wollte. Denn als nun Pater Gracián das Kloster der Brüder aufsuchte und dort ein so intensives geistliches Leben vorfand und ein solches Bemühen, unserem Herrn zu dienen, obendrein in einem Orden, der der glorreichen Mutter Gottes geweiht war, der er so sehr zu dienen wünschte, da wendete sich sein Herz und er wünschte nicht mehr, in die Welt zurückzukehren. O Macht und Größe Gottes, wie unmöglich ist es, Deinem Willen zu entfliehen! Sehr wohl sah unser Herr, wie sehr das Werk, das seine Majestät begonnen hatte, eines solchen Menschen bedurfte. Ich könnte in immer aufs Neue wieder preisen für die Gnade, die er uns erwies. Denn so sehr ich seine Majestät auch gebeten hatte, uns eine geeignete Persönlichkeit zu senden, die die Dinge unseres Ordens in seinen Anfängen ordnen würde, hätte ich doch niemals so viel erbitten können, wie seine Majestät uns dann schenkte. Er sei gepriesen in Ewigkeit."

Während Teresa die gefühlsmäßige Seite, Gottes wunderbare Führung und die Kraft des Gebetes ihrer Nonnen hervorhebt – gelebte Mitte ihrer weiblichen Klöster –, betont Pater Gracián sein inneres Ringen und den festen willentlichen Entschluß. Allerdings erkennt er dabei letztlich der Muttergottes wie der Mutter Teresa (fast ununterscheidbar!) das eigentliche Verdienst zu. Die Novizin dagegen, um deretwillen er nach Pastrana fuhr, und das Gespräch mit Teresas Priorin erwähnt er mit keinem Wort:

„Schließlich konnte ich dem Drängen der Gedanken, die aus der Liebe zu unserer Muttergottes hervorgingen, nicht mehr widerstehen, und ich sagte mir: Wenn es doch viele Edelleute gegeben hat, die aus blinder Liebe zu einer weltlichen Dame bereit waren, ihr Vermögen, ihre Ehre und sogar ihr Leben in Degenduellen hinzugeben, wie soll dann ich an irgendetwas festhalten wollen, wenn mich die Liebe zu unserer göttlichen Herrin blind macht. Ich werde mich glücklich preisen, falls ich einige Monate nach meinem Ordenseintritt sterben muß. Denn wenn mich die rauhe Härte dieses Ordens das Leben kostet, gebe ich es doch gern hin für meine Herrin, die Heilige Jungfrau Maria. Meine Entschlossenheit war so stark, daß, als ich dann nach Pastrana reiste, mir war, als sei ich ein Kreuzritter, der in den Glaubenskrieg zieht, so unerschütterlich war mein Wille."

Allerdings bedurfte es auch solcher Unerschütterlichkeit. Gerade bei Graciáns Eintritt wird das Kloster einem gänzlich ungeeigneten Prior ausgeliefert. Der Lebensbericht fährt fort:

„Kaum war ich in den Orden eingetreten, da begannen schon die Schwierigkeiten, denn der Prior F. Baltasar Nieto wurde zu den beschuhten Brüdern gerufen, um bei der Gründung eines Klosters in Madrid zu helfen. Er unterwies dort dreißig Novizen, die später die Blüte des Ordens werden sollten. Wir aber waren so sehr uns selbst überlassen, daß Schritte unternommen werden mußten, um einige Mönche vor Unklugheiten zu bewahren, als sie wegen ihres Vorgesetzten den Orden verlassen wollten. Das alles machte uns nicht wenig zu schaffen. Auch mußten wir achtgeben, daß uns die Zuwendungen, die wir aus Pastrana und Umgebung erhielten, nicht entzogen wurden, denn eine andere Existenzbasis hatten wir nicht."

Der ungeeignete Prior – Teresa bezeichnete ihn später als „melancholisch", worunter sie alle möglichen psychischen Erkrankungen versteht – erstrebte ein maßloses Büßerdasein. Da es auch anderen Mönchen an Unterscheidungsvermögen mangelte, wurde für einen feinen und gebildeten Menschen das Leben in dieser Atmosphäre nahezu unerträglich:

„Es geschah, daß einem der Novizen der nackte Rükken gepeitscht wurde, damit er aus nassem Holze, allein durch das Gebet, Feuer zünden möge, wie es unser Vater Elija getan hatte. Man meinte, daran die Vollkommenheit erkennen zu können. Es kamen noch mehr Dinge dieser Art vor, womit die heilige Unwissenheit Geist und Glaubwürdigkeit der Orden zu zerstören pflegt, wie der heilige Hieronymus sagt.

Schließlich wurde alles so entsetzlich, daß ich im Begriffe war, keine Profeß abzulegen und das Kloster zu verlassen. Ich dachte mir, es könnte die Zeit kommen, da man mich im Habit der Beschuhten sehen würde."

Die Mutter Teresa hatte durch die Priorin von Pastrana, Isabel de Santo Domingo, die dem Pater gut zuzureden verstand, genaue Kunde vom Ordenseintritt Graciáns und seinen nun folgenden Schwierigkeiten erhalten. Sie berichtet davon im Buche ihrer Klostergründungen ganz ungeschminkt (Kap. 23). Doch erkennt sie auch hier noch das Positive der göttlichen Führung, da der Pater Gracián eine harte Schule des Gehorsams durchmacht, die ihm später hilft, ein guter Vorgesetzter zu werden:

„Gott gab dem Pater Gracián de la Madre de Dios große Erleuchtung in Dingen des Gehorsams, so daß er die ihm Unterstellten unterweisen konnte. Er hatte darin ja wirklich Erfahrung. Denn als ihm der Teufel zusetzte, doch nicht in den Orden einzutreten, beantwortete er das mit dem Versprechen, die Gelübde abzulegen und dem Orden unverbrüchliche Treue zu wahren."

Zu den Schwierigkeiten in Pastrana war es aber nicht allein durch das kranke Gemüt eines Priors gekommen. Vielmehr hatte dieses Gemüt, wie auch die Unbildung einiger Mönche, ein Ideal in einer seltsamen Einsiedlerin gefunden, die begann, Teresas Klöstern gefährlich zu werden. Die Einsiedlerin hieß Catalina de Cardona. Diese Tochter eines Herzogs hatte sich in eine Höhle bei Alcalá zurückgezogen und wurde als Heilige verehrt. Besonderen Ruhm erwarb sie durch die Härte ihrer Bußübungen. Sie schlug sich stundenlang mit Eisenketten blutig. Der Kontrast zu ihrem früheren Leben erhöhte das Eindrucksvolle, denn abgesehen von ihrer vornehmen Abkunft hatte sie auch als Hofdame auf dem Schlosse der Fürsten Eboli gelebt, denen die Stadt Pastrana gehörte. Das Interesse der dortigen teresianischen Klöster an dieser seltsamen Heiligen stieg ins Ungemessene, als die Cardona, die sich selbst immer nur als „die Sünderin" bezeichnete, aufgrund einer Vision den Beschluß faßte, auch ihrerseits ein Kloster unbeschuhter karmelitischer Mönche zu gründen. Sie trat deshalb in einen kurzen Briefwechsel mit Teresa ein, die mit heiligem Horror von ihr spricht, und kam nach Pastrana, um sich alles Nötige zur Gründung (nah ihrer Höhle) zu verschaffen.

Die exzentrische Einsiedlerin ließ sich als Mönch einkleiden. In dieser Männertracht begab sie sich nach Madrid, wo sie auf Grund ihres heiligen Rufes und ihrer guten Beziehungen zum Hofe die gewünschten finanziellen Mittel erhielt. Triumphierend fuhr sie in einer Kutsche durch die Stadt, begleitet von hosannasingenden Damen. Den päpstlichen Nuntius erreichte die Schrekkensnachricht, ein Mönch sitze in der Kutsche, von Scharen ihm zujubelnder Frauen umgeben!

Die heilige Teresa, sonst gern drastisch, läßt sich in keiner Weise hinreißen, von der konkurrierenden Klostergründerin Befremdliches zu berichten. Aber sie trifft Vorkehrungen, da sie die Möglichkeit einer von Pastrana ausgehenden Ordensspaltung erkennt. Um extreme Entwicklungen zu vermeiden, braucht sie einen Menschen, der in Pastrana mit Milde und Festigkeit zu führen versteht. Der Pater Gracián ist ein Geschenk des Himmels. Doch der Befehl, zu dem Teresa sich nun entschließt, erfüllt ihn selbst mit Schrecken. Er muß sich doppelt hilflos fühlen, da er die große Reformerin noch nicht persönlich kennengelernt hat, wenn auch einige Briefe gewechselt wurden. Er berichtet:

„Was mich jedoch in diesem ersten Jahr am meisten belastete und womit die vielen Leiden begannen, die ich durchzumachen hatte, war, daß gleich nach meinem Ordenseintritt die Mutter Teresa de Jesús die unbeschuhten Karmelitinnen in Pastrana anwies, mir zu gehorchen, als gälte dieser Gehorsam ihr selbst. Noch nie zuvor war einem Mönch, sei es nun Beschuhter oder Unbeschuhter, irgendwelche Macht oder Befehlsgewalt über die Nonnen zugestanden worden. Man befürchtete nämlich, wie die Mutter Teresa mir später unter Tränen gestand, daß die Mönche die Nonnen unterdrücken würden und unter dem Vorwand des Gehorsams ihnen die heilige Freiheit des Geistes nehmen könnten, sich selbst ihre Beichtväter zu wählen und was ihnen sonst zum Troste gereichte. Dinge, die sie ebenso schätzten, wie die Mönche sie verabscheuten.

Dieses Vertrauen, das die Mutter in mich setzte, und mit dem sie die Gehorsamspflicht gegenüber den Bischöfen auf die Mönche verlagerte, wurde in den Herzen vieler zum gefährlichen Funken, an dem sich später der große Brand entzünden sollte, von dem ich noch berichten will. Auch entstand schon damals in den Seelen einiger Mönche ein so glühender und verzehrender Haß, daß sie begannen, Unbeschuhte im Kloster zu Pastrana wie auch in anderen Klöstern zu verleumden."

Teresa zwischen Takt und Taktik

Wie der Pater ganz richtig erkennt, beginnen an diesem Punkte die eigentlichen Leiden seines Lebens. Teresa selbst ist ihre erste und letzte Ursache. Hier beginnen die Verfolgungen im Orden, und zwar sowohl seitens der Beschuhten wie der Unbeschuhten, die Jerónimo Gracián später immer wieder das zu rauben drohen, was ihm, rein menschlich gesprochen, die höchsten Güter sind: die Ehre und das Leben! Für einen Spanier seiner Zeit zwei untrennbare Begriffe: die Ehre hat gleichen Wert wie das Leben, so will es das spanische Gesetz, und nicht nur auf dem Theater muß für die Ehre das Leben geopfert werden.

Die hier einsetzende Bedrohung aber hat Wurzeln von unermeßlicher Tiefe: die Liebe der Heiligen. Tatsächlich spielt sich hier ein ganz unerhörter Vorgang ab. Die 57jährige Ordensgründerin, teilhaftig nach eigenem Zeugnis der Unio mystica und durch Leben und Ausstrahlung von Jung und Alt verehrt, setzt einen grünen Novizen an ihre Stelle. Nicht von Amtes wegen, man bedenke das recht, denn Teresa ist nicht Priorin in Pastrana, sondern in Avila. Wenn sie anweist, dem Pater zu gehorchen, als gelte dieser Gehorsam ihr selbst, so wirft sie ihre ganze Persönlichkeit in die Waagschale.

In Graciáns Nachlaß fand sich folgende Aufzeichnung: „Ich weiß nicht, warum sich die Mutter in ein Zugeständnis stürzte, wie es noch keinem Mönch gemacht wurde. Die Patres durften sonst nur predigen und Beichte hören, ohne weitere Befugnisse. Ich sehe hier ganz klar die Wurzel aller meiner späteren Schwierigkeiten und Leiden, die ich im Orden nicht nur im Noviziatsjahr hatte, sondern später erst recht, und ich meine, dies zu verstehen; denn die Mutter war so heilig und wurde von allen ihren Nonnen so sehr geliebt, daß jede es als schmerzlich empfinden mußte, daß sie von ihr einem Novizen anvertraut wurde, zumal sie dabei Ältere und Würdigere überging. Man sah sehr wohl die liebevolle Bevorzugung, mit der sie mich immer bedachte. Sie muß sich in diesem Punkt getäuscht haben, und sie fügte mir so beträchtlichen Schaden zu. Als ich ihr das eines Tages vorwarf und sagte, sie dürfe mich nicht so sehr lieben und so offen protegieren, antwortete sie mir lachend: ‚Mein Pater weiß nicht, daß jede Seele, wie vollkommen sie auch sein möge, ein Ventil braucht. Überlassen Sie das mir und sagen Sie, was Sie wollen: Ich denke nicht daran, die Art meines Verhaltens zu ändern."

Aber auch von allem Unwägbaren abgesehen hatte Teresa gute Gründe. Auch solche, die über die spezielle Pastrana-Situation hinausgingen. Hatte sie doch in dieser „erbeteten" Persönlichkeit einen Mitarbeiter und Mitstreiter gesucht für alle Angelegenheiten des Ordens, oder richtiger, für jene ungeheuren Aktivitäten, aus denen der Orden der „Unbeschuhten Karmeliten" hervorgehen sollte. Teresa, „eine Frau und allein", wie sie so oft betont, war müde. Unglaubliche Anstrengungen und Kämpfe lagen hinter ihr, auch Enttäuschungen, und sie ging jetzt auf die Sechzig zu. In vier Jahren hatte sie sieben Klöster gegründet, dazu kamen die von Johannes vom Kreuz eingeleiteten Gründungen der Männerklöster in Duruelo und Pastrana, hinter denen doch ebenfalls die Heilige stand.

Obendrein übernahm Teresa 1571 auf Wunsch ihres Oberen, des Apostolischen Visitators in Avila, das Priorat im Menschwerdungskloster. Sie tat es ungern, hatte sie doch als Auftakt ihrer Ordensreform dieses Kloster verlassen, um das eigene kleine San José-Kloster zu gründen. Nun sollte sie zurück in das alte, sollte es gegen erhebliche Widerstände reformieren. Die Aufgabe war so schwierig, daß Teresa einen ganz ungewöhnlichen Beginn setzte, von dem sie Gracián erzählt haben muß, der folgendes berichtet:

„Als die erste große Sitzung (das Kapitel) einberufen ist und die Nonnen voller inneren Widerstandes und böser Befürchtungen den Versammlungsraum betreten, sitzt auf dem Stuhl der Priorin nicht etwa Teresa: Sie hatte ein wunderschönes Bild der Muttergottes auf den Stuhl gestellt und saß zu dessen Füßen. Als nun die Schwestern mit unguten Gedanken den Raum betraten und sahen, wer da den Platz der Priorin eingenommen hatte, begannen viele, wie sie später erzählten, am ganzen Körper zu zittern. Der Eindruck war so stark, daß ihre Herzen zu jedem Dienst bewegt wurden und sie bereit waren, jegliche Reform anzunehmen; das hatten die Demut und das Gebet der Mutter Teresa durch Gott, Unsere Liebe Frau und den heiligen Joseph bewirkt." Teresa hielt eine eindrucksvolle Ansprache:

„Meine verehrten Mütter und Schwestern! Der Gehorsam sendet mich in dieses Haus, damit ich Ihnen zu Ihrer Zufriedenheit diene, so sehr ich es nur vermag. Im übrigen kann eine jede von Ihnen mich lehren und reformieren. Darum überlegen Sie sich bitte, meine Damen, was ich auf Ihre Veranlassung tun kann. Ich werde alles guten Willens ausführen, selbst wenn ich mein Blut und Leben dafür geben müßte."

Die Schwestern waren tief beeindruckt, aber dennoch hatte Teresa in diesem Priorat harte Kämpfe durchzustehen, mußte unverschämte Besucher persönlich aus dem Hause werfen, und ähnliches. Ihr sensibles Herz und ihre Gesundheit wurden davon stark angegriffen, so daß sie im Juli 1573 an einen befreundeten Jesuiten schreibt:

„Die Gnade des Heiligen Geistes sei mit Ihnen. Ich wollte, ich hätte hinreichend Zeit und Gesundheit, um Ihnen einiges zu sagen, was mir wichtig scheint. Mein Zustand hat sich aber ganz unvergleichlich verschlechtert, und ich tue mich schwer mit allem, was zu berichten ist. Ich bin so umständlich geworden, daß alles zu lang ausfällt, auch wenn ich es kurz machen möchte. Ganz offensichtlich tut mir dieses Menschwerdungskloster gar nicht gut. Wolle Gott, daß etwas Positives dabei herauskommt!"

Teresa ist also überlastet und angegriffen, als sie den jungen Pater an ihre Stelle setzt. Aber trotz aller daraus erwachsenden Schwierigkeiten hat ihr Gefühl im Grunde Recht.

Drei Seelen in des Paters Brust

Dieser hochgebildete Mann mit seiner Leidenschaft für den Orden, der sanften Natürlichkeit, dem unbekümmerten Schwung, ist der Helfer, den sie jetzt braucht. Hinzu kommt Graciáns Begabung als Seelenführer, die auch heute einem Psychotherapeuten Ehre machen würde. Sein realistischer Sinn läßt ihn z. B. einer depressiven Nonne raten, sich täglich mit ihrer Katze zu unterhalten. Sie findet so aus ihrer Isolierung heraus und gesundet. „Übernatürlichen" Erfahrungen begegnet er nicht mit Vorurteilen, aber mit gesunder Skepsis, insbesondere den bildhaften Visionen, die er für sich selbst ganz ablehnt. Sein Humor und sein erzählerisches Talent lassen ihn solche Dinge entschärfen. So berichtet er, wie ihm im

Alter von elf Jahren – vermutlich, so meint er, als Produkt seiner Furcht oder Phantasie, – eines Nachts der Teufel in Gestalt eines Ziegenbocks begegnete:

„Als ich mich einem Kreuzweg näherte, erfaßte mich unerklärliche Furcht. Sie wurde so stark, daß meine sich sträubenden Haare das Sammetmützchen emporhoben, das ich auf dem Kopf zu tragen pflegte." Aber mutig ergreift er mit jeder Hand einen Stein und tritt gegen das große Tier an wie zum Stierkampf oder zum Duell – da ist es verschwunden. Später, als Mönch, verbringt er mit einem Mitbruder die Nacht im Hause des Kardinals von Toledo. Da sehen beide im Garten, vor den Gittern der Terrasse, ein „gewaltiges Gespenst erscheinen, mit vielen Greifarmen wie ein Tintenfisch. Vor Schrecken begannen wir zu laufen. Wir liefen so schnell, daß Alberto, der uns begleitende Laienbruder, sehr unsere Leichtfüßigkeit bewunderte, denn er meinte, wir veranstalteten einen Wettlauf."

Bei diesen visionären Berichten überwiegt natürlich der ernüchternde Humor, ebenso wenn sich nach Graciáns Version die Teufel nachts mit „ay, ay, ay" beklagen, weil sich der päpstliche Nuntius Sega endlich dem Guten, d.h. der teresianischen Reform zuwendet.

Die Frage der Visionen ist in jener Zeit großer, aber auch sektiererischer kontemplativer Bewegungen besonders brennend. Sowohl Teresa wie Gracián sind Spezialisten auf diesem Gebiet, Teresa durch ihre praktische Erfahrung, Gracián durch seine Tätigkeit als Beichtvater und sein großes theoretisches Wissen. Teresa, die zu Beginn ihrer mystischen „Laufbahn" sehr unter verständnislosen Seelenführern gelitten hat, ist froh, für ihre Nonnen nun diesen behutsamen Mann einsetzen zu können, der, neben Humor und Verstand, auch über psychologische Einfühlung und Selbstkritik verfügt. Das wird in ganz köstlicher Weise deutlich in seinen nach dem Tode Teresas geschriebenen Dialogen, in denen er sich selbst auf drei Personen verteilt und charakterisiert:

„Zur abendlichen Plauderstunde hatten sich drei Mönche versammelt, die nach den geistlichen Mühen des Tages in angenehmen Gesprächen Erholung suchten. Der eine hieß Anastasio[1], der schon sehr jung an der Universität von Alcalá studiert hatte. Er war lebhaften Geistes und besaß einen scharfen Verstand. Ganz und gar vernünftig, zog er es vor, nichts zu glauben, was nicht durch Denken und Wissenschaft zu beweisen war. Der zweite hieß Cirilo[2]. Er hatte viel gelesen an Merkwürdigem und Geschichtlichem. Gott hatte ihn mit einem höchst glücklichen Gedächtnis versehen, und so wußte er viel über Philosophie und alte Sprachen. Der dritte hieß Eliseo[3]. Er hatte einen etwas weichen Charakter, eine angenehm sanfte Sprechweise und war ein wenig leichtgläubig, besonders, wenn es sich um ungewöhnliche Erfahrungen wie Wunder, persönliche Offenbarungen und ähnliche spirituelle Dinge handelte."

Tatsächlich hat sich Gracián lebenslänglich mit dem Wert der Visionen auseinandergesetzt, seine Schriften zeigen es. Und so sicher und überzeugend er stets hervorhebt, daß es einzig auf das Evangelium und die Nachfolge Christi ankomme, nimmt er doch die Frage der inneren kontemplativen Erfahrung immer wieder auf, zumal ihn ja Teresa unausweichlich damit konfrontiert, wie noch gezeigt werden soll. In dem zitierten Dialog äußert sich Anastasio höchst dezidiert, doch antwortet ihm darauf Cirilo, die zweite Seele in Pater Graciáns Brust:

„Du bestehst zu sehr darauf, Bruder Anastasio, diese übernatürlichen und außerordentlichen geistlichen Dinge zu verwerfen. Und wenn auch alles wahr ist, was du sagtest, und richtig, daß man diesen ungewöhnlichen Weg der Visionen und Offenbarungen eher fürchten als su-

---

[1] Nach Anastasios Sinaïtes, † um 700, einem Häretiker-Apostel.

[2] Cyrillus von Alexandrien verteidigte 431 auf dem Konzil von Ephesus die Gottesmutterschaft Mariens gegen die Nestorianer.

[3] Elisäus, heute Elischa, Prophet und Nachfolger des legendären „Ordensgründers" Elija.

chen soll, so ist doch Gott allmächtig: jetzt und allezeit kann er diese Wunder vollbringen."

Das letzte Wort aber hat Eliseo, die dritte und zarteste Seele des Paters: „Ich muß am Ende alles ausbaden, sagte Eliseo, und ich zittere schon vor euch, wenn ich auch etwas beitragen möchte."

Unerwünschte Ehren

Nach außen hin läßt der Pater meist der Anastasio-Seele den Vortritt. Sie dominiert in seinen Schriften. Seine feine Sensibilität bedarf des Schutzes durch die Ratio, anders könnte er auch seiner großen Leidenschaft nicht nachgehen, die in der Sprache der Zeit heißt „Seelen retten." Um dieser Leidenschaft, um dieses Apostolats willen scheut er keine Mühen und Opfer. Seelenführung, Ordensgründung, alles dient dem einen Ziel. Er geht dabei ebenso engagiert wie unbekümmert vor.

Darum fällt die Wahl auf ihn, als es in Sevilla etwas wieder ins Lot zu bringen gilt. Er kommt zusammen mit dem Pater Mariano, einem der Gründer von Pastrana, im August 1573 dort an, um eine „wilde" Klostergründung rückgängig zu machen. Um alles aufs beste zu ordnen, gründet er dann selbst auf der Basis einer armseligen kleinen Eremitage das Männerkloster „Nuestra Señora de los Remedios". Nur übersieht er dabei großzügig, daß der Ordensgeneral Rossi (Italien) grundsätzlich die Gründung von „unbeschuhten" Männerklöstern in Andalusien verboten hatte.

Im Grunde war Gracián dennoch im Recht, die eigentliche Überschreitung der Befugnisse lag bei seinem Vorgesetzten, dem apostolischen Visitator, wie er in der Autobiographie ganz klar begründet:

„Wir kamen also an und erbaten uns die Gründungslizenz vom Dominikaner-Provinzial Francisco de Vargas, der damals auf Grund eines Briefes Pius V. Apostolischer

Visitator der Beschuhten Karmeliten Andalusiens war. Dieser gab uns nicht nur die Lizenz, sondern händigte mir das Original-Breve aus und setzte mich an seiner Stelle als Apostolischen Visitator ein. Da stand ich nun mit meinen 28 Jahren, ein unfertiger Mönch, und fand mich schon als Vorgesetzten der Beschuhten Karmeliten in Andalusien und zwangsläufigen Gegner des Ordensgenerals, wozu man auch noch wissen muß, daß die andalusische Provinz die ungezähmteste von allen war. Es genügt wohl, was ich zu diesem Punkte gesagt habe, damit man sich vorstellen kann, wie es mir mit diesem neuen Amte ergehen würde, das eine Riesenlast war bei all den Rivalitäten und meinen geringen Kräften."

Es war verständlich, daß sich die Mönche des alten Ordens, die sogenannten Beschuhten, nicht einem jungen Pater der teresianischen Reform einfach unterstellen wollten. Sie wiesen auch ganz richtig darauf hin, daß Gracián mit dem Breve zwar das Recht zu Reformen, nicht aber zu Klostergründungen habe. Es gab offen und geheim heftige Kämpfe. Die heilige Teresa gibt in einem Brief vom 14. Mai 1574 – dem ersten erhaltenen, in dem der Name Gracián genannt ist – ihrer Freude unverhohlenen Ausdruck:

„Oh, wenn Sie wüßten, welche Aufregung es zugunsten der Unbeschuhten gegeben hat, wenn auch nur im Geheimen. Der Herr sei gelobt! Alles wurde von Gracián und Mariano, den beiden, die nach Andalusien gereist waren, in Gang gebracht. Meine Freude wird nur ziemlich gedämpft beim Gedanken an den Ärger, den unser Pater General davon hat, den ich doch sehr liebe. Andererseits wären wir bei einem anderen Verlauf der Dinge untergegangen. Gott befohlen!"

Im entscheidenden Augenblick stirbt Pius V., mit ihm erlischt auch die Vollmacht durch das Breve. Pater Gracián sieht sich völlig verlassen. Er braucht die Hilfe König Philipps und des päpstlichen Nuntius. Darum macht er sich auf den Weg nach Madrid. Dort wird ihm mehr geholfen, als er wünschen konnte: Der König hätte gerne die Jesuiten als Visitatoren kontemplativer Orden, darunter auch der Karmeliten, gesehen. Die klugen Jesuiten winken jedoch ab. Daraufhin wird im Juni 1574 Gracián vom Nuntius Ormaneto zunächst vorläufig zum Provinzialvikar und Apostolischen Visitator sowohl der Beschuhten wie der Unbeschuhten Karmeliten und Karmelitinnen ernannt. Gracián ahnt, was ihm bevorsteht, und würde gern ablehnen. Aber dann wären die Unbeschuhten ohne seinen Schutz. So hält er die Ernennung zunächst geheim und bittet die Mutter Teresa um eine Unterredung. Diese hat gerade Schwierigkeiten mit einer Klostergründung in Beas de Segura und braucht ihrerseits den Pater Gracián mit seinen Vollmachten. Beide treffen sich im April. Sie müssen viel zu besprechen haben, denn das Zusammensein dauert fast einen Monat.

DIE BESTEN TAGE MEINES LEBENS

Glücklicher Irrtum

Teresa hatte im Jahre 1567 von ihrem Ordensgeneral Rossi (span. Rubeo) ein Patent erbeten, eine Vollmacht Klöster zu gründen „zum Heile der Seelen und zur Verherrlichung Gottes." Rubeo schreibt:

„Diesem Wunsche, der Uns sehr christlich und heilig erscheint, können wir Uns nicht verschließen. Wir müssen ihn vielmehr annehmen, ihm entsprechen und all Unsere Förderung zuteil werden lassen. Darum ermächtigen Wir in Ausübung Unseres Amtes als Ordensgeneral die ehrwürdige Karmelitin Mutter Teresa, zur Zeit Priorin des Klosters San José und Uns im Gehorsam unterstellt, daß sie in freier Verantwortung Häuser, Kirchen und Grundstücke allerorten in Kastilien als Schenkung annehmen oder erwerben darf, um Klöster für karmelitische Nonnen zu gründen, die Uns unmittelbar unterstehen. Die Nonnen werden einen Habit aus braunem Sackleinen tragen. Wenn man es nicht bekommen kann, möge man grobes Tuch nehmen. Ihr Leben folgt der ursprünglichen Regel. Weder ein Provinzial noch ein Vikar oder Prior dieser Provinz kann über sie befinden. Dieses Recht steht nur Uns selbst oder einem von Uns beauftragten Kommissar zu. Die Anzahl der Nonnen soll in einem Kloster 25 nicht übersteigen. *Avila, den 27. April 1567.*"

Leider war der Ausdruck „Kastilien" nicht ganz klar, denn als Königreich umfaßte es auch die Provinz Andalusien. Darum sendet der General am 17. Mai noch einen Nachtrag:

„Wir meinten, daß sich unsere Erlaubnis auf Alt- und

Neukastilien erstreckt. Das heißt, wir geben in Ausübung Unseres Amtes der ehrwürdigen Mutter Teresa Recht und Vollmacht, allerorten im Königreich Kastilien, jedoch mit Ausnahme Andalusiens, Nonnenklöster anzunehmen, zu erwerben, zu errichten und zu gründen."

Die vertrauensvolle Hochachtung, die aus diesen Vollmachten spricht, bestätigt der General in sehr persönlicher Weise zwei Jahre später in einem Brief, den er an die Nonnen des soeben gegründeten Klosters in Medina del Campo richtet, und den auch die anwesende Teresa lesen soll:

„Ich möchte Seiner göttlichen Majestät unendlich danken für die unserem Orden durch die Klugheit und Bemühung unserer ehrwürdigen Teresa de Jesús erwiesene Gnade. Diese ehrwürdige Mutter nützt dem Orden mehr als alle unsere karmelitischen Mönche zusammen. Schenke ihr Gott noch viele Jahre! Auch habe ich Sie, meine ehrwürdigen Nonnen, ermahnt, in allem der genannten Teresa zu gehorchen. Sie ist Ihre wahre Vorgesetzte und Sie müssen wissen, welch ein kostbares Juwel Sie in dieser wunderbaren Freundin Gottes besitzen."

Teresa hielt sich stets mit größter Sorgfalt an die Anordnungen ihres höchsten Vorgesetzten. Als sie jedoch Anfang des Jahres 1575 in Beas gründet, meint sie, ihr Kloster stehe auf kastilischem Boden. Hinzu kommt noch eine Unsicherheit: im April erhält sie eine weitere Vollmacht in lateinischer Sprache, die wieder nur allgemein sagt „quot constituere posset omnibusque locis" – daß sie allerorten gründen dürfe. Darum erklärt sie dem General am 18. Mai ihren Irrtum, entschuldigt sich aber nicht eigentlich, sondern sagt:

„Euer Wohlehrwürden müssen wissen, daß ich mich vor meiner Gründung in Beas eingehend informiert hatte, daß der Ort nicht zu Andalusien gehört, wohin ich in keiner Weise hätte gehen wollen, da ich mich mit den Leuten dort nicht gut verstehe. Und es ist ja auch so, daß

Beas nicht zu Andalusien gehört, wenn auch zur Provinz Andalusien."

Mit „Provinz" meint Teresa die Kirchenprovinz. Pater Gracián erklärt es später in aller Deutlichkeit: „Die Nachforschungen ergaben, daß Beas in der weltlichen Jurisdiktion zur kastilischen Administration gehörte, in der kirchlichen jedoch zu Andalusien. Das war mir neu und der Mutter Teresa erst recht, denn sie besaß, um die Wahrheit zu sagen, weder vom Ordensgeneral noch vom Visitator eine Vollmacht zur Gründung in Andalusien. Darum war die (im Februar) vollzogene Gründung nicht gut, und wenn die Mutter Teresa die Zusammenhänge gekannt hätte, wäre sie um keinen Preis nach Beas gereist und hätte das Kloster nicht gegründet."

Teresa erzählt die Vorgeschichte: „Damals (Juli 1573) kam ein Bote aus Beas und überbrachte mir Briefe einer dortigen Dame, des Pfarrers und weiterer Personen, in denen man mich bat, zu kommen und ein Kloster zu gründen. Ein Haus war schon gekauft, ich sollte nur noch den eigentlichen Gründungsakt einleiten. Ich stellte dem Boten Fragen. Er erzählte mir große Dinge von dieser Gegend – und mit Recht, denn sie ist lieblich und hat ein angenehmes Klima. Als ich aber die weite Entfernung bedachte, schien es mir doch unsinnig. Obendrein hätte ich die Erlaubnis meines kastilischen Vorgesetzten, des Apostolischen Kommissars (Fernández O.P.) gebraucht, und der war, wenn nicht gerade ein Feind, doch zumindest kein Freund meiner Gründungstätigkeit. So wollte ich schon absagen, ohne ihm überhaupt davon zu berichten. Dann dachte ich aber, wo er gerade in der Nähe war (Salamanca), sei es doch nicht gut, ganz ohne sein Wissen zu entscheiden, zumal mir ja auch unser ehrwürdiger Pater General empfohlen hatte, jede Gründungsmöglichkeit wahrzunehmen."

Die Heilige berichtet nun weiter, wie der dominikanische Visitator Pedro Fernández wider seiner Absicht zum Instrument Gottes und der Zwecke Teresas wird. Er lobt die fromme Absicht der Stifter, weist aber darauf hin, daß Beas kirchlich dem Orden der Santiagoritter unterstehe und diese die Erlaubnis geben müßten – wobei er, meint Teresa, mit Sicherheit die Verweigerung dieser Erlaubnis vorhersah. Ganz überraschend genehmigte jedoch der Ritterorden die Gründung. Fernández hatte sich in seiner List verfangen und mußte ebenfalls zustimmen, so daß die Gründung am 24. Februar stattfand. Offenbar hatte aber dieses geistliche Oberhaupt selbst über die geographisch-juridischen Grenzen nicht Bescheid gewußt. Es kam alles erst heraus, als das Kloster eingeweiht und bezogen war. Voller Sorge faßt Teresa daher den Plan, nach Beas zu reisen. Sie schreibt an Rubeo:

„Alles das erfuhr ich erst gut einen Monat nach der Gründung des Klosters. Da ich schon Nonnen dort eingewiesen hatte, schien mir, daß ich dieses Kloster nicht einfach seinem Schicksal überlassen konnte. Das ist einer der Gründe, weshalb ich nach Andalusien kam." *(Sevilla, den 18. Juni 1575).*

Einer der Gründe ... Aber da war auch der Pater Gracián mit seinen Nöten, der ohne Erlaubnis Rubeos in Sevilla ein Kloster Unbeschuhter Karmeliten gegründet hatte und dem König und päpstlicher Nuntius die etwas leichtfertig übergebenen Vollmachten für Andalusien geradezu aufzwangen – gegen den Willen des Ordensgenerals. Vergeblich hatte Gracián sich gesträubt, vergeblich sein Bruder den König gewarnt.

„Es war schwer", so schreibt Pater Jerónimo später, „erst ein Jahr nach dem Klostereintritt schon so viel Demut und Selbstverleugnung aufbringen zu sollen, daß ich ein derart schwieriges Amt wie das eines Reformers der beschuhten Karmeliten auf mich nahm, wo doch Verdruß und üble Nachrede sich an meine Fersen heften mußten. Aber als ich über diese Frage mit der Mutter Teresa Briefe austauschte, schien es ihr und allen Freunden doch besser, daß ich dieses Kreuz annähme. Andernfalls war die Gefahr groß, daß die Beschuhten den „unbeschuhten"

Klöstern ein Ende bereiteten. Als Vorgesetzter aller Beschuhten und Unbeschuhten Andalusien aber könnte ich, so dachte man, meine eine Hand über letztere und ihre Klöster halten, damit sie sich entfalteten, und mit der anderen das Schwert führen, um sie gegen die Beschuhten zu verteidigen. Zudem wäre es besser, wenn diese mich statt der Unbeschuhten bekämpften. Um dieses alles genauer besprechen zu können, kam ich brieflich mit der Mutter überein, daß wir uns im soeben gegründeten Kloster zu Beas treffen wollten. Sie benachrichtigte mich von ihrer Ankunft und ich kam nach Beas, um jene zu sehen, die ich so sehnlich zu kennen wünschte, nachdem wir bisher nur brieflichen Kontakt hatten."

Begegnung in Beas

Teresa ihrerseits erzählt:

„Pater Jerónimo Gracián besuchte mich in Beas. Wir hatten uns noch nie gesehen, so sehr ich das auch immer gewünscht hatte. Nur geschrieben hatten wir uns ein paarmal. Ich war hocherfreut, als man mir seine Ankunft meldete, denn mir lag sehr an dieser Bekanntschaft nach all dem Guten, das man mir von ihm erzählt hatte. Aber noch viel größer war meine Freude, als ich ihn dann wirklich kennenlernte. Er gefiel mir so sehr, daß mir schien, alle, die ihn mir bisher angepriesen hatten, kannten ihn gar nicht. Ein Blick genügt, um zu erkennen, daß uns der Herr in diesem Mann die Hilfe sandte, die ich in meinem erschöpften Zustand brauchte. Und so war ich in diesen Tagen so grenzenlos glücklich und hoffnungsvoll, daß ich vor mir selbst erschrak. Damals hatte er nur den Auftrag für Andalusien, aber während seines Aufenthaltes in Beas sandte der päpstliche Nuntius nach ihm und beauftragte ihn auch für die Unbeschuhten Mönche und Nonnen in Kastilien. Mein Inneres wurde davon so mit freudiger Genugtuung erfüllt, daß ich in diesen Tagen gar nichts anderes tun konnte, als unaufhörlich unserem Herrn zu danken."

Teresa rückt hier Ereignisse zusammen, die in ihrem Gefühl nahtlos ineinander übergehen. Genau gesehen war es aber so, daß Gracián etwa Mitte April nach Beas kam und dann kurz vor dem 12. Mai nach Madrid reiste. Dort wurde ihm die Ernennung für Andalusien vom 8. und 13. Juni 1574 nicht nur bestätigt, sondern am 3. August auf die Unbeschuhten Kastiliens erweitert. Er war nun Provinzialvikar, Apostolischer Visitator und Reformer für die Beschuhten und Unbeschuhten Mönche und Nonnen Andalusiens sowie Apostolischer Visitator für die Unbeschuhten Mönche und Nonnen Kastiliens.

Die doppelte Freude, von der Teresa berichtete, bezieht sich also auf die Monate Mai und August. Sie kommt in diesem Kapitel ein zweites Mal auf die grundsätzliche Bedeutung zurück, die sie Gracián für die Geschichte des Ordens beimißt:

„Wenn er auch nicht der erste war, der unsere Ordensreform einleitete, kam er doch gerade im rechten Augenblick. Denn ich begann, wenn mir auch Gottes Barmherzigkeit großes Vertrauen einflößte, doch schon hin und wieder dieses ganze Unternehmen der Reform zu bereuen." Das lag, fügt Teresa hinzu, vor allem an den Zuständen in den Männerklöstern Andalusiens, bis „unser Herr dem allen abhalf durch unseren Pater Magister Fray Jerónimo de la Madre de Dios (Gracián)."

Auch Gracián schildert, wie er die erste Begegnung erlebte:

„Ich blieb viele Tage in Beas, und wir begannen alle Ordensangelegenheiten durchzusprechen, vergangene, gegenwärtige und zukünftige, für die schon vorzusorgen war. Auch sprachen wir über den Geist des Ordens, wie wir ihn an die Mönche und Nonnen herantragen und sie in ihm erhalten könnten. Die Mutter befragte mich, was ich in dieser Materie theoretisch und praktisch wisse, und lehrte mich alles, was sie selber wußte, so daß ich über alle die Lehren, Weisungen und Ratschläge, die ich von ihr erhielt, ein dickes Buch schreiben könnte. Es waren ja auch viele Tage, und wir verbrachten alle Zeit – nur die des Essens und der heiligen Messe ausgenommen – in solchen Gesprächen.

Sie gab mir Rechenschaft über ihr ganzes Leben, ihre geistigen Erfahrungen und Absichten, und ich wurde ihr so ergeben, daß ich von nun an nichts Wichtiges mehr unternehmen wollte, ohne ihren Rat einzuholen. Sie befand sich auch in einer Schwierigkeit, über die wir uns lange unterhielten, denn sie hatte keine Lizenz für Gründungen in Andalusien, und der General war über mich verärgert wegen meiner Gründung in Sevilla. Ich konnte aber meinerseits nicht nach Kastilien gehen, da ich nur für Andalusien beauftragt war. So beklagten wir gemeinsam, daß wir im Herzen vereint und in den Aufträgen getrennt waren."

Mit Hilfe der Franziskaner stellt Gracián Nachforschungen über die Zugehörigkeit der Stadt Beas an und erfährt, daß sie kirchenrechtlich zu Andalusien gehört. Nun zeigt er Teresa glücklich alle seine Papiere, die ihn in Andalusien als ihren Vorgesetzten ausweisen. Er kann jetzt mit Vergnügen wie ein Deus ex machina handeln:

„Ich gab ihr noch einmal den Auftrag, das (schon gegründete) Kloster in Beas zu gründen und begann, mich ihr gegenüber als Vorgesetzter und Beichtvater zu geben, ohne daß sie darüber die geringste Traurigkeit zeigte, denn der entdeckte Irrtum öffnete ihr Tür und Tor für weitere Klostergründungen in Andalusien, und sie erkannte darin die große Hilfe Gottes."

Auch Teresa schreibt über die ungewöhnliche Zuneigung und innere Übereinstimmung:

„Es mag unziemlich scheinen, daß er (Gracián) mir so sein Innerstes entdeckte. Doch vielleicht wollte der Herr, daß ich es hier niederschreibe, auf daß er verherrlicht sei in seinen Geschöpfen. Jedenfalls hat sich Pater Gracián weder einem Beichtvater noch sonst einem Menschen gegenüber je so offenbart wie mir. Dazu veranlaßten ihn wohl einerseits meine Jahre, und andererseits, was man ihm von meinen Erfahrungen erzählt hatte. Unter den vielen Dingen, die wir besprachen, teilte er mir das eine oder andere mit, was nicht zur Niederschrift geeignet ist, zumal ich mich hier sowieso schon reichlich verbreite. Ich muß mich fest in die Hand nehmen, um ihn nicht zu betrüben, wenn ihm dieses eines Tages in die Hände kommen sollte. Bis er es liest, wird möglicherweise noch viel Zeit vergehen. Aber ich konnte nicht anders, es erschiene mir unrecht, nicht das Gedächtnis dessen zu erhalten, der so viel Gutes für die Erneuerung unseres Ordens nach der ursprünglichen Regel getan hat."

Beide, Teresa und der Pater, zeigen sich von ihrer Begegnung tief getroffen. Gracián, recht einsam sonst im Innern, öffnet sein ganzes Herz. Gewiß berührt ihn in erster Linie das Mütterliche an Teresa, „Jahre" und „Erfahrung", wie sie hellsichtig erkennt, wobei freilich „Erfahrung" bereits in den beide zeitlos verbindenden Bereich der Gottesliebe weist.

Spätere Äußerungen des Paters zeigen, daß sein Herz auch von dem Charme der Heiligen getroffen ist, von der weiblichen Einmaligkeit ihrer Person, die sich in Leib und Seele ausdrückt. Seine „schöne Teresa" (vgl. Kapitel 1) kehrt wieder in Bemerkungen wie:

„Sie hatte sehr anmutige Züge, die zu inniger Ergebenheit bewegten." Und vier Jahre nach dieser ersten Begegnung stellt er mit Trauer eine Veränderung fest, womit er zeigt, daß er in Teresa nicht nur die Mutter, sondern auch die attraktive Frau erkannt hatte:

„1579, im Jahre der großen Grippeepidemie, hielt sich die Mutter Teresa in Valladolid auf. Sie wurde dort so heftig von der Krankheit ergriffen, daß sie fast in die ewige Seligkeit eingegangen wäre. Nach dieser Krankheit war sie so verändert und abgemagert, daß man ihr zum ersten Male ihr Alter ansah. Bisher überstrahlten ihre Persönlichkeit und gute Erscheinung die fortgesetzten Erkrankungen so stark, daß sie viel jünger aussah, als sie war."

Wenn also der Pater in Teresa noch Schönheit und Jugend erkennt, betont Teresa gerade die Reife, die ihm trotz seiner Jugend eigen ist. Früher als alle anderen vom Wissen durchdrungen, daß ihr reformierter Orden einen eigenen Status braucht, schreibt sie an König Philipp II.:

„Es würde viel für uns bedeuten, wenn man bei der Einrichtung (einer eigenen Provinz) einen Unbeschuhten Pater namens Gracián zum Provinzial ernennen würde. Ich lernte ihn unlängst kennen. Trotz seiner Jugend preise ich den Herrn für die Gaben, mit denen er diese Seele versehen hat und für die großen Werke, die er zum Wohle vieler durch ihn vollbrachte. Ich glaube, er wurde von Gott sehr zum Wohle unseres Ordens erwählt." *(Sevilla, den 19. Juli 1575)*

Die Jugend neigt sich zur Reife, die Reife zur Jugend. Dabei läßt sich das tiefe persönliche Betroffensein nicht von der gemeinsamen Gottesliebe und vom erfüllenden Apostolat im Dienste des Ordens und der Mitmenschen trennen.

Doch geht Gracián stärker in der „Berufsarbeit" auf als Teresa, deren weibliches Empfinden, ebenso wie die aus der Unio mystica empfangene grenzenlose Liebesfähigkeit, dem Menschlichen vor allen „Sachzwängen" den Vorrang geben. Später gibt das Konflikte. Aber in diesen ersten Wochen und Monaten der Begegnung von Beas ist die Heilige von einem einzigen Jubel erfüllt. Während sich der Pater als ritterlicher Mann größte Zurückhaltung auferlegt, sendet Teresa Briefe in alle Himmelsrichtungen, die von ihrem neuen Glück künden:

„O liebe Mutter", schreibt sie an die Priorin Inés de Jesús, „wie gern hätte ich Sie in diesen Tagen bei mir gehabt. Ich gestehe Ihnen ohne Übertreibung: es waren, glaube ich, die besten meines Lebens! Pater Magister Gracián blieb mehr als zwanzig Tage. Je mehr ich mit diesem Mann umgehe, um so deutlicher wird mir sein unschätzbarer Wert. Er ist vollkommen, einen besseren hätten wir uns nicht von Gott erbitten können. Nun müssen Sie mit Ihren Nonnen beten, daß seine Majestät ihn uns zum Oberen gibt. Dann könnte ich die Leitung dieser Häuser ruhig niederlegen, denn noch nie sah ich eine derartige Vollkommenheit vereint mit solcher Milde. Gott schütze und geleite ihn! Für nichts würde ich diese Zeit wieder hergeben, da ich den Pater so häufig sehen und sprechen konnte!

Er wartete hier auf Pater Mariano, und wir waren über dessen Verspätung sehr froh. Julián de Avila und überhaupt alle sind ganz weg von ihm. Er predigt auch so wunderbar! Mir geht es gesundheitlich viel besser als sonst."

Offenbar hatte Priorin Inés den Pater auch schon kennengelernt, ohne aber Teresas Begeisterung ganz zu teilen. Teresa schreibt nämlich im gleichen Brief:

„Ich glaube, er hat große Fortschritte gemacht, seit Sie ihn sahen. Er ist gereift in all den Leiden, durch die er gehen mußte." *(Beas, den 12. Mai 1575)*

Wie ein Engel

Noch wölbt sich ein blauer Himmel über Andalusien. Teresa schreibt ihrer Schwester Juana de Ahumada, daß Gracián als Apostolischer Kommissar und Visitator Befehlsgewalt über alle Unbeschuhten Kastiliens wie Andalusiens erhalten hat, „etwas Besseres konnte uns wirklich nicht passieren!" Ehe aber Gracián seine Vollmachten vorzeigen kann, muß der Friede mit dem verärgerten Ordensgeneral wiederhergestellt werden. Teresa spielt in ihrer Rolle als Mittlerin ihren ganzen weiblichen Charme und alles diplomatische Geschick aus. Sie gibt Rubeo sein einstiges Kompliment von Medina del Campo zurück:

„Bei Gott, ich bitte Sie zu verstehen, daß alle Unbeschuhten zusammen mir nichts bedeuten im Vergleich zu dem Kummer, den mir eine Unehrerbietigkeit gegenüber Euer Wohlehrwürden bereitet." Sie betont dann die Abwesenheit Graciáns (sie schreibt also aus eigenem Antrieb) und seine Unschuld, denn er erhielt die Vollmacht vom Visitator, hinter dem der Papst steht. Dieses im Kompetenzenstreit schwerste Geschütz gestattet Teresa dann die Aussage: „Gracián ist wie ein Engel!"

Offenbar hält der General nicht viel von solchen Engeln, denn Ende Januar 1576 schreibt ihm die Heilige noch einmal in gleicher Angelegenheit. Der Brief gehört zu den berühmtesten der Weltliteratur. Teresa hebt hervor, daß Gracián selbst das ebenso schwierige wie hohe Amt lieber abgelehnt hätte, aber dann doch im Interesse des Ordens und im Namen Gottes meinte, es übernehmen zu müssen. Auf Gott gestützt, wird sie dann energisch:

„Ich hoffe zu IHM, daß Sie dem Pater Gracián so entgegenkommen, daß er Ihr Wohlwollen spürt, dann wird alles wieder gut. Ja, wenn es viele gäbe, denen man ein solches Amt anvertrauen könnte! Aber es findet sich doch weit und breit niemand von solcher Begabung. Wenn Euer Wohlehrwürden ihn persönlich kennten, würden Sie das Gleiche sagen."

Teresa läßt in diesem Brief nicht nur ihren Charme spielen, sie setzt auch die ganze Stärke und Bedeutung ihrer Persönlichkeit ein. Dieses ist keine Gelegenheit für Demutsformeln:

„Bedenken Sie doch bitte, Wohlehrwürden, daß es Sache der Kinder ist, Fehler zu machen und Sache der Eltern, zu verzeihen und zu vergessen. Bei der Liebe unseres Herrn bitte ich Sie, Milde walten zu lassen. Verstehen Sie doch, daß das aus verschiedenen Gründen richtig sein kann, die Sie nicht kennen, die aber mir, die ich hier am Ort bin, vertraut sind. Und wenn wir Frauenspersonen uns auch zum Ratgeben nicht eignen, treffen wir doch manchmal das Rechte. Im Angesichte Gottes werden Euer Wohlehrwürden dereinst erkennen, wie viel Sie Ihrer wahren Tochter Teresa de Jesus verdanken."

Sehr vertraut schreibt sie an ihre Freundin und Cousine María Bautista, Priorin in Valladolid. Der Brief zeugt von gewissen Spannungen, die es mit dieser Frau (nicht zum letztenmal) gegeben hat. Teresas Antwort ist eine ruhige Rechtfertigung, durch die wieder der Jubel durchklingt, den Menschen gefunden zu haben, der ihrem Herzen Erfüllung gibt:

„Was nun meine Freundschaft mit dem Pater Gracián betrifft, so würden Sie sich wundern, was sich da entwikkelt hat! Ich konnte nicht anders und bereue nichts. Wenn Sie Fehler an ihm entdecken, so mag das daran liegen, daß Euer Ehrwürden noch zu wenig Gelegenheit hatten, ihn kennenzulernen. Ich sage Ihnen, er ist heilig und kein bißchen unbesonnen, sondern sehr umsichtig. Schließlich habe ich das erfahren und weiß, daß man ihm mehr als Bücher anvertrauen kann. Sie sagen, ich hätte über ihn ganz meinen Pater Fray Domingo Báñez[1] vergessen. Das mag daran liegen, daß beide so sehr verschieden sind. So mache ich eine erstaunliche Erfahrung: seine Freundschaft ist von einer Art, die nichts anderes will als das Wohl der Seele. Es ist, als hätte man Umgang mit einem Engel (was er ja auch ist und immer schon war). Und wenn dem so ist, weiß ich nicht, wo hier die Versuchung liegen soll; das ist doch etwas völlig anderes. Gesegnet sei Gott, daß es dem Pater besser geht. Sagen Sie ihm meine Empfehlungen." –

Der Brief ist im weiteren etwas verschleiert, (zudem nur verstümmelt erhalten), so daß ich eine Übersetzung unklarer Passagen nicht wage. Gesichert ist nur, daß Teresa fürchtete, der Pater könne durch diese Liebe seine „libertad santa" verlieren, seine heilige Freiheit, doch daß

---

[1] Domingo Báñez ist der berühmteste dominikanische Theologe seiner Zeit. Er ging als Gegner der Jesuiten im Streit um den freien Willen in die Kirchengeschichte ein.

sie jetzt weiß, wie unnötig diese Sorge war. Das Gleiche gilt für die Heilige selbst: „Diese Freundschaft, das kann ich Ihnen sagen, schenkt eher Freiheit. Sie ist sehr, sehr anders." *(Sevilla, den 28. August 1575)*

Die Freundschaft behindert also nicht das Leben für Gott, eher befreit sie dazu. Der Satz: „Er ist ein Engel und war es schon immer", erinnert an das, was Teresa später an König Philipp über Johannes vom Kreuz schreibt:

„Man hält ihn für einen Heiligen, und meiner Meinung ist er das auch und war es schon sein Leben lang." *(Avila, den 4. Dezember 1577)*

Diese letzte hellsichtige Wertung Teresas wird gern zitiert. Warum traut man dann nicht auch ihrem Urteil über Pater Gracián? Selbst in einer modernen und aufgeschlossenen spanischen Biographie wird noch gesagt, daß sich Teresa auf der Höhe ihres Lebens und vertraut mit dem Zustande der Unio mystica von dem jungen Pater „blenden ließ". Von anderen Beurteilungen ganz zu schweigen. Der obige Brief zeigt, wie klar Teresa von Anfang an sieht, daß solche Fehlinterpretationen möglich wären. Hat ihr Ausdruck „Engel" die Nachwelt erschreckt? Deutet er auf weibliche Verzücktheit? Ist ein Engel mehr als ein Heiliger, weil übermenschlich, oder weniger, weil er so furchtbar fallen kann? „Beflügelt" dieser Ausdruck die Phantasie der Nachwelt? Dabei wollte Teresa mit ihm gerade die unschuldige Reinheit dieses jungen Mannes und ihrer gegenseitigen Liebe hervorheben. Darum spricht sie von der Freiheit. Denn sie erkennt „die kostbare und erwünschte Freiheit des Geistes" als das „Kennzeichen der Vollkommenheit."

Am Ende des zitierten Briefes heißt es kämpferisch erregt:

„Erzählen Sie dem Pater viel von mir. Ich lasse ihm sagen, daß es mir schwer fällt, ihm nicht zu schreiben. Er möge nicht fürchten, daß irgend jemand uns diese so teuer bezahlte Freundschaft rauben könne."

Das sind nicht Sirenen-, das sind Fanfarentöne! Offenbar gab es schon einiges zu verteidigen. Drei Monate später schreibt sie der selben Priorin noch einmal ruhiger:

„Es ist seltsam, daß dieser unser Pater (Gracián) mich in gar keine Schwierigkeiten bringt. Ich liebe ihn so sehr, aber diese Liebe geht über das Persönliche hinaus. Er weiß übrigens nur zum Teil von unserem Briefwechsel, und das ist gut so. Wenn man mich ließe, wäre ich jetzt gern bei Ihnen. Aus verschiedenen Gründen, die man besser nicht einem Brief anvertraut, hätte ich gern Ihr Kloster zum Aufenthalt gewählt. Einer dieser Gründe ist freilich, daß Euer Ehrwürden und mein Pater dort sind." *(Sevilla, den 30. Dezember 1575)*

Nicht alle Nonnen dürfen das

Solche Briefe mögen im Orden einige Aufregung verursacht haben. Was aber schreibt Teresa dem Pater selbst? Der erste erhaltene Brief an ihn datiert vom 27. September 1575, also vier Monate nach den seligen Wochen in Beas. Die behandelten Gegenstände, der vertraute Ton und insbesondere die veschlüsselten Namen beider als „Lorencia" und „Eliseo" zwingen zu dem Schluß, daß hier schon eine längere Korrespondenz im Gange ist. Das unsichere Postwesen der Zeit läßt immer die Möglichkeit offen, daß ein Brief nicht von dem gelesen wird, für den er bestimmt ist. Darum führt Teresa bedeutungsvolle und oft witzige Decknamen ein: für wichtige Persönlichkeiten, für die beiden sich trennenden Ordenszweige, sogar für Jesus Christus, wenn sie von ihren inneren Erfahrungen berichtet, und nicht zuletzt für den Pater und für sich selber. Häufig nennt sie sich Lorencia, eine Anspielung an ihren Lieblingsbruder Lorenzo[1] noch öfter Angela. Da

---

[1] Vielleicht auch, meint ihr Herausgeber P. Silverio O.C.D., an den heiligen Laurentius, dessen Feuertod allegorisch als Liebesfeuer gedeutet wird.

es Teresa fern läge, sich selbst als „Engel" zu bezeichnen – es sei denn, sie wolle darin die Reinheit ihrer Liebe ausdrücken, wie auch bei dem Pater Gracián, wenn sie ihn „Engel" nennt, ist es möglich, daß Gracián diesen Namen für sie erfand. Ich konnte kein bestimmtes Zeugnis dafür entdecken, doch fällt es auf, wie oft, ja manchmal nahezu grundlos er in seinem umfangreichen Werk die heilige Angela von Foligno erwähnt, der Christus erschien, um ihr zu sagen, Gottes- und Nächstenliebe seien in ihrer Einheit die wahren Zeichen der Unio mystica und dem Teufel völlig unzugänglich. In Teresas „Rufen der Seele" heißt es gar:

„O mein Jesus, so groß ist Deine Liebe zu den Menschenkindern, daß man Dir den größten Dienst erweist, wenn man sich nicht Dir, sondern ihnen zuwendet, denn dann ist man Dir am tiefsten verbunden. So lange wir in diesem sterblichen Leibe leben, sind alle Freuden der Erde, selbst wenn sie von Dir geschenkt scheinen, zweifelhaft, werden sie nicht von der Liebe zum Nächsten begleitet. Wer den Nächsten nicht liebt, liebt auch Dich nicht, mein Herr, der Du mit deinem Blute die große Liebe zu uns Adamskindern bezeugt hast."

Woher auch immer Teresa ihr Pseudonym „Angela" bezogen haben mag, das später vom Pater Gracián als einziges beibehalten wird – die zitierten Sätze sind wichtig für beider Auffassung ihres christlichen Auftrags und ihres menschlichen Zueinander.

Die Decknamen, die Teresa Pater Gracián in ihren Briefen gibt, hängen alle mit seiner Tätigkeit und Berufung im Orden zusammen. Zunächst nennt sie ihn Eliseo (Elisäus), sieht ihn also in der Nachfolge des Propheten Elija vom Berge Karmel, auf den sich der reformierte Orden beruft. Aber auch ein persönlicher, zärtlich-scherzhafter Blick auf den Pater veranlaßt sie zur Wahl dieses Pseudonyms: Gracián war kahlköpfig trotz seiner Jugend. Als große Liebende schließt Teresa diese „Schwäche" besonders ins Herz. Sie möchte den Verwundbaren unverwundbar machen. Im zweiten Buch der Könige wird von Elisäus (heute: Elischa) berichtet:

„Während er den Weg hinaufstieg, kamen junge Burschen aus der Stadt und verspotteten ihn. Sie riefen ihm zu: Kahlkopf, komm herauf! Kahlkopf, komm herauf!" (2 Kön 2, 23) Vor allem wichtig für den Decknamen aber war der Auftrag als Nachfolger des Elija:

„Die beiden traten an den Jordan. Hier nahm Elija seinen Mantel, rollte ihn zusammen und schlug mit ihm auf das Wasser. Dieses teilte sich nach beiden Seiten, und sie schritten trockenen Fußes hindurch. Als sie drüben angekommen waren, sagte Elija zu Elischa: Sprich eine Bitte aus, die ich dir erfüllen soll, bevor ich von dir weggenommen werde. Elischa antwortete: Möchten mir doch zwei Anteile deines Geistes zufallen. Elija entgegnete: Du hast etwas Schweres erbeten. Wenn du siehst, wie ich von dir weggenommen werde, wird es dir zuteil werden. Sonst aber wird es nicht geschehen. Während sie miteinander gingen und redeten, erschien ein feuriger Wagen mit feurigen Pferden und trennte beide voneinander. Elija fuhr im Wirbelsturm zum Himmel empor. Elischa sah es und rief laut: Mein Vater, mein Vater! Wagen Israels und sein Lenker! Als er ihn nicht mehr sah, faßte er sein Gewand und riß es mitten entzwei. Dann hob er den Mantel auf, der Elija entfallen war, kehrte um und trat an das Ufer des Jordan. Er nahm den Mantel, der Elija entfallen war, schlug mit ihm auf das Wasser und rief: Wo ist der Herr, der Gott des Elija? Als er auf das Wasser schlug, teilte es sich nach beiden Seiten, und Elischa ging hinüber.

Die Prophetenjünger von Jericho, die in der Nähe standen, sahen ihn und sagten: Der Geist des Elija ruht auf Elischa. Sie kamen ihm entgegen und warfen sich vor ihm zur Erde nieder" (1 Kön 8–15).

Der Name Paulus taucht erst ein Jahr später auf, im September 1576. Teresa assoziiert mit ihm den ungeheuren Arbeitseifer des Heidenapostels, seine gewaltigen

Predigten, seine Bildung, Verfolgungen und Leiden. Und im Tiefsten: Christus in ihm. Cyrillus, der Name des großen Verteidigers der Gottesmutterschaft Mariens, kommt am 19. November 1576 vor, als es um die Frage geht, ob Visitatoren auch die Gründung von Frauenklöstern genehmigen dürfen, wozu Teresa die Zustimmung des Paters erbittet. Er selbst benutzt diesen Namen in seinen späteren Schriften gern, wenn auch als Sekundärfigur. Anastasio, der Häretikerapostel, tritt dagegen bei ihm an Stelle des von Teresa weitaus am häufigsten genannten „Paulus". Elisäus wird von ihr in den erhaltenen Briefen nur neunmal gebraucht, vielleicht, um nicht zu oft an den Kahlkopf zu erinnern. Zum ersten Mal am 27. September 1575:

„Ich denke mir, wenn er (P. Baltasar de Jesús) sich wieder in seine Höhle (in sein Kloster) zurückziehen will, das schon visitiert wurde, so bedeutet es, daß er nicht mit meinem Eliseo zusammentreffen möchte."

Der Gefühlston allein des „meinem" ist unüberhörbar. Und am Ende des Briefes erhebt „Lorencia" zarte Klage, daß der Herr sie prüfe, indem er ihr einen Beichtvater gab, der leider selbst so in Schwierigkeiten verwickelt ist, „daß sie befürchten muß, nicht allzuviel von ihm zu haben." *(Sevilla, den 27. September 1575)*

Es kommen in diesem Brief aber auch ganz unverhüllte Äußerungen der Liebe vor. Sie sind geistlicher Natur und Teresa benutzt dementsprechend das Wort „caridad" (caritas):

„Ich erkenne die Liebe (caridad), die Sie, mein Pater, mir erwiesen. So groß diese Liebe auch schon war, hat sie doch in der Art, wie Sie mich von Gewissensbissen befreiten, noch zugenommen. Mir scheint, auch ich habe jetzt etwas Liebe, denn so schmerzlich mir Ihre Abwesenheit ist, lieber Pater, nehme ich sie doch gern in Kauf, wenn Sie einiges für das Menschwerdungskloster in Avila tun können, und würden Sie auch einen ganzen Monat dafür brauchen. Allerdings wären auch acht Tage genug, wenn man Johannes vom Kreuz als Vikar dortlassen könnte!"

Bei aller Wertschätzung für Johannes vom Kreuz hat Teresa doch lieber ihren wesensverwandten Eliseo bei sich. Dem wird manchmal etwas bange angesichts so offener Bekundungen der Liebe und Begeisterung. Aber Teresa ist jetzt ganz sicher geworden. Darum schreibt sie nun auch „amor" und bekennt sich dazu. Hier ist keine Unbewußtheit an gefährlichem Werke. Schon im „Weg der Vollkommenheit" (1562–65) hieß es im 9. Kapitel:

„Laßt uns noch einmal, Schwestern, von der Liebe (amor) sprechen, die gut und erlaubt ist. Ich möchte sie ganz spirituell nennen, weiß aber nicht, ob ich den Ausdruck richtig gewählt habe. Zumindest meine ich, daß hier vieles Reden unnötig ist, weil ich fürchte, diese Liebe wird sich nur bei sehr wenigen finden. Wer sie hat, möge sich glücklich preisen, Gott dafür danken zu dürfen, denn sie setzt eine hohe innere Reife und Vollkommenheit voraus." Wenn Teresa eine solche Reife bei sich selbst erkennt, verträgt sich das durchaus mit ihrer Demut. Sie verbindet mit dieser ja gerade auch die Erkenntnis der Würde, die Gott der Seele verliehen hat und die keine Einengung und Festlegung verträgt, wie sie schon in der ersten „Wohnung" der Inneren Burg darlegt. Und wohl ist Selbsterkenntnis, so sagt sie, auch noch im höchsten Entwicklungsstadium notwendig, doch ebenso sehr muß man sich immer wieder zur Betrachtung der Größe Gottes erheben, der im Herzen der Seele wirkt.

Darum ist der so wesentliche Brief, in dem Teresa den Pater vor zu großer Offenheit und Unbekümmertheit warnt, zugleich aber auch souverän ihre Liebe bekennt, gerade ein Zeichen für die dauerhafte Tiefe ihrer Gottverbindung. Sie schreibt:

„Mit der Zeit, mein Pater, werden Sie ein wenig von der Arglosigkeit verlieren, die ich selbst zwar als Heiligkeit erkenne, doch bin ich böser, schlechter Mensch hier ein wenig wie der Teufel, der nicht alle heilig sehen will.

Denn ich möchte jeden Anlaß vermieden wissen, der Sie ins Gerede bringen könnte. Ich selbst kann es mir aus verschiedenen Gründen zwar leisten, im Umgang mit Ihnen viel Liebe (amor) zu zeigen, aber nicht alle Nonnen dürfen das. Und es würden auch nicht alle ihre Vorgesetzten sein wie Sie, mein Pater, in Ihrer arglosen Offenheit.

Ich weiß ja genau, mit wem ich es zu tun habe und daß meine Jahre mir diesen Umgang erlauben. Aber meine Nonnen würden es mir vielleicht nachtun wollen, und mit Recht. Ich will damit nicht sagen, daß man sie nicht sehr lieben solle, im Gegenteil. Aber es ist doch wahr, daß ich trotz aller Schwächen in meinem Verhalten sehr vorsichtig und zurückhaltend geworden bin, seit mir im Orden Töchter anvertraut sind. Ich muß ja bedenken, daß der Teufel sie durch mich versuchen könnte. Gott sei Dank glaube ich zwar, daß kaum schwere Vergehen an mir festzustellen waren, denn seine Majestät hat mich davor bewahrt. Aber ich gestehe, daß ich mich doch bemühen mußte, meine vielen Unvollkommenheiten, so weit das möglich ist, vor den Töchtern zu verbergen.

Dazu gehört auch die Liebe zu meinem Paulus und die Sorge um ihn. Ich muß ihm oft klarmachen, was er für den Orden bedeutet, wenn ich ihn auch lieber mit solchen Vorhaltungen verschonen würde.

Wie lästig bin ich doch! Mein Pater möge nicht Anstoß nehmen an dem, was ich hier schreiben muß; wir haben beide eine große Last zu tragen und Gott und der Welt Rechenschaft abzulegen. Sie wissen ja, mit welcher Liebe (amor) ich Ihnen dieses sage und werden mir verzeihen, wenn ich Sie bitte, meine Briefe niemals öffentlich vorzulesen. Sie müssen bedenken, wie verschieden die Menschen die Dinge auffassen, und Geistliche dürfen manchmal nicht zu freimütig sein. Es ist ja doch ein großer Unterschied, mein Pater, ob ich zu Ihnen spreche, nämlich wie zu mir selber, oder mit anderen, und sei es die eigene Schwester. Schließlich möchte ich ja auch nicht, daß jemand zuhört, wenn ich mit Gott spreche, oder daß man mich stört, wenn ich mit ihm allein sein will." *(Toledo, den 18. Dezember 1576)*

Teresa weiß, daß es hier um Wesentlicheres geht als um die natürliche Verliebtheit einer Frau in ihren charmanten und verständnisvollen Beichtvater, die Hilfe oder Hindernis auf ihrem Wege werden kann. Teresas Liebe entströmt der Unio mystica, ist gleichgerichtet mit Gottes Liebe, die den jungen Pater Gracián erwählt hat. Gottes Liebe ist feurig und tief erschütternd, das zeigen der Blick auf Christus wie die mystische Erfahrung. Aber dieses Strömen der Liebe aus dem Herzen der Seele, aus dem innersten Wesenskern ist geschützt vor den Gefahren egoistischen Wollens und Verhaftetseins. Gracián hat das sehr wohl verspürt. Er erklärt später in der „Pilgerreise des Anastasio" seinem Gesprächspartner und Seelenteil Cirilo:

„Wenn du alles von Grund auf verstehen willst, mußt du wissen, daß die Mutter Teresa mich zärtlich liebte und ich sie wie sonst nichts auf dieser Erde. Aber diese große Liebe der Mutter Teresa zu mir und die meine zu ihr waren von sehr anderem Zuschnitt, als es die Liebe dieser Welt zu sein pflegt, denn die weltliche Liebe ist gefährlich, verwirrend. Sie bringt Gedanken und Versuchungen, die nicht gut sind, denn sie betrüben und schwächen den Geist und beunruhigen die Sinnlichkeit. Aber diese Liebe zwischen der Mutter Teresa und mir schenkte mir Reinheit, Vergeistigung und Gottesliebe. Und ihr bedeutete sie Trost und Erleichterung in allen ihren Leiden und Mühen. Das hat sie mir oft gesagt, und darum wollte sie mir mehr Liebe geben als selbst meine Mutter. Dank sei Gott, der mir eine so gute Freundin schenkte, daß auch jetzt, da sie im Himmel weilt, ihre Liebe warm und lebendig ist und ich sicher bin, daß sie sehr fruchtbar für mein Leben sein wird. Aber Du weißt ja auch, was böse Zungen sind, die aus unserer großen Verbundenheit und Vertrautheit schlossen, es könne sich um keine heilige

Liebe handeln. Dabei verhielt es sich doch so, selbst wenn sie nicht so heilig gewesen wäre, wie sie es war, und ich der schlechteste Mann der Welt: Schon die Tatsache, daß sie eine Frau von 60 Jahren war, die so zurückgezogen und ehrbar lebte, hätte genügt, um sie von jedem bösen Verdacht zu befreien. Aber es war doch besser, daß wir unsere innige Freundschaft verbargen, um übler Nachrede vorzubeugen."

Diese innige Freundschaft erhielt ihre einzigartige Basis in den Visionen, die Teresa nach der Begegnung zuteil wurden. Sie bestimmen das weitere persönliche Verhältnis.

SANTA TERESA DE JESÚS
(Velázquez)

DER VERTRAG

Vision und Wahrheit

Von allen Gracián-Visionen Teresas war die erste die wichtigste, lebensentscheidende. Der Bericht lautete:

„Im April des Jahres 1575, als ich das Kloster in Beas gegründet hatte, konnte auch der Magister Pater Jerónimo de la Madre de Dios Gracián dorthin kommen. Ich beichtete einige Male bei ihm, wenn ich auch meine bisherigen Beichtväter, die mich leiteten, nicht durch ihn ersetzen wollte. Als ich nun in diesen Tagen einmal beim Essen saß, ohne irgendeine innere Sammlung, begann meine Seele abwesend zu sein und sich zurückzuziehen, so daß ich schon dachte, es überkäme mich eine Ekstase. Was aber kam, war eine Vision von der üblichen blitzartigen Kürze: Ich sah mich an der Seite unseres Herrn Jesus Christus, so wie er sich mir darzustellen pflegt. Zu seiner Rechten stand eben jener Magister Gracián. Der Herr ergriff unsere beiden rechten Hände und legte sie ineinander. Dabei sagte er mir, es sei sein Wunsch, daß ich diesen mein Leben lang an seiner Statt annähme und daß wir deshalb in allem miteinander übereinstimmen sollten.

Ich war sicher, daß Gott in mir sprach, wenn mir auch das Befohlene schrecklich widerstrebte, denn ich dachte an meine beiden langjährigen Beichtväter, denen ich viel verdankte, besonders dem einen, dem ich sehr zugetan bin (dem P. Domingo Báñez O.P.). Aber ich konnte mich nicht überzeugen, daß es sich bei dieser Vision um eine Täuschung gehandelt hätte, so stark war die innere Wirkung. Zudem sagte mir der Herr noch zweimal, ich solle mich nicht fürchten, es sei dieses sein Wunsch, wenn er es auch immer mit anderen Worten sagte. So war ich schließlich bereit, dem zu folgen, da ich darin den Willen des Herrn erkannte. Ich wollte nun dem Entschluß ein Leben lang treu bleiben. So hatte ich mich noch nie an jemanden gebunden, obwohl unter meinen Beichtvätern sehr gelehrte und heilige Männer waren, die meine Seele mit großer Sorgfalt behandelten. Aber wenn ich mich auch nicht band, wäre es mir doch auch nicht eingefallen, sie zu wechseln, denn ich hatte sie ja gewählt, weil wir einander entsprachen.

Als ich nun aber diesen Entschluß gefaßt hatte, überkamen mich eine solche Erleichterung und solcher Frieden, daß ich tief beeindruckt und sicher war, den Willen des Herrn erkannt zu haben. Denn diesen Trost und Seelenfrieden vermag der Teufel meiner Ansicht nach nicht zu verleihen. So pries ich denn den Herrn, wobei mir der Psalmvers in den Sinn kam: „Qui posuit fines suos in pace." Ich hätte mich am liebsten aufgelöst in Lobpreisungen Gottes."[1]

Das Ringen um diese völlige Unterwerfung war hart gewesen. Teresa sagt:

„Mir scheint, daß ich nie im Leben einen schwereren Entschluß gefaßt hatte, nicht einmal bei meiner Profeß. Ausgenommen höchstens der Augenblick, in dem ich mein Vaterhaus verließ."

In einem gewissen Sinne scheint Teresa hier ein weibliches Lebensschicksal nachzuholen: Die völlige Hingabe, die Übergabe von Person und Leben an einen geliebten Mann. Man könnte freilich fragen, warum hierfür Christus nicht „genügte". Sicher ist, daß sich Teresa der Problematik bewußt war.

---

[1] Es gibt von Teresas Hand zwei Berichte dieser Vision. Einer wurde in einem Umschlag verwahrt, den P. Gracián erst nach ihrem Tode öffnen sollte. Seltsamerweise findet sich in den beiden ersten Editionen der „Pilgerreise des Anastasio" (1905 und 1933) nicht die gleiche Version. Ich übersetzte die der Erstausgabe von 1905.

Nach inneren Kämpfen erkennt sie, daß ihr persönliches Gehorsamsversprechen nur im Heiligen Geiste abzulegen war. Folglich ist der Heilige Geist auch gezwungen, dem jungen Pater Gracián „Licht zu geben, auf daß er mich erhelle". Sie verspricht nun vertrauensvoll, ihm nichts zu verbergen, ihm ihr Leben lang in allen wichtigen Dingen zu gehorchen, „kurz, ihn innerlich und äußerlich an Gottes Stelle anzunehmen". Das klingt im ersten Augenblick schockierend. Aber man muß auch Teresas Erläuterungen genau beachten. Vom Pater Gracián sagt sie: „Gelobt sei der Herr, daß er einen Menschen schuf, der ganz von Ihm erfüllt ist." Und Teresa legt das Versprechen ab, „um dem Heiligen Geiste diesen Dienst zu erweisen". Sie ist danach nicht nur froh, erleichtert und von wunderbarem Frieden erfüllt: sie gewinnt auch eine ganz neue Freiheit:

„Ich war so zufrieden und glücklich, weil mir schien, ich sei von mir selbst freigeworden. Obwohl ich vorher gemeint hatte, die Unterwerfung würde mich einengen, habe ich nun viel größere Freiheit gewonnen." Es war also ein innerseelischer Vorgang von größter Bedeutung. Pater Gracián, der als Priester am Altar ein Gefäß Christi ist, wird es nun auch im Leben der Heiligen.

Gewiß spielen hier alle Möglichkeiten der Liebe hinein: Das Mütterliche in Teresa wird ständig um die Gesundheit und den geistlichen Fortschritt des erwählten Paters besorgt sein. Die Tochter in ihr leistet Gehorsam. Die Frau schenkt ihr ganzes Ich, um (unerwartet) ein größeres, freieres Selbst als Gegengabe zu erhalten. Ein Hauch von Eros durchweht das Ganze, zart und ungreifbar wie Schmetterlingsflug. Aber der Antrieb zu allem kommt aus Teresas Gottverbundenheit. Daß diese durch die Übergabe an den „Stellvertreter" nicht beeinträchtigt wird, zeigt sich ebenso in ihren erst jetzt Vollendung erreichenden mystischen Schriften, wie auch in ihren Visionen, die ihren inneren Entwicklungsstand spiegeln. Mit ihrer visionären Veranlagung ist sie ein Kind ihrer Zeit, selbst der heilig-nüchterne Ignatius von Loyola ließ sich bei der Gründung seines Jesuitenordens von Visionen leiten, da er in ihnen den Willen Gottes erkannte.

Bei Teresa wechseln nach der persönlichen Begegnung mit Pater Jerónimo besonders tiefe visionäre (aber bildlose) Gotteserfahrungen mit bildhaften Gracián-Visionen harmonisch einander ab. Teresa gibt genaue Rechenschaft und erkennt die Bedeutungen. Sie erklärt in der Inneren Burg, wie der Eintritt in das Zentrum notwendig von einer Christusvision eingeleitet wird, der dann die bildlose und übernatürliche Erkenntnis der göttlichen Trinität und ihrer „Einwohnung" folgt. Sie ist schon mit der Teilhabe am liebenden Leben der heiligen Dreifaltigkeit vertraut, hat aber im August 1575, also drei Monate nach der Begegnung in Beas, wieder eine Erleuchtung, in der ihr Gott zu erkennen gibt, „wie die drei Personen der göttlichen Trinität, die ich in meine Seele eingeprägt trage, eines sind."

In dieser und einer bald darauf folgenden Vision setzt sich die Heilige dann mit dem Problem auseinander, wie der Sohn Fleisch angenommen haben kann und in welcher Weise er in der Kommunion der Seele gegenwärtig ist. In dieser Vision bittet sie Christus um Anweisung, wie sie dieses irdische, noch nicht endgültig Gott geeinte Leben länger ertragen solle, und erhält die Antwort:

„Tochter, bedenke, daß Du mir nach Beendigung Deines Lebens nicht mehr so dienen kannst wie jetzt. Darum iß für mich und schlaf für mich, und was auch immer Du tust, tue es für mich, so als lebtest nicht mehr Du, sondern ich in Dir, wie auch der Apostel Paulus gesagt hat."

Diese visionären Einblicke in ihr innerstes Herz müssen mit den schon angeführten Briefen, in denen sich die Heilige zu ihrer menschlichen Liebe bekennt, zusammengedacht werden.

Die dazwischen einfließenden weiteren Gracián-Visionen betrachten beide Beteiligten kritisch. Eine dieser Visionen stellt den Pater in einem paradiesischen Garten vor, aber gar zu schön, mit einer Edelsteinkrone auf dem Haupte, von singenden Jungfrauen mit Palmenzweigen in den Händen umgeben ... und Teresa urteilt abschließend:

„Die Liebe zu meinem Eliseo wuchs noch mit dieser Vision und ich hatte ihn nun gegenwärtig in solcher Schönheit. Aber ich fürchtete doch auch, es könne sich um eine Versuchung handeln, denn eine bloße Einbildung war es bestimmt nicht."

Gracián fügte dem hinzu: „Auch ich befürchte, daß es sich um eine Vorspiegelung des Teufels handelte, denn ich weiß sehr wohl, wie sehr ich geistig und seelisch der Mutter Teresa unterlegen bin und wie wenig ich tauge. Ich kann dem nur hinzufügen, daß niemand so sehr das Wohl und den Fortschritt des Ordens der Unbeschuhten Karmeliten gewünscht hat wie ich, noch so viele Leiden erduldet, damit die Gründungsstatuten und Ordensregel der Mutter Teresa nicht von späteren Oberen verändert wurden, die nach mir regierten."

Immer ist Graciáns persönliche Liebe mit dem Wohl des Ordens verflochten. Als er am 21. November 1575 seine Vollmachten präsentiert, erhebt Teresa nicht nur diesen Tag der Opferung Mariä im Tempel zu einem hohen Ordensfest. Es stellt sich prompt wieder eine Vision ein. Diesmal wird sie akzeptiert:

„Eines Nachts war ich sehr in Sorge, weil ich lange nichts von meinem Pater (Gracián) gehört hatte. Es war ihm nicht gut gegangen, als er mir das letzte Mal geschrieben hatte, wenn es zuvor auch schon schlimmer gewesen war – kurz, ich konnte vor innerer Unruhe nicht recht beten. Aber plötzlich erschien mir – und ich weiß, daß es keine Einbildung war – in meinem Innern ein Licht, und ich sah, wie er heiter und mit jenem weiß leuchtenden Antlitz daherkam, wie es meiner Ansicht nach alle Himmelsbewohner haben, weil der weiße Glanz des Lichtes unseres Herrn auf sie fällt. Und ich hörte die

Worte: ‚Sag ihm, er möge furchtlos beginnen, denn sein ist der Sieg.'"[1]

Wie menschlich nah erscheint hier die große Mystikerin, die aus liebender Sorge nicht beten kann! Sie fährt fort:

„Einen Tag, nachdem er angekommen war, pries ich des Nachts den Herrn und dankte ihm für all die Gnade, die er mir erwiesen hatte. Da antwortete er: ‚Tochter, um was kannst Du mich bitten, das nicht schon gewährt sei?'"

Diese Beispiele beweisen, daß die Liebe zum Pater Jerónimo Gracián de la Madre de Dios sich nicht wie ein Keil zwischen Teresa und Gott schiebt. Im Gegenteil: Auch was an der ersten Vision so „hochzeitlich" anmutet, geht über das rein Persönliche hinaus. Pater Gracián spricht ganz unbefangen davon:

„Einige meiner Gegner gaben der Stelle, an der geschildert wird, wie Christus unsere Hände ergriff, einen überaus schändlichen Sinn. Meines Erachtens aber bedeutet diese Vereinigung der Hände eine prophetische Erkenntnis der Mutter. Denn seit unserer Begegnung in Beas, wo der Mutter Teresa die erwähnte Offenbarung zuteil wurde, bis zu ihrem Tode stimmten wir alles Wichtige miteinander ab, mochte es nun den Orden oder Persönliches betreffen."

Otger Steggink O. C. zieht den Schluß: „Sie hat durch die Art, wie sie ihr Frausein in diese Freundschaft integrierte, gezeigt, daß die psychologische Struktur menschlichen Verhaltens in der übernatürlichen Liebe zu Gott und den Menschen nicht nur erhalten bleibt, sondern daß sie sogar erst in ihr zur vollen Entfaltung gelangt."

---

[1] Der Satz ist im Spanischen doppelsinnig und wird meist auf Teresa bezogen (vgl. Kösel-Edition Bd. 1, S. 502 (54). Die Ausgangssituation jedoch, sowie S. 306f. der Autobiographie des P. Gracián (Burgos 1905) legen obigen, mit den Ordensstreitigkeiten verbundenen Bezug auf Gracián näher.

Der Pater schildert höchst anschaulich, wie man zu der erwünschten Übereinstimmung kam. Ein feiner Humor schwingt in dieser Schilderung mit, da Gracián sich einerseits der Überlegenheit seines „Beichtkindes" bewußt ist, andererseits aber doch auch der Würde des eigenen priesterlichen Amtes. Keine einfache Situation für einen klugen und feinfühligen Menschen:

„Als ihr Vorgesetzter sagte ich ihr, sie müsse alles gut durchdenken und Gott empfehlen. Wenn sie dann anderer Meinung sei als ich, solle sie mir das sagen, darauf bestehen und mir ihre Gründe darlegen. Ich würde dann ihre Ansicht übernehmen, da ich ihre große Klugheit und Heiligkeit kannte und schätzte. In anderen Fällen würde sie meine Gründe hören und sich meiner Meinung anschließen. Also diskutierten und stritten wir oft, wie eine Angelegenheit am besten durchzuführen sei, am Ende aber gelangten wir stets zum Einvernehmen. Auf diese Weise blieb für sie stets das Gefühl des Gehorsams gewahrt, den sie feierlich gelobt hatte."

Gracián, der Visionen gegenüber ein recht gesundes Mißtrauen bewahrt, stellt die Mutter Teresa dann auf die Probe: „Während unseres gemeinsamen Aufenthaltes in Beas zeichnete sich die Möglichkeit ab, in Madrid oder Sevilla ein Nonnenkloster zu gründen. Es war nicht einfach für mich zu erkennen, zu welcher Möglichkeit die Mutter mehr neigte. Darum bat ich sie, sich doch darüber mit unserem Herrn zu besprechen. Sie tat das drei Tage lang und sagte am Ende, der Herr habe sich für Madrid erklärt. Ich aber antwortete darauf, wir wollten in Sevilla gründen, und sie gehorchte mir. Als ich sie fragte, warum sie mir denn nicht widersprochen habe, da sie doch durch die Versicherung vieler gelehrter Theologen wisse, daß der Geist Gottes aus ihr spreche, während mein Befehl nur meiner persönlichen Meinung entsprungen war, ganz ohne daß ich darüber gebetet hätte, antwortete sie:

‚Der Glaube sagt mir, daß alles, was Euer Hochwürden mir befehlen, dem Willen Gottes entspringt. Meiner inneren Offenbarung dagegen bin ich mir nicht so sicher.'

Es war mir oft so gegangen, daß ich nach einer Besprechung mit ihr entgegengesetzter Meinung war, über Nacht aber meine Ansicht änderte. Ging ich dann zu ihr und sagte, es sei doch alles richtig gewesen, so wie sie es vorschlug, lächelte sie. Auf meine Frage, was denn sei, antwortete sie, der Herr habe ihr schon gesagt, daß ich mich ihrer Meinung anschließen würde. Wenn ihr Vorgesetzter ihr das Gegenteil von dem befehle, was sie für richtig halte, so gehe sie zu unserem Herrn und spreche zu ihm: „Herr, wenn Du auch für richtig hältst, was ich möchte, so wende das Herz meines Vorgesetzten, auf daß er es befiehlt, so daß ich im Gehorsam bleiben kann."

Teresas Gehorsam sitzt also der Schalk im Nacken. Der Pater seinerseits erdenkt viele liebevolle und keineswegs humorlose Läuterungsmethoden und Demutsübungen, nach denen die Heilige im Bemühen um inneren Fortschritt so sehr verlangt. Bekannt ist die Portraitaffäre mit dem Maler Juan de la Miseria, jedoch nur aphoristisch kurz. Gracián schildert das Geschehen genau und genüßlich:

„Da ich die heilige Mutter so sehr liebte und wußte, daß ich ihr die größte Freude mit Bußübungen machen konnte, überlegte ich mir sorgfältig, was ich ihr auftragen durfte, ohne daß ihre Würde, ihre Gesundheit und ihr Geist dabei Schaden leiden könnten. Und so gab mir Gott, während wir uns in Sevilla aufhielten, eine Läuterungsübung ein, die ich ihr im Anschluß an die Beichte befahl. Es war eine der Bußen, die ihr besonders zusetzten. Ich sagte ihr nämlich, sie müsse sich malen lassen. Das kam sie hart an, denn es schien ihr, daß man um ihre Person ein Aufhebens machte, wie es bei solchen üblich ist, die Wert darauf legen, daß die Welt ihr Gedächtnis bewahre oder von ihrer hohen Herkunft spreche. Das war für ihr Empfinden nun wirklich schlimm, und ich war schon versucht, aus Mitleid alles rückgängig zu machen, denn die Durchführung des ganzen Unternehmens war recht unangenehm, weil ich ihr streng befohlen hatte, dem Maler Fray Juan de la Miseria zu gehorchen. Darum entfernte ich mich lieber, ohne mir ihre Einwendungen und Gegengründe anzuhören. Nun war Fray Juan de la Miseria kein großer Maler und auch nicht so gewandt und höflich wie andere. Da kam sie schön bei ihm an, als sie ins Kloster ging, damit er sie male! Erst als er seine Farben und Leinwand bereit hatte, ließ er sie rufen. Ihm hatte ich auferlegt bei der Pflicht des Gehorsams, daß er so gut male, wie er nur könne, und ihr, ihm zu gehorchen. Er fackelte nun auch nicht weiter, befahl ihr, ihrem Gesicht den Ausdruck zu geben, den er haben wollte und schalt mit ihr, wenn sie sich vor Lachen nicht mehr halten konnte und wackelte. Noch nicht zufrieden, konnte er nicht umhin, ihr Gesicht in beide Hände zu nehmen und so zum Licht zu drehen, wie er es wünschte. Diese ganze Übung ließ die Mutter in großer Geduld über sich ergehen, sie hielt lange aus, ohne den Kopf zu drehen und was ihr sonst von der Bequemlichkeit des Malers an Unbequemlichkeiten auferlegt wurde. Das Porträt fiel trotz all der Anstrengung aber nur mäßig aus, denn es zeigte nichts von dem Charme und der Anmut im Antlitz der heiligen Mutter. Und so sagte sie denn, nachdem sie ihr Porträt betrachtet hatte: ‚Gott verzeihe dir, Bruder Juan, erst hast du mich hier wahrhaftig genug geplagt, und am Ende hast du mich so häßlich und triefäugig gemalt!' Es ist gut, dieses einmal berichtet zu haben, damit niemand meine, auch nur eine Spur von Eitelkeit habe die heilige Mutter veranlaßt, sich malen zu lassen: es war alles nur Buße!"

Der moderne Leser könnte in Teresas Drang nach Bußübungen eine masochistische Neigung vermuten. Die lag jedoch der maßvollen Heiligen völlig fern. „Ich, die ich nur geringe Leiden ertrage", schrieb sie an ihren Ordensgeneral. Aber ihr Streben nach Vervollkommnung um der

Liebe Gottes willen war sehr ausgeprägt. So hatte sie zu der Zeit, als sie sich zur Ordensreform entschloß, auch ein Vollkommenheitsgelübde abgelegt. Dessen Durchführung erwies sich jedoch als so schwierig, daß ihr damaliger Provinzial Fray Angel de Salazar auf den Wunsch ihrer Beichtväter und der Mutter Teresa selbst es im Jahre 1565 abänderte und milderte. Ihr Beichtvater Fray García de Toledo fügte dem folgende Ausführungsbestimmungen hinzu:

„Daraus ergibt sich, daß Euer Ehrwürden den Beichtvater zu fragen haben, ob etwas der größeren Vollkommenheit dient oder nicht, und was dann der Beichtvater, der von Ihrem Gelübde weiß, als die größere Vollkommenheit erklärt, haben Sie zu befolgen. Ich hebe hierfür drei Voraussetzung hervor: Erstens, daß Euer Ehrwürden den Beichtvater frage, zweitens daß er weiß, welches Gelübde Sie ablegten und drittens, daß er entscheide, was das Vollkommenste sei. Nur unter diesen drei Voraussetzungen ist das Gelübde gültig, anderenfalls nicht." *(Toledo, den 2. März 1565)*

Es war klar, daß mit solchem „Vertrag" Teresa in eine Abhängigkeit von der Urteilsfähigkeit ihrer Beichtväter geriet, die wohl kaum leichter zu ertragen war als zuvor die Skrupel. Auch darum ist es verständlich, daß sie froh war, in Gracián einen so urteilsfähigen und menschlich verständnisvollen Seelenführer gefunden zu haben. Da sie jedoch um seinen geistlichen Fortschritt mindestens so besorgt ist wie um den eigenen und die amtlichen und faktischen Überlegenheiten eines gewissen Gleichgewichts bedürfen, verlangt sie von Pater Jerónimo ebenfalls ein „Vollkommenheitsgelübde". Gracián berichtet davon in seiner dialogisch angelegten Autobiographie. Cirilo befragt Anastasio wegen eines Schreibens der Heiligen:

„Cirilo: Was bedeuten diese Worte, die ich in einem Brief in ihrer Handschrift las? ‚Ich halte es für eine sehr große Gnade Gottes, daß Paulus in allen Stürmen so stark für große Entschlüsse ist, die schon eine Stunde im Monat durchzuhalten viel bedeutet, da doch der Frieden von allen Seiten bedroht wird. Dank sei Dem, der das schenkte! Wenn Sie diesen Vertrag halten, bin ich für immer beruhigt, denn am Ende haben alle Leiden ein Ende, und selbst wenn nicht, ist wenig daran gelegen. Sie, mein Pater, wissen, daß ich dieses Schreiben aufbewahre, um Sie beim Wort zu nehmen, wenn Sie es nicht erfüllen sollten. Es kommt gerade im rechten Augenblick, denn ich mache mir Sorgen, daß Paulus nur ja nichts tue, womit er den Willen Gottes verdreht. Aber Joseph hat Angela versichert, alles werde gut gehen und die Gottgefälligkeit des Paulus würde wachsen und wachsen.'

Anastasio: Hier nennt sich die Mutter Teresa Angela, Christus heißt Joseph und den Anastasio nennt sie Paulus. Du mußt wissen, daß ich ihr immer, wenn wir getrennt waren, schriftlich genau Rechenschaft ablegte über alles, was in meinem Innern vorging. Manchmal hatte ich ganze Heftchen gefüllt, die sie verwahrte. Und als nun die Zeit kam, in der ich in große Konflikte und Verwirrungen geraten war, gab mir der Herr ein, wie die Mutter Teresa de Jesús zu geloben, in allem das zu tun, was Gott am wohlgefälligsten sein würde. Ich gab Ihm mein Wort, es künftig so zu halten. Als ich nun mit der Frage umging, ob ich ein offizielles Gelübde ablegen sollte, riet man mir, dies nicht zu tun, um nicht skrupelhaft zu werden. Ich sollte statt dessen ein festes Versprechen geben. So setzte ich es schriftlich auf und übergab es der Mutter Teresa in Form eines Vertrages. Und der Wunsch, immer das Gott Wohlgefälligste zu tun, wuchs und wuchs in mir. Das meinte auch, so verstehe ich es jedenfalls, die Mutter Teresa in ihrem Brief!"

Beide, der junge Pater und die Mutter Teresa, sind also einander gegenseitig Führende und Geführte. Aus der „gehorsamen Tochter" wird immer wieder eine fürsorgliche Mutter, wobei die Heilige ihrer Wesensart entsprechend für Leib und Seele sorgt. Einige Beispiele mögen es belegen:

„Ich staune, wie Paulus trotz aller Arbeit so tief in Joseph (Jesus) ruhen kann. Dafür danke ich dem Herrn! Sagen Sie dem Paulus doch bitte, er möge endlich mit seinem Gebet zufrieden sein. Und er möge einen Denkvorgang einfach nicht beachten, wenn Gott ihm eine andere Art von Gnade schenken will. Ich freue mich sehr über das, was er mir hiervon schrieb. Es ist ja so, daß bei diesen inneren geistlichen Erfahrungen am besten die ist, die am meisten hinterläßt. Ich meine nicht etwa großartige Vorsätze (denn diese, auch wenn gut, sind doch nicht immer das, was unsere Eigenliebe uns vormacht). Ich spreche von Werken, und daß die aus dem Gebet erwachsenden Wünsche wahrhaftig der Ehre Gottes dienen und Verstand und Gedächtnis gebraucht werden, um Gott zu erfreuen und ihm zu zeigen, wie sehr man ihn liebt. O ja, nur das ist wahres Gebet, nicht aber beglückende Erfahrungen, die nur uns selbst freuen. Ich wünsche mir kein anderes Gebet als das, an dem ich innerlich wachse. Wenn es mit großen Versuchungen, Traurigkeiten und Trockenheit einhergeht und ich werde davon demütiger, so halte ich das für ein gutes Gebet. Das beste Gebet ist das, das Gott am meisten gefällt. Und man soll nur nicht meinen, daß, wer leidet, nicht betet. Wenn er nur sein Leiden Gott als Opfer darbringt, tut er mehr als jemand, der sich in der Einsamkeit den Kopf zerbricht und meint, ein paar hervorgepreßte Tränen seien schon wahres Gebet.

Mein Pater möge mir diese lange Tirade verzeihen, aber um seiner Liebe zu Paulus willen wird er es ertragen. Wenn ich etwas Gutes geschrieben habe, sagen Sie es ihm weiter, wenn nicht, nicht. Ich wollte ja auch nur erklären, wie ich selbst es halte. Und ich möchte betonen, daß es sehr viel bedeutet, wenn es um unser Tun und unser Gewissen gut steht. *(Toledo, den 23. Oktober 1576)*

Teresas Warnung vor geistlicher Genußsucht mag den jungen Gracián beeindruckt haben, doch ging sein tiefstes Wesen ohnehin nicht in diese Richtung. Er schreibt später:

„Wer den rechten und sicheren Weg gehen will, darf im Gebet keine innere Beglückung und Erhebung suchen. Er wünsche vielmehr nichts als das Kreuz." Und dann, als persönliches Bekenntnis gegenüber dem Cirilo in der „Pilgerreise des Anastasio":

„Ich habe die innere Verdunkelung erfahren. Quälende Selbstvorwürfe, mutlos machende Ängste. Verzweifelte Niedergeschlagenheit und eine Enge, in der die Seele zu ersticken meint. Eifer zur Unzeit, der das Herz zerfrißt. Verlassenheit Innen und Außen. Hinreichende Versuchungen, Gefährdungen, Trockenheiten und ähnliches. Das Gesagte möge genügen, frag mich nicht weiter, es ist hart, sein Herz so zur Schau zu stellen." Und: „Ich habe Gott um Kreuz und Leiden gebeten, seit ich mit dem Gebetsleben begann, also seit meinem zwanzigsten Lebensjahr. Ich bat Gott inständig, mir den Weg der Reichtümer und sowohl der weltlichen wie der geistlichen Ehren zu verwehren, mit denen man Gelehrsamkeit zu belohnen pflegt. Ich bat ihn auch, mir nicht Visionen, Offenbarungen und Wunder zukommen zu lassen, um deretwillen man für einen Heiligen gehalten wird. Ich bat statt dessen nur um das nackte und schimpfliche Kreuz, in dem ich den rechten und sicheren Weg zum Himmel erkannte."

Als Teresa im Oktober 1576 erfährt, daß Gracián gut in Sevilla angekommen ist, schreibt sie ihm:

„Dank sei Gott, daß Paulus gut angekommen ist und voll inneren Friedens. Ein solcher Fortschritt des ganzen inneren Menschen ist eine übernatürliche Gabe. Wir brauchen das alles, um uns selbst zu erkennen und demütig zu werden. Ich bat den Herrn so sehr um diesen Frieden für meinen Pater, denn mir scheint, er hat genug andere Leiden. Sagen Sie das dem Paulus von mir."

Teresa fällt hier im Eifer einmal aus ihrer Paulusfiktion heraus, die sie dann schnell nachholt! Große Sorge bereiten ihr Schlaflosigkeit und Kopfschmerzen des Paters, die er durch zu lange Gebete verschlimmert:

„Ich sage Ihnen, daß Joseph (Jesus) recht hat, wenn er Sie schlafen läßt. Ich bin recht froh, denn seit Sie abgereist sind, habe ich ihn sehr innig darum gebeten und angefleht, weil es mir so notwendig erschien. Fast könnte man glauben, er tue es meinetwegen, ja ich glaube das wirklich, denn ich habe ihn in dieser Sache sehr bedrängt. Nun hoffe ich, daß sich mit dem Schlaf auch Ihre Leiden bessern.

Vernachlässigen Sie ja nicht eine solche Kostbarkeit wie das Gebet, es sei denn, es nimmt Ihnen zu viel von dem Schlaf, den der Körper so nötig hat. Der Herr gibt große Gaben im Gebet und es wundert mich nicht, wenn der Teufel versucht, jemanden davon abzubringen.

Ich sage aber auch, mein Pater, daß es Ihnen sehr notwendig ist zu schlafen. Sehen Sie, Sie haben so viel Arbeit, und man merkt oft nicht, wie einem das zusetzt, bis der Kopfschmerz zeigt, daß es zu spät ist: Sie wissen doch, wie wichtig Ihre Gesundheit ist.

Bei Gott, ändern Sie Ihre Meinung und laden Sie sich nicht zu viel auf! Bitte tun Sie mir den Gefallen! Denn oft benutzt der Teufel das leidenschaftliche Engagement, um dem Geist vorzugaukeln, etwas sei sehr wichtig im Dienste Gottes. Das heißt, wenn er von der Seite des Bösen nicht an uns herankommt, versucht er es vom Guten her." *(Avila, Oktober 1577)*

Teresas Mahnung fiel auf guten Boden. Der reife Gracián erklärt: „Wenn Gott Krankheit und Schmerzen schickt und die Seele diese sanft und geduldig empfängt und für sie dankt als hohe Gnaden, weil sie das Gedenken der Schmerzen des Gekreuzigten wachhalten, dann werden für manche die Krankheiten zum Anlaß geistigen Wachstums durch Teilhabe am Kreuze. Wenn aber jemand zur Aufrechterhaltung seines Ansehens und damit man ihm nicht innerhalb oder außerhalb des Klosters sage, daß die Krankheit ihn zurückwirft, den Anordnungen der Ärzte und seiner Oberen nicht gehorcht und so seine Gesundheit schädigt, den wird Gott strafen, indem er ihm den Geist schwächt, so daß er weder innerlich noch äußerlich mehr Ruhe findet. Darum sagt David: Fortitudinem meam ad te custodiam (Herr, meine Gesundheit und Kraft will ich für Dich erhalten, Psalm 58,10). Denn zweifellos erfordert es große geistige und körperliche Kräfte, dem Ungestüm des Schmerzes und der Liebe standzuhalten, den das wahre geistliche (mystische) Leben mit sich bringt. Wer darin wachsen will, möge mir glauben, daß er in Fragen der Gesundheit seinen Ärzten und Oberen gehorchen muß, denn Gott schuf im Himmel die Medizin und den klugen Menschen, der sie nicht verachtet."

Teresas Fürsorge äußert sich auch in praktischen Maßnahmen. Im Mönchskloster Los Remedios wurde offensichtlich nicht so gekocht, wie es einem empfindlichen Magen entsprach. Zudem fürchtete Teresa, die Realistin war, durch Neid und Feindschaft unter den Mönchen heimliche Vergiftungsaktionen, wie sie in der Renaissance „Mode" waren.

Darum sollte Gracián, für so viele Klöster auch der Beschuhten seit dem 21. November verantwortlich, viel unterwegs und Feindschaften ausgesetzt, nicht bald hier, bald dort speisen, sondern im Nonnenkloster zu Sevilla, mit dessen Priorin sie befreundet war. Obwohl diese Regelung gegen Teresas sonstige Grundsätze und Vorschriften verstieß. Sie ist darum ständig im Konflikt, wie mehrere Briefe zeigen. Z. B. schreibt sie an diese Priorin María de San José:

„Hören Sie, vernachlässigen sie ja nicht hin und wieder

die Verpflegung unseres Paters. Zwar denkt er genau so streng wie wir und will keinesfalls, daß Mönche bei Ihnen etwas vorgesetzt bekommen. Wir waren bisher reichlich großzügig und müssen uns hüten, in diesem Punkte zu weit zu gehen. Aber ich sehe andererseits die Notlage des Paters und wie viel für uns von seiner Gesundheit abhängt. *(Toledo, den 7. September 1576)*

Drei Monate später – Gracián hat inzwischen sein Breve vorgezeigt – warnt Teresa noch einmal vor dem Speisen in nicht näher genannten Klöstern. Sie schreibt an ihn:

„Jesus sei mit Ihnen, mein Pater! Wenn ich jetzt so häufig Post von Ihnen bekomme, möchte ich Ihnen jedesmal die Hände küssen, denn ich weiß nicht, wie ich es ohne diese Briefe hier, wo Sie mich zurückließen, aushalten sollte. Ich hoffe, daß Gott nun irgendwie alles zum Guten wenden wird, hat er doch dem Paulus seinen Zauber geschenkt! Die Nonnen in Sevilla liebe ich sehr und jeden Tag noch mehr, weil sie jenem so gute Pflege angedeihen lassen, dem ich selbst immerzu Gutes tun und dienen möchte. Gott sei gepriesen, daß er Ihnen so gute Gesundheit schickt. Aber seien Sie um Gottes willen nicht unvorsichtig, wenn Sie in Klöstern speisen. Mir geht es gut und ich bin glücklich, daß mein Pater mir so oft Nachricht zukommen läßt. Seine Majestät behüte ihn und mache ihn so heilig, wie ich es erbitte. Amen. *(Toledo, den 7. Dezember 1576)*

Gracián seinerseits erzählt drastisch:

„Ich trug immer einen Brechstein[1] um den Hals, wenn ich in den visitierten Klöstern aß; und das war noch nicht alles, denn ich hütete mich auch, etwas anderes zu essen, als gekochte Eier, die mir in der Schale serviert wurden. Herzlich schlecht schmeckt jedes Essen, zu dem die Soße der Furcht vor dem Gegessenen gereicht wird. Eines Tages fand einer meiner Begleiter einen Molch im Wasser-

---

[1] In beiden Ausgaben „piedra basar", es heißt aber bezoar, verkürzt zu bezar.

krug, aus dem wir trinken sollten. Der konnte nicht von selbst dort hineingelangen."

Teresa war also zu ihren Sorgen und Ausnahmeregelungen mehr als berechtigt. Aber der Pater ist auch um sie liebevoll bemüht, seine Fürsorge beschränkt sich nicht auf behutsam erdachte Bußübungen, wie folgender Brief zeigt:

„Die Gnade des Heiligen Geistes sei mit Ihnen, mein Pater! O wie segnet Ihre alte Tochter den Brief, den heute am 9. Januar der Pater Mariano überbrachte! Und auch die Schnelligkeit, mit der der vorige Brief eintraf, war eine große Freude. Mein Pater, Ihr Bemühen, mich glücklich zu machen, bringt mich Tag für Tag tiefer in Ihre Schuld. So kann ich nur noch antworten mit einem ,Gott vergelt's'!

O, wie freut sich Angela über das Gefühl, das ihr Paulus auf einem dem Brief beigefügten Blatt bezeugt! Sie sagt mir, sie möchte ihm dafür immer wieder die Hände küssen. Und ich soll Ihnen, lieber Pater, schreiben, daß er ganz ruhig sein kann. Denn durch die besondere Art des Ehestifters (Gott) ist das Band so fest geknüpft, daß es ein Leben lang halten, ja, nach ihrem Tode noch fester sein wird, als es hier unser unbeholfenes Bemühen um Vollkommenheit erreichen könnte. Der Gedanke an diesen Bund gibt ihr mehr Anlaß, den Herrn zu loben, als ihre frühere Freiheit, die sie auch in Schwierigkeiten brachte. Jetzt scheint es ihr besser, dem Paulus untertan zu sein, und es ist auch Gott wohlgefälliger, denn sie fand in ihm den Menschen, der ihr hilft, Seelen zur Verherrlichung Gottes zu führen. Das macht sie so froh und glücklich, daß ich ein gut Teil davon abbekomme.

Meines Paters unwürdige und ergebene Tochter Teresa de Jesús.". *(Toledo, den 9. Januar 1577)*

Der Handkuß war eine Geste, die von Frauen gegenüber geistlichen Würdenträgern durchaus üblich war. Sie wird in Teresas Briefen auch anderen Adressaten zuteil. Die Heilige aber weiß sehr wohl um das „Hochzeitliche" ihrer großen Gracián-Vision, und sie macht in ihrem inneren Verhältnis zur Freiheit und „Unterwerfung" im Hinblick auf die erstrebte Vollkommenheit eine Entwicklung durch. Weibliches Hingabebedürfnis und klösterlicher Gehorsam verschmelzen ununterscheidbar, wie „Regen mit einem Fluß", wie Teresa über die Unio mystica, die Gotteinung, gesagt hatte. Dieser Liebesbrief, dieser Dank für die Liebe des Paters, klingt wieder aus im frohen Gedanken an das gemeinsame Apostolat, oder, wie wir heute sagen würden, den missionarischen Auftrag.

Im Bewußtsein ihrer Verantwortung gibt sich Teresa gegenüber dem 30 Jahre jüngeren Partner aber auch erzieherisch – ein Äquivalent zu seinen Läuterungsveranstaltungen. Sie schreibt:

„Ich möchte Ihnen von einer Anfechtung erzählen, die mich gestern wegen des Eliseo (P. Gracián) befiel, und die immer noch andauert. Mir scheint, daß er manchmal etwas unkorrekt ist, indem er nicht in allem die ganze Wahrheit sagt. Zwar sehe ich, daß er das nur bei Geringfügigkeiten tut, aber ich wollte doch lieber, daß er sich auch hierin sehr sorgfältig verhielte. Ich bitte Sie von Herzen, mein Pater, ein ernstes Wort mit ihm zu reden, denn wahre Vollkommenheit ist mit solchen Unkorrektheiten nicht vereinbar. Sie sehen, ich mische mich hier ein, als hätte ich nichts anderes zu tun. Bitte empfehlen Sie mich Gott, denn ich habe es sehr nötig." *(Valladolid, den 18. Juli 1579)*

Sehr viel persönlicher: „Die Gnade des Heiligen Geistes sei mit Ihnen, mein Pater! Angela (Teresa) hat nach dem, was sie mir berichtet, harte Prüfungen zu erdulden. Ihre Natur ist schwach, darum betrübt sie sich, wenn sie merkt, daß man ihr schlecht vergilt. Um der Barmherzigkeit willen bitte ich Sie, Pater, diesem Herrn (Gracián) zu sagen, er möge doch eine gewisse Nonchalance seines Naturells nicht auf sie anwenden. Denn wahre Liebe schläft nicht so lange.

Meine Gesundheit ist leidlich. Die hiesige Priorin und

die Schwestern empfehlen sich Ihnen, lieber Pater. Gott schütze Sie und lasse mich Sie wiedersehen. – Es ist schon drei Uhr in der Nacht und ich habe die Prim noch nicht gebetet.
(Salamanca, den 4. Oktober 1579)

Teresas praktischer Sinn scheut kein Detail, wenn es um Verbesserungen geht: „Ich fürchte, dieses kleine Maultier ist nicht das richtige für meinen Pater und ich meine, er sollte sich ein besseres kaufen. Wenn Sie zustimmen, könnte Ihnen jemand das Geld leihen, und wenn ich hier etwas bekomme, werde ich es Ihnen schikken. Daß man mir nur kein Tier kauft, das meinen Pater abwirft! Bei dem jetzigen Maultier macht mir das weniger Sorgen, weil es nicht hoch ist." *(Valladolid, den 4. Oktober 1580)*

Mit Recht sorgte sich Teresa um die Reitkünste des Paters, der gelehrte Mann war keineswegs sportlich. Schon im Oktober 1575 schrieb Teresa ihm:

„Ich muß Ihnen sagen, ich bin wirklich ärgerlich über Ihre Stürze. Man müßte Sie festbinden, damit Sie nicht mehr herunterfallen. Ich weiß ja nicht, was dieses Unglücksvieh von einem Esel taugt, und ich weiß auch nicht, warum mein Pater zehn Meilen an einem Tag reiten muß, dazu noch in einem Stuhlsattel, der ja sowieso zum Umkommen ist!" *(Sevilla, Mitte Oktober 1575)*

Gracián nimmt diese Kritik demütig an und bewundert seinerseits Teresas Reitkunst:

„Man muß erlebt haben, mit welcher Sorgfalt sich die Mutter um alles kümmerte, was ihre Begleitung brauchte. Es ist, als hätte sie nichts anderes zu denken und wäre ihr Leben lang Maultiertreiber gewesen! Manchmal rief sie jene zu sich, die zu Fuß gehen mußten, tröstete sie und unterhielt sich so reizend mit ihnen, daß sie keine Müdigkeit mehr verspürten. Ein andermal sprach sie über Gott und religiöse Dinge, als säße sie bequem in einer Kutsche, während sie doch auf einem Maultier ritt, so eine sichere Reiterin war sie. Einmal geschah es, daß ihre

Mauleselin erschrak und mit ihr durchging. Sie aber stieß nicht einmal einen Schreckensruf aus, sondern bändigte das Tier ganz ohne das extreme Betragen, das Frauen sonst in solchen Situationen eigen ist. Man kommt zu dem Schluß, daß Gott ihr für alles Gnade gab und speziell für diese Reisen, die sie unter seiner Führung zu seinem Ruhme und zu seiner Verherrlichung unternahm."

Nun ist die Reitkunst gewiß kein Erfordernis der Heiligkeit. Aber für die vielen Reisen im Dienste der Ordensreform war gutes Reiten doch so wichtig wie heute Autofahren. Teresa ist also einerseits um Gesundheit und Leben Pater Graciáns besorgt, andererseits möchte sie ihn auch im Interesse der gemeinsamen Aufgabe ertüchtigen. Seine sonstigen menschlichen Schwächen rügt sie, wie in den zitierten Briefen, zart und behutsam, wenn auch unmißverständlich. Der Pater selbst geht mit sich sehr viel härter ins Gericht. In einem Brief an Unbeschuhte Karmelitinnen vom 22. Oktober 1577, in dem er ihnen Trost wegen der Verfolgungen zuspricht und sich entschuldigt, daß seine Ernennung zum Visitator all die Unannehmlichkeiten brachte, fügt er am Schluß hinzu:

„Wenn die Verleumdungen nur mich treffen würden, wäre es mir eine große Freude und würde ich jenen danken, die sie verbreiten, denn sie mahnen mich an die Gedankenlosigkeit meiner Eigenliebe, die mich meine Fehler und Untugenden vergessen macht."

In seiner späteren Autobiographie will der Pater erst von Teresas Gehorsam ihm gegenüber berichten, nachdem er seine Unwürdigkeit in zwölf Punkten gründlich dargelegt hat.

So sieht also die Selbsteinschätzung jenes Mannes aus, der im Leben ein Opfer seiner fast kindlichen Offenheit und Unbekümmertheit wird. Der Biograph des Ordens, Pater Silverio de Santa Teresa OCD zitiert begeistert aus dem Werk eines unbeschuhten Karmeliten, Fray Antonio de los Reyes, der Ende des 18. Jahrhunderts über Jerónimo Gracián schreibt:

„Pater Gracián war ein Mann von großer Reinheit und Unschuld gegenüber dem anderen Geschlecht, und seine sanfte Liebenswürdigkeit ließ ihn fälschlicherweise als zu freizügig erscheinen. Man kann sich darum nicht wundern, daß ihm diese Anklage später ins Gesicht geschleudert wurde. Die Mutter Teresa erkannte an dieser freizügigen Offenheit den Heiligen im Pater Gracián[1] aber sie versuchte auch den böswilligen Auslegungen und Verdächtigungen zuvorzukommen, die Folge seines unbefangenen Verhaltens waren." Auch der die Reform unterstützende Nuntius Ormaneto schätzte den Pater sehr, er schrieb am 4. März 1577 „daß jene, die schlecht vom Pater Gracián sprechen, nicht informiert sind und sich sehr irren. Denn dieser Mönch führt ein rechtschaffenes Leben von großer Heiligkeit, und er zeigt hohe Befähigung für alle Ordensangelegenheiten."

[1] Vgl. den Brief vom 18. Dez. 1577 im Kapitel „Die besten Tage meines Lebens".

BURG DER TEMPELRITTER IN NORDSPANIEN
(Ponferrada)

Kampagne der Verleumdung

Schon bald zeigte sich, daß für viele das Maß des Zumutbaren überschritten war. Eine Frau und ein ganz junger Mönch wollen den ehrwürdigen Orden der Karmeliten reformieren! Dazu noch in einer persönlichen Bindung, deren offenes Geheimnis dem Neid und banalen (Un)-Verständnis Tür und Tor öffnen mußte. Obendrein entschied sich Gracián trotz des Zorns seines Ordensgenerals und gegen das Gefühl, d.h. die Vision Teresas, für eine weitere Klostergründung in Sevilla.

Aus anfänglichem Gerede und Gemurmel werden nun gezielte Feindschaften und Verleumdungen. Im Orden der „Beschuhten" ist man sehr wach geworden. Noch während sich Teresa in der neuen Freundschaft und deren großen Möglichkeiten für die Reform sonnt, sammeln sich die Gegner zum Angriff. Es wird ein Generalkapitel in Italien (Piacenza) unter dem Vorsitz des erzürnten Ordensgenerals Rubeo schon am 22. Mai 1575 einberufen. Teresa klagt im Buche ihrer Klostergründungen:

„Sei es, daß seine göttliche Majestät mir ein wenig Ruhe schenken wollte, oder sei es, daß dem Teufel die Errichtung so vieler Häuser, in denen man dem Herrn diente, auf die Nerven ging –, noch bevor ich in Sevilla ankam, erreichte mich die Nachricht, daß man auf einem Generalkapitel beschlossen hatte, mir weitere Gründungen zu verbieten. Ich kann mir nicht denken, daß unser Pater General der Initiator dieses Beschlusses war, denn auf meine frühere Bitte, mir keine weiteren Gründungen zu befehlen, hatte er erst vor wenigen Jahren geantwortet, ich solle so viele Klöster gründen, wie ich Haare auf dem Kopf hätte! Und nun befahl man mir, mich in ein von mir zu wählendes Kloster (in Kastilien) zurückzuziehen und es nicht mehr zu verlassen. Das ist doch nur eine Umschreibung für Gefängnis! Denn es gibt keine Nonne, die nicht in wichtigen Angelegenheiten zum Wohle des Ordens mit der Erlaubnis ihres Provinzials hier oder dort hingehen dürfte, ich meine, von einem Kloster zum anderen. Das Schlimmste war aber, daß unser Pater General über mich so verärgert war, weil, und das schmerzte mich sehr, er ungeprüft dem Zeugnis voreingenommener und von persönlichen Ressentiments bewegter Personen Gehör schenkte."

Aber Teresa weiß auch dieses ins Positive zu wenden und ihren Nonnen nützliche Lehren zu erteilen:

„Zwei weitere sehr schwere Verleumdungen, die man über mich verbreitete, kamen hinzu. Ich erzähle euch das, Schwestern, damit ihr die Barmherzigkeit Gottes erkennt, und wie er den nicht verläßt, der ihm dienen möchte. Diese Verleumdungen verursachten mir nämlich keinen Kummer; ich geriet in einen so freudigen Überschwang, daß ich verstehen konnte, warum David vor der Bundeslade hergetanzt war! Ich hätte vor Jubel am liebsten ein Gleiches getan. Ich wußte nicht wohin mit all der Freude. Dabei kann ich den Grund nicht angeben, bei früheren Verleumdungen und übler Nachrede ist es mir nicht so gegangen, und zumindest eine der erhobenen Anklagen war schwer. Zwar bedeutete mir das Gründungsverbot, mit dem man mich besonders zu treffen meinte, ersehnte Gelegenheit zu einem Leben in Ruhe und Stille. Aber das erklärt nicht die ungeheure Freude, die ich fühlte. Ich kann mich nicht erinnern, je so glücklich in schweren Prüfungen gewesen zu sein. Ich glaube, es war der Gedanke, daß die Menschen mir die Zufriedenheit des Schöpfers mit meiner Arbeit heimzahlten. Denn ich habe erkannt, daß jemand, der Anerkennung und Lob der

Menschen sucht, enttäuscht wird. Sie befinden heute so, morgen anders. Was sie jetzt schätzen, ist bald verworfen. Gepriesen seist Du, mein Gott und Herr, für Deine Unwandelbarkeit. Amen! Wer Dir treu dient bis ans Ende, wird ohne Ende leben in Deiner Ewigkeit!"

Genau und nüchtern legt Teresas beste Freundin, Priorin María de San José, in deren Kloster zu Sevilla der Pater Gracián zu speisen pflegte, die Zusammenhänge dar:

„Hauptgrund der Ärgernisse war, daß unsere Mutter beim wohlehrwürdigen General in Ungnade fiel, weil sie in Andalusien gründen wollte. Die Gründungsreise nach Sevilla gefiel ihm gar nicht, noch weniger, daß sie auf Anweisung Graciáns dorthin gekommen war, dem er sehr übel nahm, daß er ohne zu fragen die Visitationen in Andalusien begonnen hatte. Darum grollte der General nun allen Unbeschuhten. Diese Situation machten sich die Beschuhten zunutze. Sie sagten zu ihm, unsere Mutter sei schuld an der Spaltung und dem Niedergang des Ordens, denn so sahen sie es. Zugleich beschuldigten sie den General, daß er die Gründungslizenz für neue Klöster gegeben und damit dem Aufstand der Mutter und der übrigen Unbeschuhten gegen ihn Vorschub geleistet habe, die ihm nun den Gehorsam aufgekündigt hätten. Auf diese Reden hin war der General über unsere Mutter so verbittert, daß weder ihre Briefe noch sonstigen Bemühungen ausreichten, ihn zu besänftigen. Schließlich kam alles so weit, daß man das Generalkapitel einberief. Es bezichtigte alle Unbeschuhten des Ungehorsams und exkommunizierte sie. Auch sollten sämtliche Klöster, die man ohne Erlaubnis des Generals gegründet hatte, wieder aufgehoben werden, nämlich die in Sevilla, Granada, Almodóvar und Perinela. Das Kapitel verlangte weiter, daß man unserer Mutter die Gründungsvollmachten entzöge und sie in ein Kloster gesperrt werde, das sie nicht verlassen dürfe. Die Unbeschuhten sollten ihre Schuhe wieder anziehen und melodisch singen (Teresa bevorzugte die Rezitation auf einem Ton), und dergleichen mehr. Es ist wirklich erschreckend, daß ein so heiliger Mann wie unser Pater General und weitere würdige Patres und Gottesdiener einen so unvernünftigen Beschluß fassen konnten, wie den, man solle Klöster aufheben, die schon mit apostolischer Vollmacht gegründet waren.

Als Pater Gracián mit dem Breve des Nuntius, das er keineswegs gewünscht hatte, nach Sevilla kam und sein Amt als Visitator ausüben wollte, empörten sich die Beschuhten Brüder derart, daß sie ihn bewaffnet empfingen, als er sie auf ihren Gehorsam verpflichten wollte. Es gab einen solchen Tumult, daß die Mutter Teresa, die sich unterdes mit ihren Nonnen dem Gebet widmete, benachrichtigt wurde, man habe den Pater Gracián umgebracht, die Türen seien verschlossen und das Geschrei gewaltig. Die Mutter verlor die Fassung, doch da sprach unser Herr zu ihr: ‚O du Kleingläubige! Beruhige dich, denn alles wird gut werden!' "

María de San José berichtet dann von weiteren Verleumdungen, die Teresa und ihre Nonnen vor die Inquisition brachten. Angezeigt hatte sie eine Novizin, die nicht aufgenommen worden war. Die Anzeige lautete auf Sektierertum (alumbrados) und angebliche klösterliche Unregelmäßigkeiten. Teresa hatte dem Befehl, sich in ein Kloster nach Kastilien zurückzuziehen, gleich folgen wollen, aber Graciáns Gegenbefehl und auch die Notwendigkeit, nicht vor der Inquisition zu fliehen, hielten sie weiter in Sevilla. Dem General freilich schrieb sie klugerweise, sie bleibe noch um ihrer Gesundheit willen, die ihr eine Reise im Winter nicht erlaube. Weitere Schwierigkeiten mit einem gemütskranken Pater in Sevilla kommen hinzu, neue Anzeigen, wenn auch die Inquisitoren schnell erkennen, daß „hier zur Ader gelassen werden sollte, wo kein Blut ist". Aber die Verleumdungen, die bekanntlich immer Spuren hinterlassen, gehen weiter. María de San José berichtet, daß die Patres der Mutter Teresa Anklagen vorhielten, „in denen die schmutzigsten und abscheulichsten Wörter gebraucht wurden, die niederzuschreiben meine saubere Feder sich sträubt. Die anständigste Behauptung war noch, daß viele Zeugen ausgesagt hätten, die alte Vettel (Teresa) benutze die Klostergründungen nur als Vorwand, um junge Mädchen zu leichten Mädchen zu machen. Als die heilige Mutter diese Anklage las, sagte sie nur: ‚Es ist gut, daß, wenn sie schon lügen, sie das derart tun, daß man nur den Kopf schütteln und lachen kann."

Auch diese Chronistin, die Priorin María de San José, wurde in die Schmutzkampagne einbezogen, da man ihr unerlaubte Beziehungen zu Pater Gracián nachsagte. Sie bedauerte nur, „daß man dem heiligen Manne, der Pater Jerónimo Gracián war", solchen Schimpf antun konnte.

Gracián entschuldigt sich später in einem Brief, der seinen faszinierenden Predigtstil ahnen läßt, bei Teresas Töchtern, daß sie um seinetwillen solche Beleidigungen und Verfolgungen erdulden mußten. Er schreibt:

„Ein Schüler des Apostels Paulus, Hermas genannt, beschreibt uns eine Vision: Es erhob sich eine Staubwolke bis zum Himmel, aus der kam ein Ungetüm, größer als ein Wal hervor. Es hatte hundert Füße, und verzehrendes Feuer ging aus seinem Munde. Sein Kopf zeigte die Farben Schwarz, Rot, Gold und Weiß. Es nahte sich mit einer Wut, als wolle es die ganze Stadt zerstören. Hermas aber ging auf das Untier zu: Und siehe da, es konnte nichts anderes tun als sehr geschwind seine Zunge bewegen! Dreißig Schritte weiter begegnete er einer wunderschönen Frau, jugendlich und ganz in Weiß gekleidet, aber auch mit dem weißen Haar einer Alten. Sie fragte ihn: ‚Was sahest du, Hermas?' und sie fügte hinzu: ‚Wisse, ich bin die Kirche, und ich werde dir das Gesehene erklären, denn wenn ich auch schön und lebensvoll bin wie ein junges Mädchen, sind doch die Haare meiner Gedanken sehr weise. Dieses Untier ist die Verleumdung. Es hat hundert Füße, weil es ihm niemals an Bösen fehlt, die gegen die Guten vorgehen möchten. Aus seinem Munde flammt verzehrendes Feuer, um ihre Ehre zu schwärzen. Die schwarze Kopffarbe deutet auf die Täuschungen und Fallen, mit denen es ihr Leben dem Untergang anheimgeben will. Rot ist die Wut, mit der es das Blut der Gerechten trinken möchte. Diese werden in den Trübsalen der Verfolgung wie Gold geläutert, um in das schneeweiße Licht der Glorie einzugehen. Es besteht kein Grund, das Tier zu fürchten, denn es vermag nichts anderes, als seine Zunge zu bewegen. Weh denen, die untreu werden in Zeiten der Verfolgung. Es wäre ihnen besser, sie wären nie geboren! Und: Selig sind, die Verfolgung leiden, sagt uns der Herr, dessen Apostel hinzufügt, wenn wir segnen, die uns verfolgen.'

Meine Schwestern, um eurer lebenslangen Klausur und des Gebots willen, daß selbst eure Verwandten euer Gesicht nicht sehen dürfen, gestattet Gott, daß man euch als leichtfertig verleumdet. Wegen eurer harten asketischen Disziplin hält man euch für sinnlich. Wegen eures Schweigens und immerwährenden Gebetes in der Gegenwart Gottes wird euch Eitelkeit vorgeworfen. Euer ständiges Bemühen um Läuterung und Abtötung bringt euch den Vorwurf ein, euch lüstern und aufreizend zu benehmen. Ich bin glücklich zu sehen, was euch in diesem Leben zuteil wird, da ich darin den Siegeskranz erkenne, der euch in der Ewigkeit zugesprochen werden soll. Aber es tut mir so leid, daß ich diese Verfolgungen ausgelöst habe, und ich sehe, wie in dieser Reform Rivalitäten unausbleiblich sind, auch wenn sie nur durch den Gehorsam gegenüber dem Nuntius und dem Befehl des Königs entstanden. Darum bitte ich Sie von Herzen, mir um der Barmherzigkeit Christi willen zu verzeihen.

Euer Ehrwürden geringer Bruder Fray Jerónimo de la Madre de Dios." *(Alcalá de Henares, den 22. Oktober 1577)*

Von den Verleumdungen, die der Pater selbst in dieser Zeit zu erleiden hatte, berichtet er in der „Pilgerreise des Anastasio". Hier nur ein Ausschnitt:

„Auch bewahrte ich, wie ich es immer zu tun pflege, in meinem Schlafskapulier ein Bild der heiligen Jungfrau.

Daraufhin verbreiteten sie, ich schliefe mit Bildern Unserer Lieben Frau, mit solch einem Unterton und einer Wortwahl, daß diejenigen, die es hörten, an die schrecklichste und verfluchteste Blasphemie denken mußten. Als ich mich kurz wegen einer Visitation entfernt hatte, verkündeten sie öffentlich von der Kanzel des Klosters zu Sevilla, daß nun all die Schlechtigkeiten und Mißbräuche dieses schlimmen Mannes aufgeklärt seien, daß man mich verbrannt habe und eine schriftliche Beglaubigung meiner Asche senden würde."

Teresa schreibt an Gracián: „Einerseits bin ich tief betrübt über all die Verleumdungen, mit denen man Sie bekämpft. Andererseits sehe ich in liebevoller Bewunderung, wie behutsam Sie vorgehen. Ich muß es aussprechen, mein Pater: Gott liebt Sie sehr und Sie stehen voll in der Nachfolge Christi. Bleiben Sie fröhlich, denn Er gibt Ihnen die Leiden, um die Sie bitten, und Er wird sie Ihnen in Freuden verwandeln, weil Er gerecht ist. Er sei gepriesen in Ewigkeit!" *(Toledo, Anfang November 1576)*

Die Innere Burg

Am 4. Juni 1576 reist Teresa von Sevilla ab. Weit über ein Jahr war sie im früher gar nicht geliebten Andalusien geblieben. Sie wäre gern nach Valladolid gegangen, aber Gracián, streng als Amtsträger, weist sie nach Toledo. Nach einigen Zwischenstationen trifft sie dort am 23. Juni ein. In der auferzwungenen, aber doch angenehmen Ruhe schreibt sie mehr Briefe denn je. In den ersten klingen noch die erlebten Wirrnisse nach. Aber schon nach vier Wochen der Eingewöhnung berichtet sie ihrem Bruder Lorenzo:

„Mir geht es so gut, wie seit Jahren nicht mehr! Ich habe eine wunderhübsche und ruhiggelegene Zelle, das Fenster geht auf den Garten. Wenig Störung durch Besucher."

Ende August erhält Pater Gracián von ihr die Nachricht: „Das Visitationsverfahren in den Klöstern der Unbeschuhten Karmelitinnen ist so geworden, als hätte Gott selbst es gelehrt. Er sei für alles gesegnet."

Das klingt geheimnisvoll, bedeutet aber: Teresa hat eine ungemein klare und kluge Abhandlung über das Visitationsverfahren geschrieben. Völlig ungerührt arbeitet sie in der „Verbannung" an der Zukunft ihres Ordens. Sie stellt sehr konkrete Regeln für dieses Verfahren auf. Dabei leitet sie das von Pater Gracián gegebene Vorbild und die Absicht, der Mit- und Nachwelt die große Klugheit, menschliche Sauberkeit und Ordensbegabung des Paters Jerónimo zu überliefern. Sie hebt die für ihn charakteristische Mischung von Milde und Strenge hervor, legt dabei aber die Betonung auf die Strenge – vielleicht auch, um so den Pater indirekt zu beraten. Sie gibt Hinweise für das Klosterleben aus ihrer Erfahrung, besonders der bitteren der letzten Monate. So warnt sie vor einer Überschätzung der Priorinnen und vor zu freundschaftlichem Umgang der Nonnen mit dem Beichtvater. Sie schreibt:

„Das Beispiel, das unser jetziger Visitator (Gracián) gibt, müssen sich seine späteren Nachfolger vor Augen halten. Ich habe in diesem Punkte sehr viel gelernt, da ich sah, wie er bei seinen Visitationen vorging. Daß man mit keiner Nonne persönlichere Kontakte habe, als mit allen Schwestern. Mit keiner allein sei oder ihr schreibe, sondern allen gleichmäßig die Liebe des wahren geistlichen Vaters bezeuge. Denn von dem Tage an, da er in einem Kloster persönliche Freundschaft schließt, und gleiche sie auch der des heiligen Hieronymus mit der heiligen Paula, wird er üblen Nachreden nicht mehr entgehen können, so wie auch diese Heiligen ihr nicht entgingen. Das stiftet nicht nur Schaden in diesem einen Kloster, sondern in allen Häusern des Ordens, denn der Teufel wird es mit Gewinn ausstreuen. Die Welt ist ja durch unsere Sünden in diesen Dingen so verderbt, daß viel Unangenehmes daraus folgen könnte, wie man jetzt sehen kann. Man darf das allerdings nicht so verstehen, als könne es nicht auch notwendige Ausnahmen geben. Ich rüge hier nur die auffallenden und übertriebenen Kundgebungen persönlicher Freundschaft."

Der letzte Satz, der das Gesagte einschränkt, zeigt Teresas Konflikt. Sie weiß, daß ihre persönliche Beziehung, ihr Briefwechsel, keine Norm für alle Nonnen sein können. Und sie ist ehrlich genug, die eigene Ausnahme nicht nur mit Ordensnotwendigkeiten zu begründen, sondern letztlich in ihrer menschlichen Reife und Gottverbundenheit zu erkennen. Ein Jahr später hat sie sich zu dem ruhigen „ich kann es mir leisten" durchgerungen. Aber welche Klugheit und Wärme offenbaren sich hinter den herben Worten zum Visitationsverfahren: Keine Andeutung eines Zweifels an der Zulässigkeit und Gottgefälligkeit der Liebe eines heiligen Hieronymus und seiner heiligen Paula. Aber Wissen um die böse Welt, die es liebt, das Strahlende zu schwärzen und das Erhabene in den Staub zu ziehen. Und um die schlimmen Folgen eines dummen oder böswilligen Geredes, das die Atmosphäre vergiftet.

Teresa hatte die Visitationsschrift auf Wunsch des Paters schon bald nach ihrer Ankunft in Toledo verfaßt. Auf seine Anregung nimmt sie auch die unterbrochenen Berichte der Klostergründungen wieder auf. Sie tut dies um so lieber, als daß sie noch ganz erfüllt ist von der Begegnung in Beas und den andalusischen Gemeinsamkeiten. In Briefen erhofft sie ein baldiges Wiedersehen.

Doch der so sehr Geliebte läßt elf Monate auf sich warten. Er kann nicht anders, denn draußen toben kaum noch durchschaubare Kämpfe, die ihn fordern und brauchen. Am 28. Mai 1577 trifft er jedoch in Toledo ein. Und wie in Beas ist man schnell in tiefe Gespräche, einen geistig-seelischen Austausch von größerer Bedeutung als alles Weltgetriebe vertieft. Das Kloster zu Toledo wird zu einer Festung, zu einer Burg, in deren innerstes Gemach nur Liebe dringen kann. Aus dieser „Zwiesprache mit einem Freunde, von dem wir wissen, daß er uns liebt" erwächst dann der Plan zu Teresas größtem Werk, den „Wohnungen der inneren Burg". Ein mystischer Wegweiser, bedeutsam wie der „Aufstieg zum Berge Karmel" eines Johannes vom Kreuz und vielleicht stärker noch die Erfahrung weitergebend. Als Gracián der Mutter Teresa „befiehlt", die Innere Burg zu schreiben, muß er spüren, daß dieses gewaltige Werk in ihrer Seele bereit ist wie eine reife Frucht. Der Auftrag ist ein Geschenk, unsagbare Freude. Sie schreibt das Buch wie in einem Rausch im Zeitraum von acht (allerdings unterbrochenen) Wochen. Natürlich hat sie zunächst ihre üblichen Einwände, die Pater Gracián wie folgt wiedergibt:

„So mußte ich, als ich die Mutter Teresa während ihrer erzwungenen Ruhe in Toledo besuchte, gewaltig in sie dringen, bis sie bereit war, das Buch zu schreiben, dem sie dann den Titel „Las Moradas" (Die Wohnungen) gab. Sie hielt mir alle mögllichen Gründe entgegen und wiederholte, was sich auch in ihren anderen Büchern findet, nämlich: „Warum soll denn gerade ich schreiben? Mögen es doch jene tun, die studierten und etwas davon verstehen. Ich bin ja nur eine Törin, die nicht weiß, was sie sagt, und die durch falsche Wortwahl Schaden stiftet. Es sind doch auch schon genug Bücher über das Gebet geschrieben. Um Gottes willen, lassen Sie mich an meinem Spinnrad sitzen und meinen übrigen Pflichten und dem Stundengebet nachkommen, wie alle anderen Schwestern auch. Ich bin nicht für das Schreiben geschaffen, für das weder meine Gesundheit noch mein Kopf ausreichen,' usw. Erst durch ein Gleichnis konnte ich sie überzeugen: Ich sprach ihr von Heilpraktikern, die ihre Rezepte der Erfahrung abgewonnen haben, wie Hippokrates, Galenus und andere, die wichtig wurden auf dem Gebiete der Medizin. Und was für den Körper gelte, sei auch richtig für die Seele. So daß alle, die sich um das Gebet und geistlichen Fortschritt bemühen, mindestens so gut aus Schriften lernen können, die auf Erfahrung beruhen, wie aus den Studien der Gelehrten. Es sei doch nicht anders, als wenn man auf einem gefährlichen Weg wandern solle, voller Hindernisse und Schluchten. Man läßt sich dann doch lieber unterweisen von dem, der diesen Weg schon einmal ging und aus Erfahrung kennt, so daß er genau weiß, wo die Gefahren lauern, als von jemandem, der zwar in der Wortwahl gut ist, aber die Gefahrenpunkte, von denen er schreibt, nicht selbst gesehen hat, sondern darüber nur las oder hörte. Nicht anders ist es doch mit den Seelen, die dem rauhen und steilen Pfad des Gebets folgen. Schließlich handelt es sich beim Gebet ja um ein praktisches Tun, um eine ausübende Verwirklichung, die besser von dem erläutert wird, der darin Erfahrung besitzt, nicht aber von dem bloßen Theoretiker. –

Der Stil der Mutter Teresa ist besonders geeignet, die ganze unverhüllte Wahrheit darzulegen: Ohne Rhetorik, Künsteleien und Verfälschungen. Auch verfügt sie bei genauem Hinsehen über eine großartige Schreibweise, um zu überzeugen und zu gewinnen. Ihre klare Sprache ist eine der elegantesten der spanischen Literatur. Welche Gelehrten und Schriftsteller sind denn schon fähig, derart schlüssige und in sich begründete Satzperioden zu schreiben, auch wenn sie noch so oft streichen und verbessern! Die Mutter Teresa aber schreibt alles, ohne ein einziges Mal etwas zu streichen oder zu ändern mit großer Schnelligkeit. Obwohl sie eine Frau ist, ist ihre Schrift sehr deutlich, und sie schreibt so flüssig und geschwind, wie es sonst nur die Notare zu tun pflegen. Auch staunte ich immer, wie viele Briefe sie täglich mit eigener Hand verfaßte und an ihre Klöster sandte. Keine Nonne blieb ohne Antwort, und das gilt auch für andere Menschen, wenn es um Angelegenheiten des Ordens ging oder um Fragen und Zweifel bezüglich des Gebets. Was die Wortwahl angeht, sind ihre Gedanken immer klar ausgedrückt, so daß man genau weiß, was sie sagen will, und es gleichgültig ist, welche Vokabeln sie dafür benutzt.

Das Gesagte erweist sich immer als wahr und wird so verstanden, wie man es verstehen soll."

In dem Werk der Inneren Burg ist Teresa auf der Höhe ihres Könnens und ihrer Erfahrung. Sie braucht keine Entschuldigungen, keine Vorbilder. Und trotz größter literarischer Wirksamkeit der bis auf die Bibel rückführbaren Burgallegorie spricht sie hier das tiefste Wissen ihres Herzens aus:

„Weil ich weder wußte, wie das mir aufgetragene Werk beginnen, noch überhaupt, was ich sagen sollte, bat ich inständig unseren Herrn, daß Er durch mich sprechen möge. Da fiel mir ein guter Ausgangspunkt ein, nämlich, daß wir uns die Seele vorstellen als eine kristallene oder diamantene Burg mit vielen Wohnungen, so wie ja auch der Himmel viele Wohnungen hat. Recht betrachtet, liebe Schwestern, ist die Seele im Gnadenstand nichts anderes als ein Paradies, in dem der Herr, wie er selbst sagte, seine Freude hat. Erinnern wir uns also der vielen Wohnungen dieser Burg, einige oben, einige unten, andere seitlich. Ganz in der Mitte aber, in ihrem Zentrum liegt die Wohnung, auf die alles ankommt und wo höchst geheimnisvolle Dinge zwischen Gott und der Seele geschehen. Dieses Gleichnis müßt ihr euch gut merken."

Pater Gracián hat an dem allen teil. Wie bewegende Gespräche mögen der Dynamik dieser Kapitel vorangegangen sein! Und wenn auch Teresa in dem Werk manchmal „theologischer" schreibt als in ihren anderen – was eine Spiegelung der Anwesenheit des Paters sein mag – führt sie doch alles Theoretische zurück in die Erfahrungstiefe. Auf die Darlegung des Wesens der göttlichen Dreifaltigkeit, in deren Leben der bis zur siebten Wohnung Vorgedrungene aufgenommen wird, folgt der Hinweis:

„Gott behüte, welch ein Unterscheid besteht zwischen dem Glauben und der Erfahrung! Diejenige (Teresa), von der ich hier erzähle, gerät mit jedem Tag in größeres Staunen, daß die drei Personen der göttlichen Trinität sie nicht mehr verlassen, daß sie in ihrem Innern, im innersten Innern bleiben; sie spürt diese göttliche Gesellschaft in einer solchen Tiefe, daß sie nichts darüber zu sagen vermag, zumal sie keine Gelehrsamkeit besitzt."

Gracián bewegt ein Leben lang das in diesen Wochen Gelebte und Geschriebene in seinem Herzen. Auch er versucht, dem Vorgang des Aufgenommenwerdens in die Liebe Gottes einen bildhaften Ausdruck zu geben, der etwas vom inneren Überwältigtsein wiedergibt. Er schließt dabei an das Werk der heiligen Teresa sowie an die Vision des Apostels Paulus an, der sich in den dritten Himmel entrückt sah. Gracián schreibt:

„Mein Herz zittert und die Zunge stockt mir, wenn ich vom Wesen dieses dritten Himmels berichten soll. Mir ist zumute wie Johannes dem Täufer, der bebte, als er das Haupt Christi in der Taufe berühren sollte, da er doch wußte, er war nicht würdig, ihm auch nur die Schuhriemen aufzulösen. So erbebt mir die Seele, wenn ich von dieser letzten Gebetsart zu sprechen beginnen soll, und ich zittere, sie zu behandeln. Zweifellos würde ich weder eine Erklärung dieser Lehre wagen, noch eine so hohe geistliche Stufe anstreben wollen, wenn nicht die Güte, Demut und Barmherzigkeit Christi, die alle Tiefen unseres Elends durchdringt, mir Kraft und Mut dazu gäbe: Im Herzen, wie auf dem allerhöchsten Berge, findet sich meine Seele in Umarmung mit der Gottheit Christi, so wie Elija auf dem Berge Karmel, Mose auf dem Berge Sinaï und die Jünger auf dem Berge Tabor. Denn als Christus betete: „Ich bitte dich, Vater, daß sie eins seien, so wie auch du und ich eines sind" (Joh. 17,21), erbat er da vielleicht etwas anderes als diese göttliche Umarmung? Ich will damit nicht sagen, die Seele werde in Christi Gottheit verwandelt, sondern sie wird von ihr umarmt und tritt so ein in den Schoß des ewigen Vaters und ist dort selig in den Umarmungen, dem Sichschenken und den Beglückungen, die ihr durch die Verbindung mit dem göttlichen Wort zuteil werden, das eins ist mit dem ewigen Vater. Und weil ein einfaches Beispiel uns am besten zum Verständnis hilft, stellen wir uns doch einmal vor, daß niemand den König umarmen darf als sein Sohn, der Prinz. Dieser Prinz nun aber verliebt sich in eine triefäugige Landstreicherin und „Schelmin“ (pícara), die er heiratet. In enger Umarmung kommt er mit ihr in die Arme seines Vaters, des Königs. Die kleine Schelmin erfährt nun diese Umarmung, sie ist hineingenommen in das, was zwischen Vater und Sohn geschieht, sie hat schweigend und zitternd daran teil und stimmt dem zu, was der Sohn den Vater in ihrem Namen bittet. Sie erglüht in der Herzenswärme des Vaters und des Sohnes, und in diesem Beschenktsein verwandelt sich ihr eigenes Herz in solchem Grade, daß sie aus dieser Umarmung als Königin hervorgeht.“

Es ist charakteristisch für Pater Gracián, daß ihn nie sein Humor verläßt – nicht im Leiden, nicht in der Liebe. Ich bin nicht geneigt, mich dem Urteil mancher Experten anzuschließen, hierin erweise sich seine Oberflächlichkeit. Ich erkenne hier eher eine ritterliche Tapferkeit und das christliche Bemühen, die eigene Person nicht zu wichtig zu nehmen – was durch den im Wesen angelegten Humor eine besonders sympathische Note bekommt. Der Pater ist schwungvoll, in seinem unbedingten Engagement leidenschaftlich, aber niemals penetrant. Und so bringt er denn bei der Schilderung des Aufgenommenseins der menschlichen Seele ins göttliche trinitarische Leben die heilige Teresa mit ins Spiel: Die „Landstreicherin“ ist eine Erinnerung an eine berühmte Beschimpfung durch Nuntius Sega, der die Gründungsreisen nicht wollte und Teresa „eine ruhelose Herumtreiberin“ nannte. Gracián milderte das Wort dann aber ab in „Schelmin“ – ist doch das 16. Jahrhundert in Spanien die Wiege des europäischen Schelmenromans, den eine ruhelose Wanderschaft kennzeichnet. Und „triefäugig“ fand sich Teresa auf dem Porträt, das Bruder Juan de la Miseria von ihr gemalt hatte – eine Szene, die den daran beteiligten Gracián so beeindruckte, daß er in seinem späteren Werk mehrmals darauf zurückkommt. „Königin" ist Teresa in seinem Nachruf, wie der Leser im ersten Kapitel erfuhr.

Die Episode der inneren Burg, die in Toledo beginnt und in Avila fortgesetzt wird, bringt ein Glück, eine Stille, die dem ruhigen „Auge" im Wirbelsturm gleicht.

Umzingelt

„Draußen" haben sich inzwischen die Feinde formiert, unterstützt von Geschehnissen, die Teresa im 28. Kapitel ihrer Klostergründungen darlegt:

„Ein heiliger Nuntius (Ormaneto), großer Freund der Tugend und darum auch Förderer der Unbeschuhten, war gestorben. Seinen Nachfolger (Sega) schien Gott gesandt zu haben, um uns im Leiden zu üben. Er war ein entfernter Verwandter des Papstes und mochte wohl ein Diener Gottes sein; wäre ihm nur nicht so viel daran gelegen gewesen, die Beschuhten zu begünstigen, auf deren Informationen allein er seine Meinung über unsere Reform stützte. Darum wollte er ihre Entwicklung nicht dulden und begann mit großer Härte gegen jene vorzugehen, bei denen er Widerstand vermutete. Er warf sie ins Gefängnis oder schickte sie in die Verbannung."

Die Mutter berichtet dann weiter, daß natürlich der Pater Gracián den besonderen Unwillen des Nuntius erregt hatte. Andererseits meinte sie, durch ihren Rückzug nach Toledo würden sich die Unruhen legen. Aber dem war nicht so. Pater Gracián möge weitererzählen:

„Der Nuntius Sega kam an den Hof in Madrid und wollte Befehlsgewalt ebenso über die Orden, wie er sie über den weltlichen Klerus besaß. Er ließ mich rufen und sagte mir unter vielen Schmeicheleien, ich könne mein Amt als Visitator fortsetzen, wenn ich sein Vorhaben unterstützen würde. Ich ging zum König, erzählte ihm alles und fragte ihn, was ich tun solle? Er antwortete, ich solle mich stillhalten, bis er in dieser Angelegenheit an den Papst geschrieben habe, denn ohne expliziten Auftrag des Papstes, wie ihn Nuntius Ormaneto besessen habe, könne ich die Visitationen nicht fortsetzen. So war ich denn eingeklemmt zwischen König und Papst wegen einer so schwerfälligen Handhabung des Rechtes. Der König verlangte, ich dürfe den Nuntius nicht unterstützen, ehe nicht Antwort aus Rom gekommen sei. Der Nuntius brüllte, weil ich ihm nicht beistand und warf mir vor, ich behindere die Ausübung des apostolischen Rechts. Der Papst schrieb, der Nuntius solle sich nicht in Angelegenheiten der Mönche mischen, es sei denn, daß der König ihn darum bitte. Der Ärger des Nuntius war derart, daß er sagte, wenn man mich nicht auf den Scheiterhaufen bringe, weil ich ihn in seinen Rechten behindere, würde er sein Amt niederlegen. Das alles wurde noch verschlimmert durch die verleumderischen Anklagen der Beschuhten gegen mich, der ich meines Amtes schon entsetzt war und keine Befehlsgewalt mehr über sie hatte. Und nicht weniger wütend war der Nuntius über einige Denkschriften, die ich dem König überreicht hatte. Ich legte darin die großen Nachteile für die Orden in Spanien dar, wenn jeder Nuntius Breves gegen die Anordnungen der Oberen abfassen könne. Ich wurde exkommuniziert. Am schlimmsten erschien mir, daß auch unser einstiger Beschützer, der Ordensgeneral und viele Kardinäle dem Nuntius schrieben, er solle doch dem Treiben der Unbeschuhten ein Ende machen und sie den Beschuhten unterstellen, was er auch tat. Das war für mich das schlimmste aller Leiden: daß ich die ganze Kongregation der Unbeschuhten zerstört sah."

Teresa war noch in Toledo, als sich all dieses ereignete. Wegen wichtiger administratorischer Umstellungen wechselte sie dann im Juli in das Kloster San José zu Avila über. Sie mußte darum die Arbeit an der „Inneren Burg" unterbrechen, die am 29. November fertig wurde.

Glücklicherweise, denn vier Tage später trifft die Schrekkensnachricht ein, daß die Beschuhten Johannes vom Kreuz aus dem Kloster in Avila holten und in ihr Ordensgefängnis zu Toledo warfen. Teresa schreibt schon am folgenden Tage dem König:

„Der Pater Johannes vom Kreuz, dieser große Diener Gottes, ist durch alles, was man ihm angetan hat, so geschwächt, daß ich um sein Leben fürchte. Bei der Liebe unseres Herrn flehe ich Eure Majestät an, baldmöglichst die Freilassung zu befehlen und ein Gesetz zu erlassen, kraft dessen die Beschuhten Karmeliten die armen Unbeschuhten nicht mehr mißhandeln dürfen. Letztere schweigen und leiden, was ihre Heiligkeit fördert, aber im Volke hält man die Vorkommnisse für skandalös. Wenn Eure Majestät hier nicht eingreifen, weiß ich nicht, wie weit es noch kommen wird. Kein anderer kann uns helfen auf Erden."

Aber so schnell kann der König nicht eingreifen, Johannes vom Kreuz vermag erst neun Monate später auf eigene Faust seinem Kerker zu entfliehen. Auch Gracián ereilt jetzt sein Schicksal: Nuntius Sega unterstellt am 16. Oktober 1578 offiziell die Unbeschuhten den Beschuhten, d.h. er versucht, die teresianische Reform auszulöschen. Gracián wird am 20. Dezember verurteilt, sich als Gefangener in das Colegio San Cirilo in Alcalá zu begeben, eine Gründung der Unbeschuhten Karmeliten. Zuvor hatte er bei der Mutter Teresa Rat und Trost gesucht. Doch geht es ihm in Alcalá nicht so schlecht wie dem Pater Johannes in Toledo:

„Der Rektor, Pater Elias, liebte mich sehr", sagte Gracián später in der Autobiographie, „und wenn er krank war, setzte er mich einige Male ein, damit ich ihn bei der Leitung der Kapitel verträte."

Allerdings zeigten das drei Brüder dem Nuntius an, und Pater Elias hatte eine schwere Zeit – aber seltsam zeichenhaft starben alle drei Denunzianten noch im gleichen Sommer. Überhaupt arbeiteten nun Zeit, Umstände und

König für die Unbeschuhten. So ausweglos auch ihre Lage schien, war sie es doch nicht in den Augen Gottes.

„Sein ist der Sieg"

Weder Teresa noch Pater Jerónimo Gracián (und ebensowenig Johannes vom Kreuz) verloren in diesen Jahren der Verfolgung und der Niederlage ihre Demut und ihre Gelassenheit. Es wird sehr spürbar, wie sie in Gott verwurzelt sind. Gracián spricht immer gut von seinen Feinden, unterstellt ihnen keine bösen Absichten, nur Irrtümer. Die temperamentvollere Teresa schreibt an König Philipp, die Beschuhten Karmeliten seien ja schlimmer als die Mauren! Gracián versteht es, sie zu erheitern. Ein Bericht wie folgender wäre dazu angetan und zeigt zugleich die Demut dieses Mannes, der sich selbst als hochmütig bezeichnet. (Teresa: „Es gibt keinen schlimmeren Hochmut, als wenn man sich für demütig hält!") Graciáns Geschichte lautet so:

Als Nuntius Sega sein Breve durchgesetzt hat, das alle Unbeschuhten den Beschuhten unterstellt, versammeln sich die erschreckten Oberen der Unbeschuhten im Kloster zu Pastrana. Inmitten der Beratungen „klopfen die beschuhten Brüder an die Klostertür. Sie wollen das Breve verlesen und den Gehorsam der Unbeschuhten fordern". Man bittet Pater Gracián um eine Entscheidung. „Ich sagte ihnen, sie sollten mich in Ruhe lassen, ich hätte genug von den Kämpfen mit dem Nuntius und all den Leiden, sie sollten doch tun, was sie wollten. Sie bestanden weiter darauf, daß nichts entschieden würde ohne meinen Befehl. Da sah ich mich nun in großer Verwirrung und Bedrängnis. Fast alle Unbeschuhten wollten Widerstand leisten, und die Beschuhten hämmerten an die Tür, um uns zum Öffnen zu zwingen. Gottlob lebte in diesem Kloster ein heiliger Laienbruder, Fray Benito de Jesús y la Virgen, von dem man Großes zu berichten wußte. Er hatte sich mit seiner klösterlichen Berufung derart identifiziert, daß er den Namen seines Vaters und seiner Mutter vergessen hatte und nichts anderes mehr kannte als die Liebe zu Gott und Unserer Lieben Frau. Auch betete er viel vor dem Allerheiligsten Sakrament und für die Seelen im Fegefeuer. Ich vertraute darauf, daß Gott mich in einer so wichtigen Angelegenheit durch den Mund dieses Heiligen erleuchten würde. Ich schloß mich rasch mit ihm in eine Zelle ein und sprach zu ihm so, als sei er einer der würdigsten, weisesten und klügsten Männer der Welt. Ich berichtete ihm alle Umstände und legte ihm die Standpunkte beider Seiten dar. Er aber schlug immer wieder mit der Stirn auf den Boden und sagte „ich tauge nicht, ich tauge nicht", und wollte so in seiner Demut ausweichen. Ich bestand im Namen Gottes darauf, daß er mir seine Meinung sage. Da antwortete er:

‚Sieh mal, mein Herzelchen, wenn du jetzt das kleine Schatzmeisterlein ärgerst, ärgert sich der große Schatzmeister, und vom Negerlein nichts und wieder nichts. Ein Weilchen und noch ein Weilchen, ein Schmerzelein und noch ein Schmerzelein, und du wirst staunen und staunen!'

Ich nahm diese Worte entgegen wie die eines Engels, prägte sie meinem Herzen ein und übersetzte sie mir so: Wenn du jetzt den Nuntius verärgerst, ist auch der Papst verstimmt, und es wird weder eine eigene Provinz noch eine Breve geben. Der König aber (den er ein Negerlein nannte, weil er ein Weltmann war), auch wenn er uns jetzt begünstigt und die Durchführung des Breve untersagt hat, wird uns dann fallenlassen, und aus allem kommt überhaupt nichts Gutes heraus. Sich den Beschuhten jetzt zu unterstellen, ist eine schmerzliche Überwindung, die aber auch in ihrer Durchführung Zeit erfordert. Ebenso die Änderung der Ordensregel und die administratorische Aufhebung der Klöster der Unbeschuhten – schmerzliche Überwindung mit Zeitgewinn. Damit eröffnen sich aber auch wieder neue Chancen zur

Verhandlung. Es kommt jetzt nur darauf an, den Nuntius nicht zu verärgern, indem man sein Breve für illegal erklärt. Stimmen wir ihn aber günstig, ist uns auch der Papst wohlgesinnt, und das wird unseren Plänen zugute kommen.

So entschloß ich mich also, ging hinunter und öffnete den beschuhten Meistern die Tür. Da sie sich demütig und liebevoll zeigten, sagte ich den Unbeschuhten, sie möchten mir das Schriftstück des Königs gegen Segas Breve geben. Ich verbarg es an meiner Brust. Ich rief das Kapitel zusammen. Die Beschuhten kamen herein, machten ihr Breve bekannt, ich gehorchte ihm demütig und ergeben, und die anderen Unbeschuhten wagten kein schlechteres Betragen zu zeigen. Ich führte die Beschuhten ins Refektorium, ließ ihnen Mittagessen servieren und bat sie, dem Nuntius auszurichten, daß zwar der König die Ausführung ihres Breve verboten habe – und ich zeigte ihnen das Schriftstück – daß wir Unbeschuhten jedoch nichts anderes im Sinne hätten, als in allem seiner Exzellenz dem Nuntius und den geliebten Oberen der Beschuhten Gehorsam zu leisten. So kehrten sie hochzufrieden heim, und der Nuntius mußte ein gut Teil seines Grolls gegen mich zurückziehen. Von da an entwickelte sich alles sehr gut, wie es dieser Heilige prophezeiht hatte."

Der kluge Pater Gracián läßt sich also nicht mehr zwischen den Kompetenzen zerreiben, sondern vollbringt ein Meisterstück der Diplomatie in diesem Prestigespiel zwischen Nuntius, Papst und König. Tatsächlich war der Nuntius bereits auf dem Punkte, seine Meinung zu ändern, teils, weil er es nicht mit dem König verderben wollte, teils, weil nicht mehr die Beschuhten seine einzige Informationsquelle waren.

Sega war auch bald bereit, zusammen mit dem König eine eigene Provinz, d.h. Unabhängigkeit für die Beschuhten beim Papste Gregor XIII. (nach dem unser Kalender benannt ist) zu erwirken. Aber er machte zur Bedingung, daß man sage, die Unbeschuhten Karmeliten seien vernünftig, nur Pater Gracián habe sie aufgewiegelt und zugrundegerichtet. Er gab an, seine Empörung habe allein dessen großen Vergehen gegolten, und wenn er sich ohne Widerspruch verurteilen lasse, gehe mit der eigenen Provinz für die Unbeschuhten alles in Ordnung.

„Dieses", sagte Graciàn, „war der größte Konflikt meines Lebens." Einerseits stand seine Ehre auf dem Spiele, also für einen Spanier von Adel des Geblüts und der Gesinnung das höchste Gut, andererseits der Orden, dem die ganze Liebe des Paters galt und die nicht zu trennen war vor der Liebe zur Mutter Teresa. Er beriet sich mit guten Theologen, besonders wertvoll war ihm stets der Rat der Jesuiten. So rang er sich zur Erkenntnis durch, daß der Orden letztlich das höhere Gut sei und es im Punkte der Ehre mehr auf seine tatsächliche Unschuld, als auf die Meinung der Menschen ankomme. Und so opferte er sich denn und ließ sich verurteilen, woraus sich die Gefangenschaft in Alcalá ergab.

Tatsächlich war damit der entscheidende Schritt zur Rettung der teresianischen Reform getan. Nuntius und König baten den Papst um ein Breve zur Erhaltung der Unbeschuhten durch Gewährung einer eigenen spanischen Provinz. Nuntius Sega widerruft am 1. April 1579 seine Anordnung vom Oktober, die die Unbeschuhten den Beschuhten unterstellt hatte:

„Wir wünschen und ordnen an, daß alle Karmeliten Kastiliens und Andalusiens, die nach der ursprünglichen Regel leben, frei seien von Gehorsam gegenüber den Provinzialen der gemäßigten Regel und ihnen nicht unterstellt."

Das bedeutet aber auch, daß es nun zu einer eigenen Provinz kommen muß. Praktisch nimmt Gracián sein Amt als Provinzial schon wieder auf. Am 6. Juni besucht er zusammen mit Teresa den früheren Großinquisitor und nunmehrigen Kardinal Quiroga in Toledo, wobei es wieder um ganz normale Ordensangelegenheiten geht.

Am gleichen Tage wird Salazar zum neuen Ordensgeneral nach dem Tode Rubeos ernannt. Salazar hatte einst Teresa die erste Gründungsgenehmigung erteilt. Seine Ernennung ist für sie wie ein Startschuß! Sie besucht ihre Klöster in Toledo, Valladolid, Alba de Tormes, Medina del Campo, Salamanca, Malagón. Und am 28. Januar 1580 sendet ihr General Salazar ein neues Gründungspatent. Doch wartet die Ordensmutter ungeduldig auf das Trennungs-Breve.

Papst Gregor XIII. stellte es am 22. Juni 1580 aus. Gleich im ersten Satz heißt es, die Unbeschuhten sollten durch diese Bulle und dieses Breve aus allen Bedrängnissen befreit werden, zumal auch „Unser geliebter Sohn in Christo König Philipp II." darum gebeten habe. Der Papst gibt sodann eine knappe Übersicht über die Ordensgeschichte und erklärte, daß „etwa im Jahre 1565 einige Mönche (!), von göttlicher Gnade bewegt, der ursprünglichen Regel wieder in aller Strenge folgen wollten. So begannen sie mit der Erlaubnis des Generalpriors im Königreich Spanien Klöster für Mönche und Nonnen zu gründen." Der Papst gibt genaue Zahlen an: Bisher wurden 22 Klöster gegründet, in denen 300 Mönche und 200 Nonnen leben. – Sehr im Gegensatz zu heute waren also damals im Orden die Männer in der Überzahl, was die Bedeutung Graciáns noch unterstreicht.

Zu Beginn der Bulle sind die Merkmale der ursprünglichen Regel genannt, die in den teresianischen Klöstern wieder eingeführt wurden: Enthaltung von Fleischspeisen, gesammelte Zurückgezogenheit (Klausur), um sich „in den Zellen Tag und Nacht in Gottes Gebot zu versenken". (Die offizielle karmelitische Übersetzung der Regel Alberts lautet heute: „Jeder soll in seiner Zelle oder in der Nähe bleiben und Tag und Nacht im Gesetz des Herrn betrachten".) Im weiteren gibt der Papst die neu hinzugekommenen Vorschriften an: keine Schuhe (Sandaletten gelten nicht als Schuhe), Kleidung aus grobem Tuch, Schlafen auf Brettern, Handarbeit, häufige Übung des inneren Gebets, und in den Gottesdiensten schlichtes Rezitieren auf einem Ton. (Tant de bruit pour une omelette? Aber Teresa ging es um den Geist, dessen Niederschlag diese Details sind.)

Zwar unterstellt der Papst die Unbeschuhten dem (vernünftigen) beschuhten Ordensgeneral Salazar, sie werden also noch kein selbständiger Orden. Aber sie erhalten eine praktisch sehr wichtige relative Selbständigkeit, indem sie sich einen Provinzial für alle Gründungen in Spanien aus ihren eigenen Reihen wählen dürfen und sollen. Er erhält weitgehende Rechte: „Die abgetrennte Provinz leiten und regieren, reformieren, korrigieren und (wenn nötig) strafen. Er darf Statuten schaffen, ändern und Klöster gründen und errichten, wo immer es ihm gut erscheint, ohne um andere Genehmigung einkommen zu müssen als um die grundsätzliche Zustimmung des erwähnten Provinzkapitels." Er darf auch künftig solche Kapitel einberufen und weitere Ämter delegieren. „Er hat, wie alle Mönche dieser Provinz, freien Zugang zum Heiligen Stuhl. Die von Uns eingesetzte eigene Provinz soll sich die der ‚Unbeschuhten' nennen. Die Mönche der gemilderten Regel (die ‚Beschuhten') jedoch haben keinerlei Recht mehr, die Unbeschuhten zu belästigen, betrüben, beunruhigen und zu mißhandeln."

Auf daß der Friede vollkommen sei, hebt der Papst alle verhängten Exkommunikationen und Kirchenstrafen auf, auch für Teresa und Gracián! Der Papst sagt ganz klar:

„Mit diesem Schriftstück sprechen wir alle unbeschuhten Mönche und Nonnen los von Exkommunikationen und sonstigen Kirchenstrafen, wann und warum auch immer sie auferlegt wurden. Wir erklären Unsere Absolution. Der Inhalt dieses Schreibens ist allenthalben bekanntzumachen." (Er ist heute weitgehend unbekannt).

Am 20. November des gleichen Jahres schreibt Papst Gregor sodann an den Dominikanerprior Juan de las Cuevas bei Toledo: Er möge doch „so schnell wie möglich" das Provinzkapitel einberufen, bei dem es um den neuen befreiten Status der Unbeschuhten sowie um die Wahl ihres Provinzials und weiterer Amtsträger gehe. Der neutrale Dominikaner setzt das Kapitel auf Anfang März 1581 fest und wählt als Ort der Tagung das Kolleg in Alcalá, wo Gracián noch vor kurzem unter Arrest stand.

König Philipp II. schreibt dem Prior am 24. Januar 1581: „Ich begrüße die Absicht, das Kapitel in Alcalá de Henares tagen zu lassen, da mich Ihre Gründe überzeugen. Wegen der notwendigen Einzelheiten und Informationen bitte ich Sie, sich mit dem Unbeschuhten Karmeliten Pater Gracián in Verbindung zu setzen, der zur Zeit die Geschäfte des Ordens führt. Er ist von den ersten Gründungen an über alles unterrichtet, so gelehrt und derart um das Wohl des Ordens bemüht, daß Sie ihm absolut vertrauen und sich jetzt und in Zukunft seines Rates bedienen können. Der Bischof von Piacenza und Nuntius seiner Heiligkeit (Sega) befindet sich hier in Madrid und hat sich der Angelegenheit mit großem Eifer angenommen. Er kennt die päpstliche Bulle (für die Trennung), die Sie jetzt in den Händen haben. Ich habe auch den Rektor der Universität von Alcalá benachrichtigt und auf Ihren Besuch vorbereitet, damit er Ihnen behilflich ist. Ich würde mich freuen, wenn Sie mich über alles auf dem Laufenden halten. – Ich, der König."

Am 4. März des gleichen Jahres ist es dann so weit. Teresa jubelt:

„Während ich mich in Palencia aufhielt, wurde gottlob die Trennung von Beschuhten und Unbeschuhten Karmeliten vollzogen, indem man für die Unbeschuhten eine eigene Provinz bildete. Nun blieb uns für unsere Ruhe und unseren Frieden nichts mehr zu wünschen übrig. Auf Verlangen unseres christlichen Königs Philipps II., der uns in diesem Zusammenhang wie schon zuvor sehr unterstützte, hatte man uns aus Rom die notwendige sehr weit reichende Vollmacht gebracht (die Bulle Papst Gregors XIII. vom 22. Juni 1580). Das Kapitel tagte in unserem Colegio San Cirilo, alles ging wunderbar friedlich und einträchtig vonstatten. Der Pater Magister Fray Jerónimo Gracián de la Madre de Dios wurde zum Provinzial gewählt. Dieser Erfolg war eine der größten Freuden meines Lebens, hierfür hatte ich 25 Jahre lang Mühen, Verfolgungen und Fehlschläge auf mich genommen. Sie alle aufzuzählen ist unmöglich, und nur der Herr weiß, wovon ich spreche. Es kann aber nun, da alles vollendet ist, auch niemand den tiefen Jubel in meinem Herzen begreifen, der nicht weiß, durch welche Leiden ich gehen mußte. Ich wünschte, die ganze Welt würde jetzt in das Lob des Herrn einstimmen, und ich empfehle ihm unseren christlichen König Philipp II., mit dessen Hilfe Gott alles zu einem so guten Ende geführt hat. War doch die Arglist des Teufels so groß, daß ohne unseren König alles zu Bruch gegangen wäre.

Nun haben wir unseren Frieden, Beschuhte und Unbeschuhte. Niemand hindert uns am Dienste unseres Herrn. Darum, meine Brüder und Schwestern, deren Gebete so wunderbar erhört wurden, eilt, eurem Herrn zu dienen!"

Die von Gracián ausgearbeiteten Statuten (Auslegungen der Ordensregel) werden akzeptiert. Teresa sieht ihre Vision von 1575 bestätigt: „Sein ist der Sieg". Sie ist glücklich. Nicht ganz glücklich sind ihre besten Freunde, denn weder Papst noch Nuntius hatten in ihren Urkunden Teresa und ihre Gründungstätigkeit erwähnt. Das Kapitel tagte in jeder Hinsicht ohne sie. Priorin María de San José klagt:

„Mit keinem Wort wird unsere Mutter erwähnt, ebensowenig ihre Klostergründungen für Nonnen und Mönche. So wurde es möglich, daß Spätere, die es nicht besser wußten, sich selbst in stürmischen Zeiten diese Ehre zusprachen."

„Cirilo" sagt zu diesem Thema: „Mit welchem Recht man ihr diesen Titel gab, und welche Vollmachten sie von den Ordensgeneralen erhielt, die sie als ‚Gründerin' bezeichneten, und wie viele Klöster sie gegründet hat, ist eine Sache, die ich ein andermal mit dir besprechen will, Eliseo. Im Augenblick kann ich es einfach nicht ertragen, daß man ihr Unrecht tut und ihr den Titel der Gründerin streitig machen und ihren ewigen Ruhm schmälern will, da sie doch so neue und wertvolle Dinge in diese Welt gebracht hat." Und dann zählt der belesene Cirilo berühmte Frauen der Antike auf, deren Erfindungen von der Spindel über die Goldverarbeitung bis zur Gewinnung des Olivenöls reichen, und meint sodann:

„Wieviel mehr Recht hat die Mutter Gründerin auf ewigen Ruhm, da sie doch Klöster ins Leben rief, in denen für immer der Heilige Geist gepflegt wird und deren Dienst unserem Herrn gefällt und ihn verherrlicht?"

Graciáns Feingefühl stellt seinen Statuten für die Nonnen einen Brief an die heilige Mutter voran, der einzige an Teresa, der uns von seiner Hand erhalten ist:

„An die hochwürdige Mutter Teresa de Jesús, Gründerin der Klöster Unbeschuhter Karmelitinnen.

ER, wahres Licht aller, die in diese Welt kommen, ER, der alle Schätze der Weisheit und Erkenntnis in seinem göttlichen Herzen birgt, verwehrt nicht den Frauen den Glanz höchster Erkenntnis. Vielmehr erleuchtet er sie, auf daß sie zur christlichen Vollkommenheit gelangen und als Sterne am Himmelsgewölbe der katholischen Kirche erstrahlen.

So hat, wie ich weiß, unser göttlicher Herr, der alle zum Heil und zur Erkenntnis der Wahrheit führen möchte, Euer Ehrwürden erwählt, damit Sie Ihren Töchtern in den von Ihnen gegründeten Klöstern der Unbeschuhten Karmelitinnen das wahre Licht vermitteln. ER hat Sie, Ehrwürdige Mutter, mit so viel Geist und Erkenntnis versehen, mit Klugheit und Takt, Witz und praktischem Sinn, sowie fünfzig Jahren der Erfahrung im geistlichen Leben. Hierdurch, und überdies durch Ihren Kontakt zu den besten Theologen und Seelenführern unserer Zeit, denen Euer Ehrwürden stets gehorsam waren, wurden Sie zu so heilsamen Ratschlägen und Ermahnungen für Ihre Töchter befähigt, daß diese unter Ihrer Leitung die christliche Vollkommenheit erlangen werden, die sie ersehnen, die Euer Ehrwürden für sie erstreben und die ich als ihr Vorgesetzter zu fordern verpflichtet bin."

Das war nun wieder Grund zu großer Freude. Die vereinbarte Übereinstimmung in allen Dingen brachte ihre Früchte. Pater Silverio de Santa Teresa kennzeichnet die Situation:

„Wenn das kleine Schiff der Unbeschuhten den rettenden Hafen ohne Schiffbruch erreichte, so ist das neben der Mutter Teresa niemand anderem zu verdanken als Pater Gracián de la Madre de Dios, dem aufgrund seines heroischen und siegreichen Kampfes für den Orden das Recht auf den Titel ‚Vater der Reform' zusteht. Abgesehen von Pater Johannes vom Kreuz kenne ich niemanden, der einen solchen Anspruch auf diesen Ehrentitel hätte, den die Undankbarkeit ihm niemals hätte rauben dürfen. Wenn die Ereignisse dann die Wogen des finsteren Meeres der Leiden und Verfolgungen über ihm zusammenschlagen ließen, sollten wir daran denken, daß manchmal ein Jonas vonnöten ist, um die übrige schiffbrüchige Mannschaft zu retten. Als die Stürme gegen die Reform Orkanstärke erreichten, sah man auf der Kommandobrücke immer die Mutter Teresa und den Pater Gracián stehen, fest entschlossen, zusammen zu siegen oder unterzugehen."

VOLLMOND ÜBER AVILA

Verschlungene Pfade

Wandelbar wie der wechselnde Mond erwies sich das Glück von Alcalá. Schon im Mai schreibt Teresa an Gracián:

„Sehen Sie jetzt, wie kurz meine Freude war? Dabei hatte ich mir die Reise so sehr gewünscht. Ja, ich muß Ihnen sagen, Pater, mein Fleisch ist schwach, und so bin ich trauriger geworden, als mir lieb ist. Es war wirklich schlimm."

Was war geschehen? Teresa wollte ein Kloster in Soria gründen. Im Jahr zuvor war ihr Gracián bei der Gründung von Palencia zur Seite gestanden. Nun hatte er jedoch einen anderen Pater beauftragt, mit der Heiligen zu reisen. Er stellte ihm dieses Schreiben aus:

„Hiermit befehle ich dem Prior Fray Nicolás de Jesús María, sich nach Palencia zur Mutter Teresa de Jesús zu begeben und sie nach Soria zur Gründung eines Nonnenklosters in besagter Stadt zu begleiten."

Was also war geschehen, und wer war dieser Pater? Als gebürtiger Genuese, hochbegabt wie Gracián, war er 1577 in den Orden eingetreten, vierzigjährig nach einem bewegten Leben. Teresa kannte ihn schon als Weltmann, denn er war ein Finanzgenie und verstand sich so gut auf alle Intrigen, daß der Biograph des Ordens Pater Silverio ihn als „machiavellistisch" bezeichnet. Sein bürgerlicher Name ist Nicolás Doria. Er hat auch eine andere Wesensseite: Eine starke mystische Begabung und vor allem – und im Gegenzug zu früherem „Highlife" – eine asketische Neigung, die sich zunehmend in einer alttestamentarisch anmutenden Gesetzesstrenge äußert. Nach langem

Suchen hatte er sich Teresas Orden erwählt, den er bereits in finanziellen Dingen beriet.

Teresa brannte darauf ihn kennenzulernen, mehrere Briefe bezeugen es. Im Jahre 1579 ist es endlich so weit. Sie schreibt ihrer Freundin María de San José am 24. Juni:

„Denken Sie, Pater Nicolás ist hier. Er wurde schon Prior von Pastrana und kam mich zu sehen. Seine Bekanntschaft gibt mir neuen Mut und ich preise den Herrn, daß er uns eine so tugendreiche Persönlichkeit für den Orden gesandt hat."

Und selbstverständlich überlegt Teresa sofort, wie der begabte Doria am besten einzusetzen sei. Sie schreibt es am 7. Juli dem Pater Gracián, nicht (oder doch?) ahnend, daß hiermit ein neues Kapitel der Lebens- und Ordensgeschichte aufgeschlagen wird:

„Pater Nicolás (Doria) war ein paar Tage hier bei mir in Avila. Es hat mich sehr beruhigt, daß Sie, mein Pater, in ihm eine Persönlichkeit haben, mit der Sie alle Ordensangelegenheiten besprechen können und die fähig ist, Ihnen so zu helfen, daß auch ich zufrieden sein werde. Es hat mich doch sehr gequält, Sie so ganz allein in diesem Orden mit all seinen Aufgaben zu sehen. Allerdings – so klug, entscheidungsfähig und wahrhaft gottergeben der Pater mir auch scheint – besitzt er doch nicht jenen Charme und die große Sanftmut, die Gott meinem Paulus geschenkt hat. So viele Gaben auf einmal gibt es ja sonst auch kaum. Aber gewiß ist Pater Nicolás ein Mann von echtem Schrot und Korn: dabei demütig, bußfertig und aufrichtig. Er versteht es, die Menschen zu überzeugen. Und er kennt den Wert des Paulus und ist entschlossen, ihm in allem zu folgen, worüber ich mich natürlich freue. Wenn sich Paulus gut mit ihm arrangiert, was er, wie ich hoffe, schon mir zuliebe tun wird, können viele Dinge sehr viel besser bewältigt werden, sofern Sie beide einmütig vorgehen. Und für mich wäre es eine große Erleichterung.

Darum, mein Pater, weisen Sie ihn bitte nicht ab. Denn

entweder täusche ich mich sehr, oder die Mitarbeit dieses Paters wird unserem Orden große Vorteile bringen."

In welchem Lichte auch immer dieses Urteil später erscheinen mag und wie schmerzlich es Gracián treffen konnte – Nicolás Doria hatte gleich nach seinem Eintritt seine ungewöhnlichen diplomatischen Fähigkeiten bewiesen. Man sandte ihn nach Madrid, wo er bei den beschuhten Brüdern wohnen mußte. Diese nahmen den Novizen nicht ernst, und so vermochte er von ihrem Kloster aus wie das trojanische Pferd zu wirken. Die Meinungsänderung des Nuntius Sega, das Bemühen des Königs beim Papste, die Befreiung der illustren Gefangenen des Ordens und die Trennungsbulle haben ihren Ursprung in Dorias geheimem Wirken, das er in Rom fortsetzte. Kein Wunder, daß Teresa den verdienten Mann an einflußreicher Stelle sehen möchte. Aber ihr Gefühl? Ihr Gefühl möchte nicht mit Doria nach Soria!

Doch legt sie zur Vorbereitung des Ordenskapitels von Alcalá Gracián die Zusammenarbeit wieder ans Herz:

„Ich habe auch noch einmal überlegt, wie wichtig es sein wird, daß Ihnen, mein Pater, im Falle Ihrer Wahl Pater Nicolás als Sozius beigegeben wird und daß Sie beide in diesen Anfängen zusammenwirken." *(Palencia, den 17. Februar 1581)*

So bestimmt es denn auch das Kapitel, und Gracián scheint zunächst einverstanden. Aber bald findet er immer wieder neue Aufgaben für Doria, die diesen von ihm entfernen, bis er ihn schließlich ganz als eine Art Botschafter des Ordens zum General nach Rom sendet. Es ist heute schwer zu beurteilen, ob ihn die durch die so entgegengesetzten Naturen bedingte heimliche Abneigung dazu bewog, oder die Meinung, daß wirklich niemand besser geeignet war für diese Aufgabe als Doria. Ordensmitglieder und Teresa selbst empfanden es als Absicht und waren verärgert.

Ihre Vorhaltungen waren bitter für das kindliche und liebevolle Herz Graciáns. Hatte doch bisher Teresa selbst im Grunde durch ihn den Orden gelenkt: er war ihr „Socio". Seit Dorias Dazwischentreten ist alles anders geworden (auch nicht immer zur Freude Teresas, wie Gracián ihr mit Doria-Soria fühlbar beweist!).

Doch während Doria später mit allen Mitteln gegen Gracián vorgeht, ja, schon auf dem Ordenskapitel 1583 gleich nach Teresas Tod fast seine Absetzung herbeiredet, äußert sich Gracián niemals böse über Doria, dem er alles spätere Lebensunglück „verdankt". Nur indirekt lassen sich seine Gedanken lesen. Er legt in einer späteren Verteidigungsschrift (Apologie) seine Auffassung von Mönchstum und Ordensregierung dar:

„Es ist wahr, daß ich mehr zur Milde neige als zur Strenge, mehr zur Liebe als zum Haß, mehr zum Frieden als zur Rache und daß ich anderen lieber Gutes als Böses tue. Auch war ich immer der Meinung, daß ich nicht gegen Recht und Gewissen verstieße, wenn ich eine Strafe erließ. Zudem, wenn ein Orden in der Welt wächst und Vertrauen findet, weil er in Frieden mit Liebe geleitet wird, gibt es keinen Grund, das Blatt zu wenden, um nun mit Strenge und Härte vorzugehen. Schließlich sind die Ordensoberen ‚Väter' und nicht amtierende Richter oder Sklavenaufseher. Und die Mönche, diese Diener Gottes und Söhne ehrbarer Eltern, sind weder Sklaven noch Pícaros (skrupellose Schelme)."

Hier steht ein Parzival, ein reiner Tor und Gralshüter, einem fremden, für seine Begriffe unmenschlichen Geiste gegenüber, dem er nicht folgen kann. Teresa sieht es, versteht es und leidet. Ihr prophetischer Geist erkennt die kommenden Schwierigkeiten des Paters im Orden. Aber alle ihre Mahnungen sind in den Wind geredet. Künftige Tragik wirft Schatten auf diese Liebe. Die Übereinstimmung in allem hat an Gültigkeit verloren, wenn auch die persönliche Freundschaft davon kaum berührt wird, da sie tieferen Quellen entspringt.

Mit Aelred de Rieval, der dem Mittelalter das Hohelied geistlicher Freundschaft sang, könnte man sagen:

„Liebe ist der Grund und Quell der Freundschaft. Nicht irgendeine Liebe, sondern die aus Vernunft und Neigung kommt. Sie ist keusch, weil vernünftig, und süß, weil aus dem Herzen. Fundament der Freundschaft nennen wir die Gottesliebe, in ihr wird alles verankert, an ihr alles gemessen." Aber nicht jeder „Nächste" ist auch unser Freund:

„Wir lieben viele, aber es wäre unbesonnen, wenn wir diesen allen unsere Seele bloßlegten und unser Herz ausschütteten, denn nicht jedes Alter, nicht jeder Verstand, nicht eines jeden Urteilsvermögen ist reif, dieses zu ertragen."

So kann Teresa einerseits ihrem Freund Pater Jerónimo Gracián die Zusammenarbeit mit Doria empfehlen und andererseits doch weinen, wenn sie mit ihm statt mit Gracián auf Gründungsreisen gehen soll. Sie sagt in dem eingangs zitierten Brief vom 22. Mai 1581:

„Eine ziemliche Einsamkeit haben Sie hier zurückgelassen. Es ist wahr, ich schreibe Ihnen wenig Erfreuliches, ich bin dazu nicht aufgelegt. Mir gereicht alles zum Überdruß, denn schließlich hat meine Seele niemanden mehr, der sie tröstet und leitet. Möge Gott das alles als Opfer annehmen, dann gibt es auch keinen Grund mehr zur Klage, wie tief auch immer der Schmerz ist. O mein Pater, preisen Sie Gott, der Sie so schuf, daß jeder Sie gern hat! Niemand vermag diese Leere auszufüllen, die Sie hinterließen, und der armen Lorencia (Teresa) wird alles zur Last. Sie bittet sehr um Ihr Gebet. Sie sagt, daß nichts ihr die Ruhe und den Frieden wiedergeben könne, es sei denn Gott und jemand, der sie so versteht wie Sie, mein Pater. Alles übrige wird ihr zu einem so schweren Kreuz, wie sie es niemandem wünschen möchte."

Doch aufs Neue geht mit ihr Gracián auf Reisen – jetzt mehr noch als Freund und Gefährte: liebevoller Beschützer, besorgter Vater ist er der kranken, müden und unermüdlichen Gründerin. Madrid war im Gespräch, dann Granada oder Burgos. Teresa, die Andalusien noch immer nicht liebt, entschließt sich, die Gründung von Granada der begabten, wenn auch reichlich eigenwilligen Priorin Ana de Jesús zu überlassen. Sie entschließt sich im letzten Augenblick, als Johannes vom Kreuz schon da ist (wieder ein anderer. Großer, aber dem Innern Fremder) um sie abzuholen. Teresa verweigert sich und sagt „Burgos"! Und sie sagt „Pater Jerónimo", dem sie schreibt:

„Machen Sie sich klar, daß ich niemanden habe, der mit mir reist, und kommen Sie darum nicht auf den Gedanken, mich hier im Regen stehen zu lassen." *(Avila, den 4. Dezember 81)*

Wörtlich schreibt Teresa „mich hier im Kalten zu lassen" – was den Kern dieser harten Winterreise nach Burgos trifft, jedoch metaphorisch gemeint ist. Teresa ist zu dieser Zeit wieder Priorin in San José zu Avila. Sie hatte sich sehr gegen dieses Amt gesträubt, den Pater Gracián geradezu angefleht, sie solcher Pflichten zu entbinden, da sie die ihr noch verbleibende Lebenszeit ganz für Gott brauche. Gracián meint rückblickend, daß sie das nahe Ende ahnte. Dennoch stand es mit dem Kloster in Avila so schlecht – Teresa schreibt „sie haben mich aus purem Hunger gewählt" –, daß dringend eine erfahrene Führung nötig war. Als Teresa „mit dem größten Charme der Welt" der Versammlung ihre Gegengründe erläutern will, befiehlt ihr der Pater, niederzuknien, den Mund am Boden. Zugleich stimmt er mit den Nonnen ein jubelndes Tedeum an. Teresa erhebt sich errötend und glücklich lächelnd. Um ihr das Amt zu erleichtern, hatte Gracián die Wahl einer Subpriorin eingeführt, so daß Teresa vieles delegieren konnte.

Nun wurde die Reise nach Burgos möglich. Gracián trifft Teresa am 24. Januar in Palencia. Schon zwei Tage später kommen sie in Burgos an – eine Leistung, die jedem Wintersportler zur Ehre gereichen würde, schreibt ein Biograph. Es sollte die letzte gemeinsame Reise werden, durch tiefen Schnee, begleitet von Wasserfluten des Himmels und der Erde. Teresa berichtet:

„Der Pater Provinzial wollte selbst mit uns zu dieser Gründung reisen. Teils, weil er gerade Zeit dazu hatte, teils, weil er unterwegs über meine Gesundheit wachen wollte, denn das Wetter war rauh und ich so alt und krank. Es schien, als sei an meinem Leben etwas gelegen. Und ganz gewiß hatte Gott es so gefügt, denn die Wege waren immer wieder so überschwemmt, daß der Pater Provinzial und seine Begleiter voranfahren mußten um zu sehen, ob die Wagen nicht steckenbleiben würden. Besonders der Weg von Palencia nach Burgos war eine ziemliche Vermessenheit zu diesem Zeitpunkt. Aber ich muß gestehen, daß der Herr mir versichert hatte, wir sollten nur reisen und nichts fürchten, er werde mit uns sein. Ich erzählte das zwar damals nicht unserem Pater Provinzial, aber es beruhigte mich in den großen Anstrengungen und Gefahren, in die wir gerieten. Ganz besonders beim Übergang nach Burgos, wo wir eine Schiffsbrücke benutzen sollten, die so überflutet war, daß wir sie nicht mehr erkennen konnten. Man sah nichts als Wasser, und zu beiden Seiten der Brücke war es sehr tief. Kurz, es war recht verwegen, da noch hinüberzufahren und ganz besonders mit Wagen, deren geringste Abweichung sicheres Verderben bedeutet hätte: und mit einem der Wagen wäre das auch fast geschehen."

Gracián fügte dem in seinem Bericht noch hinzu: „Als ein Wagen beinahe von der Brücke abgestürzt wäre, erschien der Mutter Unsere Liebe Frau und sprach zu ihr: ‚Fürchte dich nicht, ich bin bei euch.' So fuhr denn die Mutter ganz heiter und ruhig, wir anderen aber zitternd vor Furcht und schlammbedeckt."

Der Pater hatte auf dieser Reise schon einen größeren Schrecken gehabt – fast eine Vorahnung: Ein Kutscher fiel vom Wagen und wäre um ein Haar unter die Räder gekommen. Gracián aber hielt den schlammbedeckten Saum seines Mantels für Alpargatas (Hanfsandalen) und meinte, es sei die Mutter Teresa, die da liege:

„Ich konnte vor Schrecken nichts mehr erkennen und

wäre fast ohnmächtig von meinem Maultier gefallen. Doch riß ich mich zusammen und gab ihm die Sporen, um schnell zu dem Wagen zu gelangen. Da hatte sich der heruntergefallene Junge schon erhoben und ich fand alle heil und lebendig."

Teresas Gesundheit freilich gab wirklich Anlaß zur Sorge, denn sie kämpfte mit einem fortgeschrittenen Krebsleiden, was man aber damals noch nicht wissen konnte. Dennoch zeigte sie auf dieser Reise die gewohnte Gelassenheit und Liebenswürdigkeit. Daß ihr nicht die Buchstaben der eigenen Ordensregel, sondern die gottgeschenkte Liebe im Herzen letzter Maßstab war, sie also in diesen Fragen mehr Gracián als Doria zuneigte, zeigt eine kleine Szene, die Pater Jerónimo so beeindruckte, daß er sie ausführlich berichtet: ein Edelmann, der einiges für den Orden getan hatte, da er eine große Liebe zu Teresa trug, näherte sich mit der Erlaubnis Graciáns dem Wagen, in dem Teresa mit ihm zusammen unverschleiert saß. Als sie merkte, daß ein Fremder sie sehen wollte, zog sie erschrocken ihren Schleier vor das Gesicht. Doch als ihr Pater Jerónimo erklärte, um wen es sich handele, schlug sie den Schleier wieder zurück, beugte sich aus dem Wagen und umarmte den glücklichen Mann, dem Freudentränen über die Wangen liefen.

So ereignisreich wie die Reise war dann auch die Gründung in Burgos, die durch vieles Hin und Her der geistlichen Obrigkeit drei Monate dauerte. Erst am 18. April konnte das Kloster durch das Heilige Sakrament eingeweiht werden. Sehr hilfreich waren in all dieser Zeit Graciáns Freunde. Er selbst kam und ging, wie es sein Amt erforderte, und diesmal war Teresa erleichtert, wenn er ging, da sie ihm all den Ärger und Kummer dieser Gründung nicht zumuten wollte.

Sie ist todmüde, als alles vorüber ist. Gracián gibt den Befehl, daß sie nach Avila zurückkehre, um dort im Kloster auszuruhen. Er selbst kann sie trotz ihrer Bitte nicht begleiten, weil sich in Beas eine Schwierigkeit ergeben hatte, von der Gracián später erzählt. Jemand hatte den Nonnen dort für ihre Rekreation (ihre abendliche gesellige Erholung) ein törichtes Spiel beigebracht, bei dem sie an den Fingern abzählend sagen mußten: ich glaube an Gott, ich liebe Gott, usw. Einige fühlten sich dadurch um die rechte Entspannung gebracht, und der Provinzialvikar, den Gracián als seinen Vertreter nach Andalusien gesandt hatte, verbot das Spiel. Diese radikale Maßnahme war unklug, denn nun bekamen die Nonnen Skrupel und berichteten ihren Beichtvätern, sie dürften nicht sagen, daß sie an Gott glaubten, ihn liebten, usw. Einigen der Beichtväter standen die Haare zu Berge und sie berichteten eilends der Inquisition, im Orden der Unbeschuhten Karmeliten sei es verboten, an Gott zu glauben, ihn zu lieben, usw. Gracián, dessen Stellvertreter die Situation nicht mehr im Griff hatte, sah sich darum genötigt, sofort abzureisen, „um das Feuer in Beas zu löschen".

Ich hatte eine schlechte Nacht

Teresa reiste über Palencia nach Valladolid. Die Tage im dortigen Kloster gehören zu den dunkelsten ihres Lebens. Aufsässige Priorinnen begegneten ihr immer öfter, seit sie alt und krank war, aber was ihr hier geschieht, erscheint geradezu undenkbar. Anlaß war ihre Verwicklung in einen Erbschaftsstreit ihrer Familie, bei dem es um das Kloster in Avila ging. Teresa, die das Kloster unabhängig halten will, sieht sich plötzlich ganz allein, sogar von ihrer kleinen Nichte aus Peru, die sie immer bei sich hatte, verraten. Die Priorin von Valladolid, ihre vertraute Freundin und Cousine, stellt sich hart gegen sie. Ja, am Ende setzt sie Teresa vor die Tür. Ana de San Bartolomé erzählt es:

„Bei dieser Gelegenheit ließ sie (Priorin María Bautista) es am Respekt fehlen. Sie sagte uns, wir sollten mit Gott gehen und ihr Haus verlassen. Und als wir gingen, schob sie mich zur Tür hinaus und sagte: ‚Scheren Sie sich fort und lassen Sie sich beide hier nie wieder blicken!'"

Noch in Valladolid schrieb Teresa ihrem Pater den bittersten Brief. Es war zugleich der letzte. Verlassenheit und Sorge um die Zukunft des Freundes und ihres Ordens tönen auf in dunklem Moll. Dazwischen immer wieder der Versuch, wie sonst zu berichten, zu erzählen, aber etwas Unnennbares scheint zerbrochen. Teresa ist ganz allein:

„Die Gnade des Heiligen Geistes sei mit Ihnen, mein Pater. Sie haben mir oft geschrieben, aber das reicht nicht mehr aus, mir den Kummer zu nehmen. Allerdings bin ich erleichtert zu wissen, daß es Ihnen gut geht und das Klima dort bekömmlich ist. Wolle Gott, daß es so bleibe. So viel ich es übersehen kann, habe ich alle Ihre Briefe erhalten.

Die Gründe für Ihren Entschluß zur Reise haben mich nicht überzeugt. Aber ich empfinde unter den gegenwärtigen Umständen Ihre Abwesenheit so sehr, daß mir die Lust vergangen ist, Ihnen zu schreiben. So unterließ ich es bis jetzt, wo ich dazu gezwungen bin. Heute ist Vollmond, ich hatte eine schlechte Nacht. Doch denke ich morgen wird mit dem Vollmond auch meine Indisposition vergehen. Das Halsleiden hat sich gebessert, verläßt mich aber nicht.

Warum können Sie nicht erkennen, daß jetzt nicht der rechte Zeitpunkt für eine Niederlassung in Rom ist? Es fehlt Ihnen hier sehr an tüchtigen Männern und besonders brauchen Sie Nicolás (Doria). Ich halte es für ganz unmöglich, daß Sie allein mit all den vielfältigen Aufgaben fertig werden. Fray Juan de las Cuevas (der dominikanische Vorsitzende des Provinzkapitels von Alcalá) sagte mir das Gleiche, als ich mich auf der Durchreise in Palencia mit ihm unterhielt. Er schätzt Sie so sehr, daß ich ihm zu großem Dank verpflichtet bin, und er wünscht, daß Sie in allem Erfolg haben und das Richtige tun. Aber er machte mir auch klar, daß Sie, mein Pater, gegen die Beschlüsse des Ordenskapitels verstoßen, die fordern, daß Sie, wenn Ihnen der Sozius fehlt, einen neuen wählen müssen, und wenn ich nicht irre, mit Zustimmung der

Prioren. Er hielt es für ausgeschlossen, alles allein zu machen, selbst Moses, so sagte er, habe sich ja ich weiß nicht wie viele Gehilfen geholt. Ich antwortete ihm, es gäbe einfach keinen geeigneten Mann, es seien ja nicht einmal gute Prioren zu finden. Er meinte, die Frage der Mitarbeiter sei wirklich die wichtigste. Nach meiner Ankunft hier in Valladolid vernahm ich dann die Meinung, Sie wollten keinen Mann von Format an Ihrer Seite dulden. Ich sehe wohl, daß Sie nicht anders können. Aber wenn demnächst das Ordenskapitel tagt, möchte ich nicht, daß man Grund habe, Sie anzugreifen.

Bei Gott, denken Sie darüber nach. Und passen Sie auf, was Sie in Andalusien predigen! Es gefällt mir gar nicht, meinen Pater so lange dort zu wissen. Denn nach dem, was Sie mir heute von den Unannehmlichkeiten dort schrieben, kann ich Gott nur bitten, daß ich Sie nicht mitten darin sehen muß. Und Sie schreiben ja ganz recht: der Teufel schläft nicht. Zumindest müssen Sie mir glauben, daß, so lange Sie sich dort aufhalten, ich mich in Sorge verzehre.

Ich weiß auch nicht, was Sie so lange in Sevilla wollen. Man sagte mir, Sie würden bis zur Tagung des Kapitels (Mai 1583!) dort bleiben – das macht meinen Kummer noch größer, als wenn Sie nach Granada zurückgekehrt wären. Der Herr führe Sie den Weg, der ihm gefällt, aber Sie brauchen wirklich einen (guten) Provinzialvikar für Andalusien. Wenn Pater Antonio das Amt übernähme, könnten Sie von hier aus alles übersehen und lenken. Kommen Sie nur nicht auf die Idee, Andalusier werden zu wollen, Sie passen nicht dort hin. Und noch einmal flehe ich Sie an, mein Pater: auch wenn Sie dort nur selten predigen, wägen Sie Ihre Worte wohl ab!

In Alba (de Tormes) hat man es sich sehr zu Herzen genommen, daß ich schrieb, ich sei verärgert und würde bald dort hinkommen. Gut so! Ach Pater, in welcher Bedrängnis sah ich mich in diesen letzten Tagen, aber nun ist alles wieder gut, weil ich weiß, daß Sie gesund sind.

Gott mit Ihnen! Meine Empfehlung an die Mutter Priorin und alle Schwestern. Ich schreibe ihnen nicht, weil sie ja durch diesen Brief von mir erfahren. Ich bin froh, die Schwestern gesund zu wissen und bitte sie, meinen Pater nicht zu verwöhnen, aber gut zu pflegen.

Bitte grüßen Sie Pater Johannes vom Kreuz! Auch Schwester Ana empfiehlt sich Ihnen. Der Herr behüte Sie, ich bete sehr darum. Er bewahre Sie vor Gefahren, Amen." *(Valladolid, den 1. September 1582)*

Der Brief zeigt Teresas Sorge um die Zukunft des Ordens, um die künftige Rolle des Paters in ihm, den sie gegenüber dem Dominikaner in Schutz nimmt. Aber auch ihre persönlichen Schmerzen über seine für ihr Gefühl nicht unbedingt notwendige Abwesenheit, die sie als Mangel an Liebe, Freundschaft und Beistand empfindet.

Zu den zum „festen Bestand" dieses Briefwechsels gehörenden Klagen über seltenes Schreiben gesellen sich nun die über häufiges Fernbleiben, nicht immer durch die Schuld des Paters. Z.B. schreibt Teresa ihm in seinen Hausarrest nach Alcalá: „Gott behüte Sie! Wenn er mir eine Freude machen wollte, würde er mich Paulus (Gracián) sehen lassen. Will Gott mir diese Freude aber nicht machen, so sei mir Kreuz über Kreuz willkommen."

Es gehört wohl zum Wesen der Unio mystica, daß sie ihr Kreuz auf dem Boden der Liebe errichtet. Und ich habe Zweifel, ob der Pater diese ihm – wie jedem Manne – unbequemen Klagen ganz verstehen konnte. Nicht weil ich ihn, wie der ihm sonst sehr gewogene Pater Silverio, für jemanden halte, „der alle und niemanden liebte". Er wußte sehr wohl um die Einmaligkeit dieser Freundschaft und um die unersetzliche Kostbarkeit seiner santa Madre Teresa de Jesús. Alle seine Äußerungen bezeugen es. Aber als für sie verantwortlicher Beichtvater, dazu als so viel jüngerer und lebensunerfahrener Mann war er geneigt, ihre allzu unverhohlenen Äußerungen der Liebe und Sehnsucht mit einigem Mißtrauen zu betrachten.

Ging er doch im allgemeinen nicht mit Nonnen um, die bereits in der Gotteinung lebten, und deren Liebe daher mit Sicherheit ein Mitlieben mit Gottes Liebe war. So läßt er später den Anastasio sagen:

„Wie eine (weibliche) Seele Christus im Innern liebt, so wird sich auch äußerlich ihre Liebe zum Beichtvater zeigen. Es kommt aber vor, daß diese Liebe zu Christus und dem Beichtvater ins Sinnliche abgleitet, und da der Teufel nicht untätig ist, wächst dann in ihr oder auch in beiden der Wunsch, sich ständig zu sehen, in Verbindung zu stehen und miteinander zu reden. Dann quält man sich um die Krankheiten oder Abwesenheit des anderen, um seine Leiden und genügenden oder ungenügenden Zeichen der Liebe. Eifersucht kommt hinzu, wenn auch geistlich bemäntelt, ob z. B. der Beichtvater ihre Seele auch Gott ebenso empfiehlt wie die anderer, ob er genügend Zeit auf ihre inneren Probleme verwendet, usw."

Eliseo berichtet darauf von einer Erscheinung der Mutter Teresa, die eine Nonne, die auf das keusche Zusammenleben Marias und Josephs verweist, vor aller „familiaridad", Vertraulichkeit mit dem Beichtvater warnte.

Man kann hier nur ein wenig von dem ahnen, was in der Seele des Paters Jerónimo vor sich ging, als er meinte, zum Wohle seines heiligen Beichtkindes diese seine Mutter Teresa für eine Weile fliehen zu müssen. Er war, zusammen mit der Vielzahl der Aufgaben im Orden, einfach überfordert. Zudem auch noch „gebranntes Kind" nach all den Verfolgungen und Verleumdungen, die ihn am härtesten trafen, wenn sie Teresa einbezogen.

Und vor allem: er ahnte nicht, daß ihn Teresa um Begleitung auf ihrem letzten Weg gebeten hatte. Zu oft schon hatte er sie krank und doch wieder allen Strapazen gewachsen gesehen. Zudem konnte er nicht wissen, daß sie seiner Anordnung, zum Ausruhen nach Avila zurückzukehren, nicht Folge leisten konnte, durfte.

Zum einen, weil es ihrer Natur entsprach, nach dem Rechten zu sehen, und der letzte Brief zeigt, daß man sich in Alba vor Ihrem Kommen bereits fürchtete. Zum anderen hatte durch Graciáns langen Andalusienaufenthalt nun in Kastilien sein Vikar P. Antonio de Jesús das Sagen. Noch ehe Teresa am 15. September Valladolid verließ, war sein Brief eingetroffen, der ihr befahl, nicht nach Avila zu reisen, sondern nach Alba de Tormes – weniger, weil dort die Priorin zu wählen war, als mehr, weil der illustren Herzogin von Alba dort ein Enkel geboren werden sollte und man bei der Niederkunft Teresa in der Nähe haben wollte – ein läppischer Grund also, dem sie sich aus diplomatischen und Gehorsamsrücksichten nicht widersetzen konnte. Freilich sagte sie, wie ihre Nichte erzählt, der Gehorsam sei ihr noch nie so schwer gefallen wie bei dieser Gelegenheit.

Teresa nimmt ihren Weg über Medina del Campo und trifft am 20. September in Alba de Tormes ein. Das Kind ist inzwischen schon als Frühgeburt auf die Welt gekommen. Die Heilige ist bei ihrer Ankunft total erschöpft und begibt sich ganz gegen ihre Gewohnheit sofort zu Bett. Am nächsten Tag kann sie sich nur noch mühsam erheben, um zur heiligen Kommunion zu gehen. Ihr Zustand verschlimmert sich schnell. Schwächung durch starke Blutungen wird noch durch die damals üblichen Aderlässe – das Allheilmittel ihrer zeitgenössischen Medizin – verstärkt; die Zeichen des nahen Endes erscheinen. Noch immer erhält Teresa Besuche von Menschen, die sie mit Kloster-, Geld- und Gründungsangelegenheiten plagen, lauter unerfreuliche Dinge.

Am Morgen des 3. Oktober empfängt sie die Sterbesakramente. Den weinenden Nonnen empfiehlt sie, die Ordensregel und Statuten besser zu halten, als sie selber es getan habe. Viele „letzte Worte" von ihr sind überliefert, manche erscheinen gar zu passend. Sicher ist, daß Teresa in diesen ihren letzten Tagen immer wieder die lateinischen Psalmverse „Cor contritum et humiliatum, Deus, non despicies" (das Miserere) wiederholte. Pater Gracián hatte sie lateinische Verse beten gelehrt. Zu deutsch: Ein zerbrochenes und zerschlagenes Herz wirst du, Gott, nicht verschmähen. (Ps 51,19)

Teresa hatte ihren Leidenskelch bis auf den Grund geleert. Am Morgen des 4. Oktober legte sie sich auf die Seite und schien in Gebet versunken. Sie sah sehr glücklich aus. Am Abend gegen 21 Uhr hörte das Herz, das nichts als Liebe gelebt hatte, zu schlagen auf.

Es war die Nacht, in der die katholische Welt den Gregorianischen Kalender einführte, die Nacht des 4. zum 15. Oktober. Es scheint, als sei die Zeit in dieser Nacht außer Kraft getreten, um dem Einbruch der Ewigkeit Platz zu machen.

Nicht von den Wundern bei und nach dem Tode der heiligen Teresa de Jesús soll noch die Rede sein. Aber von ihrem Inneren, von ihrer „Seele", darin sich dieser Abschied schon lange vorbereitet hatte. Kannte Gracián ihre letzte „Cuenta de Conciencia"? Dieser Bericht innerer Erfahrung vom Mai 1581, niedergeschrieben in Palencia, etwa zur Zeit, da er sie mit Doria auf die Reise schickte, war an den Bischof von Osma, ihren früheren Beichtvater, gerichtet. Teresa ist schon losgelöster, als sie in ihren menschlich bewegenden Briefen zu erkennen gibt. Oder besser ausgedrückt: Menschliche Verbundenheit und Nichtverhaftetsein sind für sie keine Kontraste. Die Nähe des Paters hätte sie Gottes Liebe spüren lassen. Aber jetzt war ihr Einsamkeit bestimmt. Dabei zeigt sich in ihrer Entwicklung Neues, Endgültiges.

Wie hatte sie 1577 den Zustand der Unio mystica in der Inneren Burg beschrieben?: „Die mystische Vermählung kann sich, so lange wir leben, nie so vollkommen erfüllen, daß es nicht noch möglich wäre, uns selbst von Gott zu trennen und damit alles zu verlieren. Ich weiß bestimmt, daß auch nach vielen Jahren die Seele sich nicht in Sicherheit wiegt, sondern daß vielmehr die Furcht in ihr wächst, Gott eine wenn auch noch so geringfügige Kränkung antun zu können. Auch ist ihr Wunsch, ihm zu dienen so ungestüm, daß sie ständig leidet, so wenig für ihn tun zu können in Anbetracht dessen, was sie für ihn tun möchte und sollte. Das ist kein kleines Kreuz, sondern harte Buße."

Jetzt, vier Jahre später, schreibt Teresa in ihrem Bericht: „O könnte ich doch Euer Gnaden die innere Stille und Ruhe meiner Seele erklären! Sie ist ihrer Seligkeit in Gott so sicher, daß es scheint, als besäße sie sie bereits, auch wenn sie sie noch nicht spürt. Ja, wirklich, die Seele ist zumindest teilweise dem Elend dieser Welt nicht mehr so ausgesetzt wie bisher. Selbst wenn sie mehr leidet, scheint das nur in der äußeren Hülle vor sich zu gehen, gewissermaßen in den Kleidern. Denn die Seele selbst befindet sich wie im Innern einer Ritterburg, und so verliert sie nie ihren Frieden, auch wenn sie die große Furcht, Gott kränken zu können, nicht verläßt und sie noch sorgfältiger als bisher alles entfernen möchte, was sie an seinem Dienste hindern könnte.

Aber sie hat ihre Eigensucht so vergessen, daß es scheint, als habe sie einen Teil ihres Seins schon verloren, in solcher Selbstvergessenheit lebt sie. Die Bußwerke und frommen Wünsche haben, so scheint mir, nicht mehr die frühere Kraft, und selbst wenn sie groß sind, ist doch der schlichte Wunsch, nichts anderes zu tun als Gottes Willen, und alles, was zu seiner Verherrlichung dient, noch größer. Die Seele hat verstanden, daß seine Majestät am besten weiß, was sie benötigt und ist dem Interesse an sich selbst so fern, daß alle Wünsche und Bußakte nur noch flüchtig und kraftlos sind. Die bildhaften Visionen haben ganz aufgehört. Aber die bildlose unmittelbare Erkenntnisvision der heiligen Dreifaltigkeit mit der Menschheit Christi ist zum Dauerzustand geworden.

Mir ist, als lebte ich nur noch um zu essen, zu schlafen und mir um nichts Sorgen zu machen. Wenn ich mich auch manchmal frage, ob ich mich nicht täusche. Aber ich meine nein, denn so viel ich sehen kann, werde ich weder beherrscht von der Bindung an ein Geschöpf, noch vom Streben nach der Herrlichkeit des Himmels. Mich erfüllt nichts als grenzenlose Liebe zu diesem Gott, die, wie mir scheint, immer noch wächst, und die Sehnsucht, daß alle ihm dienen mögen. Nichts steht mehr in meiner Hand. Selbst der heftige Missionsdrang hat nachgelassen, und auch wenn ich mich jetzt mit allen Kräften für den Tod bereiten wollte, könnte ich doch nicht wie früher große Buße tun und tiefes Leid um die Kränkungen Gottes fühlen, noch hätte ich Furcht wie in früheren Jahren, wo ich mich fragte, ob ich nicht in Illusionen lebte. Darum empfinde ich auch keine Notwendigkeit mehr, mit Gelehrten umzugehen, noch überhaupt irgendetwas mit irgendjemandem zu besprechen. Ich brauche keine Betrachtungen anzustellen, um zu wissen, daß der dreifaltige Gott in mir wohnt.

So ist es fast immer, außer in den Zeiten, in denen die schwere Krankheit mir sehr zusetzt. Denn manchmal will Gott, daß ich ganz ohne inneren Trost leide. Aber nie, auch nicht in einer ersten Regung, möchte mein Wille etwas anderes, als daß Gottes Wille geschehe. Diese Hingabe in mir ist so stark, daß Tod und Leben bedeutungslos werden, ausgenommen die kurzen Augenblicke, in denen ich Gott schauen möchte. Aber dann wird das Bewußtsein der Gegenwart der drei göttlichen Personen so stark, daß alles Leiden der relativen Gottesferne zurücktritt und nur noch der Wunsch bleibt, nach seinem Willen zu leben, ihm immer besser zu dienen und ihm, wenn möglich, eine weitere Seele zu gewinnen, die ihn durch meine Vermittlung liebt und preist. Dieses, auch wenn mir dafür nur wenig Zeit gegeben ist, bedeutet mir mehr als alle Herrlichkeit des ewigen Lebens."

Eliseo erhält eine Nachricht

Der Kreis schließt sich: in Beas, wo Teresa und Gracián einander zum ersten Mal begegneten, erreicht ihn am 22. Oktober die Nachricht von ihrem Tode. In einem erschütternden Dokument schildert er seine Empfindungen. Er erwähnt später diese Aufzeichnungen als „Dialog zwischen Angela und Eliseo“ im letzten Kapitel seiner Autobiographie. Ich fand sie in einer Zeitschrift „verborgen“.[1] Sie hat aber mehr den Charakter einer Tagebucheintragung als eines Dialogs. Es gelingt Gracián auch nicht, die Eliseo-Fiktion ständig aufrecht zu erhalten. In seiner Bewegung fällt er zeitweilig in die Ichform zurück. Ich gebe das Dokument mit geringen Kürzungen wieder:

„Am Nachmittag um Vier erhielt Eliseo die Nachricht, daß Angela in Gottes Ewigkeit eingegangen war. Die Plötzlichkeit und Schwere dieses Schlages, des schlimmsten seines ganzen Lebens, vor dem er sich immer gefürchtet hatte, versetzte ihn in eine Art Schockzustand. Er war wie betäubt, spürte Kälte in allen Gliedern und zitterte am ganzen Leibe. Zunächst wollte er sich auf sein Bett werfen. Aber dann fehlte ihm der Mut zum Alleinsein, da ihn die Trauer überwältigt hätte. Das durfte nicht sein: es würde Christus, den heiligen Bräutigam, und seine Mutter, Unsere Liebe Frau verstimmen und seine Angela betrüben. Darum suchte er, wie schon bei früheren Schicksalsschlägen, Hilfe beim Allerheiligsten Sakrament, in dem er jenen findet und liebt, der in unendlicher Güte grenzenlos tröstet.

In dieser Gegenwart und Liebe beruhigte sich seine Seele, wenn auch das Zittern und die Kälte der Glieder ihn nicht verließen. Ein Gefühl der Einsamkeit senkte sich wie ein Nebel auf seine Seele, ein bedrückendes Gewicht, das noch die äußeren Leiden und Sorgen, die ihm

---

[1] In: Revista de Archivos, Bibliotecas y Museos, Madrid 1913. Diálogo de un pastor y una pastora sobre el govierno de zierto ganado. Sattiavor cum apperuerit Gloria tua. Diálogo de Angela y Heliseo desde 22 octubre de 1582. Der Herausgeber, Juan Menéndez Pidal, fand das Ms, eine Abschrift aus dem 16. Jahrhundert, zusammen mit Briefen und Autobiographiebruchstücken „des verfolgten und verleumdeten P. Jerónimo“ unter den Schätzen des Archivo Nacional Histórico, des Historischen Staatsarchivs.

aus Angelas Fehlen erwuchsen, übertraf. So verharrte er viele Stunden in trostloser Traurigkeit, wagte aber nicht den Ort der heiligen Gegenwart und des Gebetes zu verlassen, da er sich der Schwere des Gefühls nicht gewachsen wußte.

Auch traute er sich nicht hervor, damit die Schwestern seinen Zustand nicht sehen und ihm Fragen stellen könnten. Er hatte einfach nicht den Mut, ihnen die traurige Nachricht zu überbringen. Nach einer Weile vermochte er zu seiner Muttergottes zu reden. Das Gespräch war wie üblich von tiefem Ernst und großer Sanftheit. Nicht, daß sie ihm bildhaft oder in der Vorstellung erschienen wäre. Es war nur wie die Spur einer Gestalt, die er Tage zuvor innerlich gesehen hatte, so wie eine Wahrnehmung ganz in der Ferne, aber man sieht doch Umriß, Farbe und erkennt den Gesichtsausdruck. Sie lächelte und tröstete ihn: ‚Ich bin bei dir, weil die Mutter (Teresa) dir fehlt. Ich bin deine Mutter.' Das half ihm etwas, aber er konnte nicht aufhören, sich Angela vorzustellen und an sie zu denken und zu beten, daß Gott sie aufnehme in seine Herrlichkeit.

Schließlich erfuhren auch die Schwestern, was geschehen war. Nachdem er ihnen Trost zugesprochen hatte, indem er sagte, daß Angela nun selig sei in Gott und ausruhen könne, daß sie aber auch aus der Ewigkeit noch mehr für ihre Schwestern sorgen werde als bisher, ging er betrübt und niedergeschlagen schlafen. Wenn er auch kurz eingeschlafen war, erwachte er bald mit schwerem Kopf und mochte sich nicht erheben. Doch als er so dalag, meinte er, seine Angela ganz nah und heiter bei sich zu sehen. Nicht als Vision oder Einbildung, sondern wie zuvor die heilige Jungfrau als deutlich gespürte Anwesenheit. Angela war gekommen, und er formte sich innerlich ihre Gestalt, als sie zu ihm sprach:

– ‚Ich bin nicht fort. Wir werden immer zusammengehen, und jetzt kann ich dir wirklich helfen, Eliseo denn du bist von allem gelöst und hast Teil an Angela.

– ‚Mach mich zum Erben deiner Tugenden, denn ich bin verantwotlich für die Seelen deiner Töchter.'

Als Eliseo das gesagt hatte, überkam ihn das Verlangen, seinen Namen zu wechseln und sich von nun an ‚Jerónimo de Jesús' zu nennen. Sogleich spürte er die Gegenwart seiner Gottesmutter, die ihn herzlich anlachte. Mit ihr lächelten Angela und Christus, die sich wie über einen Scherz zu freuen schienen[1].

Da fielen dem armen Eliseo all seine großen Sünden ein, und er erschrak vor der Erkenntnis, daß Angela nun um sie wußte. Er wollte vor Scham in den Boden versinken, zitternd, daß Angela nun all seine Schlechtigkeit sah. So verbrachte er eine lange Zeit, heftig von Reue und Buße bewegt, um Angela zu gefallen und um zu verdienen, daß er mit ihr sprechen dürfe. In dieser Verfassung erhob er sich schon vor Morgengrauen, denn er konnte weder ruhen noch schlafen. Er warf sich vor dem gekreuzigten Christus nieder, da spürte er, wie Angela neben ihm kniete. Als die Heilige Jungfrau hinzutrat und über Eliseo lächelte, war er verlegen und fürchtete sich wegen Angelas großer Nähe. Doch sie schienen ihm gemeinsam zu sagen: ‚Laß nur, wir sind dir ja beide so nah.' Und da bat er wieder Jesus und die Heilige Jungfrau und Angela um das Erbe ihrer Tugenden, denn er bedurfte ihrer so sehr. Bald überkam ihn die freudige Zuversicht, daß man ihm seine Bitte gewähren würde.

Zu diesen Tugenden gehörten ständiges Leben in der Gegenwart Christi, seine Anwesenheit in der Seele, die er nie verläßt, auch wenn sie das nicht immer wahrnimmt; übernatürliche und große Wirkungen des Gebetes; Wachsen in der Liebe; uneingeschränkter Gehorsam; tiefe Demut, ohne die Versuchung, sich ihrer zu rühmen; Freisein von Skrupeln, weil die Seele ganz rein ist; Freude, andere

---

[1] Pater Gracián hat Teresas Klosternamen übernommen als seinen eigenen ‚Nachnamen', so wie die Frau bei einer Eheschließung. Dahinter steht der Gedanke an Elisäus, auf den der Geist Elijas überging.

zu Gott hingeführt zu haben; Sehnsucht, dem Herrn zu dienen; Anbetung des Heiligen Geistes, Verehrung Unserer Lieben Frau und des heiligen Josef; Geduld in Leiden und Prüfungen; Klarheit der Seele, geistiges Unterscheidungsvermögen, Offenheit und heitere Natürlichkeit: diese und weitere zahllose Gaben hatte Eliseo bei Angela bemerkt. Es schien ihm, als wolle Angela sie ihm vererben, damit er sie weitergäbe an alle ihre Töchter.

Anschließend rief sich an diesem Morgen Eliseo noch einmal den Entschluß ins Gedächtnis, dem er immer zu folgen pflegte, nämlich sich zu bemühen, stets das Gott Wohlgefälligste zu tun. Er hatte ja diesbezüglich Angela ein festes Versprechen gegeben. Es war der Tag vor Allerheiligen (Allerseelen), der mit einem Hochamt gefeiert wurde, und Eliseo las die heilige Messe. Als er an das Memento nach der Wandlung kam, trat wieder Angela hinzu und mit ihr die Heilige Jungfrau. Beide veranlaßten Eliseo, vor dem gekreuzigten Christus noch einmal sein Gelöbnis zu wiederholen.

Am Nachmittag dieses Tages dachte ich(!) an ich weiß nicht welche unserer fröhlichen Kindereien. Da stieg eine Zärtlichkeit in mir auf, daß ich meinen Tränen freien Lauf lassen konnte, und die Erinnerung war von einer Süße, die auf immer bleibt, auch wenn die Tränen versiegten.

Am gleichen Tage hörte ich im Kloster die Beichte. Und da wir doch in allen Ordensdingen zusammenarbeiten wollten, rief ich sie, und es schien mir, daß sie neben mir auf der Bank Platz nahm. Sie war erheitert über die verschiedene Perspektive, in der unsere Unvollkommenheiten von der Erde oder vom Himmel aus erscheinen. Wir können uns da sehr täuschen. Ich betrübte mich und klagte, wie ich elender und unvollkommener Mensch denn in so heiklen Dingen urteilen solle? Doch bat ich Gott, daß er mir helfen und mich erleuchten möge. Die Schwestern kamen nun und bekannten ihre Schuld, ich aber vernahm mit noch größerer Aufmerksamkeit, was jene dazu zu sagen schien, die ich an meiner Seite hatte.

Sie entwickelte aus jedem beliebigen Fehlerchen der Nonnen große Zusammenhänge. Sie gab viele Erklärungen, die sich hier nicht aufzählen lassen.

Nachts dachte ich daran, wie wir uns in Beas begegnet waren und Angela sich dann entschloß, mir Gehorsam zu geloben. Aus diesem Gedanken erwuchs mir die Kühnheit, sie zu rufen und ihr zu befehlen, uns wirksam beizustehen, auch wenn sie im Himmel sei. Und ich konnte ihr ganz offen und natürlich alles sagen, was ich auf dem Herzen hatte, genau wie früher. Dann legte ich mich nieder und besprach weiter mit ihr alle Angelegenheiten und gab ihr Rechenschaft, gerade so, als sei ich zu ihr nach Avila gereist und dort so wie sonst mit ihr zusammen. Ich meine, ich sprach ganz frei und mit tönender Stimme und mir schien, daß sie und die Heilige Jungfrau über all meine Nöte lächelten. Aber ich war kühn und wollte ihre Hand nicht loslassen, bis ich eingeschlafen war. Sie und die Heilige Jungfrau blieben bei mir, jede saß auf einer Seite meines Bettes. Nie im Leben hatte ich gewagt, Unserer Lieben Frau meine Dankbarkeit anders zu beweisen, als daß ich mich ihrer Hand näherte, und auch das nur mit Zittern, worauf dann meine Seele in tiefe Erschöpfung fiel. Nicht anders war es mir mit Angela gegangen. Ich sage das, weil ich mich ja zu Bett begeben hatte und sie mir nicht anders vorstellen konnte als im Leben. Nur mit Christus ist eine vollkommene Vereinigung im Tiefsten der Seele möglich.

Am Morgen des Allerheiligentages bat Eliseo Angela, daß sie sich niemals von seiner Seite entfernen möge, es tröste ihn so sehr! Sie antwortete: ‚Trenne du dich nicht von Gott, Eliseo, und da ich immer mit ihm vereint bin, werde ich dann auch mit dir sein.' Er sprach: ‚Du weißt Madre mía, daß ich mich oft fürchtete, als du noch in dieser Welt weiltest und wie ich vor dir zitterte, wenn ich in Versuchungen geriet. Mir schien schon damals, du sahest mir ins Innerste und wußtest alles, was meinen Geist bewegt. Nun aber, da es gewiß ist, daß du allem, was ich tue, zusiehst, sind meine Furcht und meine Ehrfurcht noch viel berechtigter. Am meisten fürchte ich meine Unbedachtheit, die Wurzel aller meiner Übel. Wenn du sie bemerkst, so bitte ich dich, Angela, mich zu warnen, denn ich bin sehr sorglos und unvorsichtig.

Beim Stundengebet am Nachmittag erinnerte sich Eliseo, daß Angela sich immer so gefreut hatte, wenn er ihr half, es in Latein zu beten. Sie hatten gern die Verse zusammen gesprochen und es war für Eliseo beglückend gewesen zu sehen, wie gut Angela sie verstand und betete. Nun konnte sie für ihn tun, was er einst ihr getan hatte, nämlich diese Texte erklären. Und sie sagte ihm auch, er müsse ein wenig strenger werden in seinem Amte. Dazu werde ihm helfen, daß er immer wieder die Gebote Gottes meditiere. Er würde dann, auch wenn er tausend Leben hätte, alle hingeben wollen, auf daß nicht ein einziges dieser Gebote gebrochen werde. Ebenso werde er nicht zulassen, daß man die Ordensregel und Statuten übertrete oder ändere. Sie sagte ihm auch, sie erkenne jetzt in der ewigen Seligkeit ganz klar das Ziel all der Vollkommenheitsbemühungen, Klostergründungen und Visitationen Eliseos: es gehe immer um die Gottes- und Nächstenliebe und er müsse es sich angelegen sein lassen, daß die Gottesliebe in den neugegründeten Häusern zusammen mit der Nächstenliebe wachse und Frieden herrsche. Wenn es auch immer etwas zu verbessern gäbe, dürfe man doch nie Verleumdungen und Anklagen zulassen, wie sie aus Groll und Abneigung hervorgehen. Schließlich gab Angela auch den Grund an, warum sie fortgegangen war in den Himmel, und sie tröstete damit sehr den Eliseo. Sie sagte: ‚Ich war in der Welt nichts mehr nütze, weil ich alt und müde geworden war und nicht in allen den Häusern wohnen konnte. Darum holte mich der himmlische Bräutigam zu sich in die Ewigkeit. Hier bin ich nun glücklich und froh mit ihm vereint und spüre, wie ich in jedem meiner Klöster als Mutter zahlreicher Kinder gegenwärtig bin, und meine Töchter viel Gutes wirken, meiner gedenkend.‘ – LAUS DEO.“

JERÓNIMO GRACIÁN,
Rückkehr aus türkischer Gefangenschaft. (Vgl. S. 160)

Donner und Doria[1]

Mit dem Ordenskapitel, das am 1. Mai 1583 in Almodóvar tagt, ziehen für Pater Jerónimo Gracián dunkle Wolken auf, die Teresas letzte Befürchtungen bestätigten. Nicolás Doria wirft ihm öffentlich vor, durch seine laxe Führung dem Orden großen Schaden zugefügt zu haben. Als jedoch die aufgebrachte Versammlung ihren Provinzial unverzüglich absetzen will, nimmt ihn Doria wieder in Schutz. War alles nur Theaterdonner? Immerhin ist jetzt deutlich, wer das größere Prestige in der Kongregation besitzt. Ein Provinzial von Dorias Gnaden ist ein geschwächter Provinzial.

Gracián macht unbekümmert weiter im gewohnten großzügigen und mildfreundlichen Stil. Sein Hauptinteresse gilt dem Missionsgedanken, dessen Bedeutung er von der Heiligen übernahm und der seiner Neigung zu praktischer Aktivität auf weltweiter Basis entspricht. Er möchte „Milliarden" von Seelen retten (Teresa sprach noch von Millionen), und so stellte er am 19. März 1582, also zur Zeit der Burgosgründung und mit dem Einverständnis der Ordensmutter, das erste Patent zur Entsendung „unbeschuhter" Missionare aus. Sie sollen nicht nur nach Äthiopien, sondern auch in Länder des Golfs von Guinea, den man eigentlich nur als Sklaven- und Elfenbeinküste kannte. Gracián aber verabscheut Sklaverei je-

---

[1] Das Zitat aus Schillers „Fiesco" bezieht sich auf Andrea Doria aus einer anderen genuesischen Familie des gleichen Jahrhunderts.

der Art und möchte Schwarzen wie Weißen helfen. So wird eine kleine Gruppe von Patres angewiesen, „die nächste Einschiffungsmöglichkeit" zu benutzen. Zugleich sieht das Patent weitere Missionen „wo auch immer in Heidenlanden" vor, so daß auch bald Amerika einbezogen ist: zunächst Mexiko, später auch Peru und Chile.

Im christlichen Europa besaß die Kongregation der Unbeschuhten bald bedeutende Klöster in Italien und Portugal, und der Orden verbreitete sich schnell in Frankreich, Belgien und in deutschen Landen. Von Gründungen in Polen aus hoffte Gracián sogar bis Moskau vorzustoßen. Das alles geschah freilich erst nach dem Tode Teresas. Selbst das in jeder Hinsicht nahliegende Portugal wurde lange Zeit blockiert durch ihren hochgestellten beschuhten Feind, den Pater Tostado. Sein Name gab Spaniens größtem Barocklyriker, Luis de Góngora y Argote, Gelegenheit zu einem frivol-huldigenden Gedicht, in dem er seine Wortspiele treibt mit dem „Gerösteten" (Tostado) und der „Geräucherten" (Ahumada), so wie mit den Füßen und Versfüßen der unbeschuhten Teresa. Die Ordenskämpfe und ihre Heiligsprechung sind im Bewußtsein der Barockzeit sehr lebendig. Ein anderer Großer der Epoche, der von Quevedo übersetzte Franz von Sales, bewundert als verinnerlichter Christ Teresas Beispiel, als sie sich im Gehorsam Pater Gracián unterstellte:

„Selig die Gehorsamen", übersetzt Quevedo, „denn Gott läßt niemals zu, daß sie vom Wege abkommen und sich verlieren." Die Geschehnisse im Orden schlagen also lange Wellen.

Auch Graciáns soziale Aktivitäten erregten und bewegten Mit- und Nachwelt. Seit Portugal 1580 der spanischen Krone zugefallen war, gab es allerlei Verschwörungen und Rebellionen. Pater Jerónimo kümmerte sich um die daraus resultierenden politischen Gefangenen und um eine Verständigung beider Länder in diesem Punkte. Vor allem aber sind es immer wieder die Frauen, denen seine

Liebe und Fürsorge gilt. Unsere Liebe Frau und die heilige Mutter Teresa hatten seine Seele geprägt.

Teresa freilich sah nicht gern, wenn gar zu breite soziale Tätigkeiten den kontemplativen Kern ihrer Reform gefährdeten. Erst nach ihrem Tode gründete Gracián in Lissabon ein Haus zur Genesung und Rehabilitierung von Frauen, die Opfer einer verrohten Soldateska wurden. Später dann auch in Neapel eine Art Kloster für reumütige Prostituierte.

Zunächst aber hat er sich mit seiner Missionsleidenschaft Feinde im Orden gemacht. Als seine Amtszeit abläuft und das Kapitel in Lissabon zusammentritt, schlägt er selbst seinen Erzfeind Doria zum Nachfolger vor. Johannes vom Kreuz bemerkt: „Er hat den erwählt, der ihm einst den Habit rauben wird." Man entfernt Gracián zunächst aus Spanien, indem man ihn zum Provinzialvikar für Portugal wählt, wo er in Lissabon das Priorat übernimmt. Von dort publiziert er 1586 seine sehr kämpferische Schrift „Über die Notwendigkeit der Ausbreitung des Glaubens". In ihr schlägt er ein Zusammengehen aller Orden in der Weltmission vor und bekämpft die Gegner unter den Unbeschuhten mit scharfen, den Worten Christi und dem Beispiel der Apostel entnommenen Argumenten, wobei er den Mönchen eine Haltung, die nur in Europa oder einzig durch das Gebet missionieren will, als subtile Einwirkung des Teufels vorwirft. Er scheut sich auch nicht zu sagen, daß man zwar bereit sei, zum Verkauf von Rindsleder die Reise nach Amerika zu wagen, keineswegs jedoch für Christus die eigene Haut zu Markte tragen wolle. Nun wird die Zahl seiner Feinde in den eigenen Reihen „Legion", er selbst aber setzt seinen Regierungsstil in Portugal womöglich noch unbekümmerter fort. Zugleich bekämpft er Sektierertum, und macht sich einen Namen bei der Entlarvung falscher Heiliger, wie sie der Modestil der Zeit hervorbrachte. In lustigem gebrochenen Portugiesisch erzählt er in seiner Autobiographie, wie durch seine Vermittlung eine berühmte Stigmatisierte „mit warmem Wasser und Seife von ihren Wunden befreit wurde".

Weniger lustig war das Gewitter, das sich nach langem fernen Grollen nun über ihm zusammenzog und entlud. Am Ende seiner spanischen Amtszeit hatte er eine schwache Verteidigung (Apologie) versucht. Bitter heißt es darin:

„Wer mit dem Amt der Ordensregierung betraut ist, muß viel Geduld haben. Er ringe sich zu der Erkenntnis durch, daß ihm alle Mühe auf Erden nur mit Verleumdungen und Undank gelohnt wird. Wenn er seine Hoffnung nicht einzig auf den Himmel richtet, wird er in Gram und Betrübnis enden."

Der Gegner kämpft mit anderen Waffen. Doria hatte den König gleichsam in der Tasche, seit er ihm einst aus schweren Geldverlegenheiten geholfen hatte – glitt doch Philipp II. von einem Staatsbankrott in den anderen. Den Papst hatte der kluge Genuese während seines langen, von Gracián verordneten Romaufenthaltes gewonnen. Nun nutzt er alle Chancen zur Vorbereitung des ersten Generalkapitels, das am 19. Juni in Madrid tagen soll. Er verschafft sich die Erlaubnis, rebellische Mönche aus dem Orden ausstoßen zu dürfen, und er bekommt von Papst Sixtus V. ein Breve, das ihm die gewünschte neue Regierungsform der „Consulta" (eines „Senats") bestätigt.

Der Orden ist inzwischen auf 60 Klöster mit etwa 2000 Mitgliedern angewachsen, hat sich also seit Teresas Tod fast vervierfacht. Noch immer sind die Mönche in der Überzahl. Daß der große Orden nicht mehr durch einen Einzelnen regierbar ist, hatte ja schon die Heilige betont. Aber das Breve des Papstes Sixtus läßt sich verschieden auslegen und spaltet fast die Unbeschuhten: Gracián versteht es so, daß die siebenköpfige „Consulta" eine beratende, nicht aber regierende Funktion hat. Doria ist es dagegen gerade um die Ausübung absoluter Regierungsgewalt für dieses Gremium zu tun. Einerseits soll kein Einzelner mehr regieren – er legt Graciáns patriarchalische Regierungsweise als Willkürherrschaft aus – andererseits hört auch alles „Demokratische" auf, das doch Teresas Wünschen entsprochen hatte. Die Consulta ist, wie Gracián feststellt, eine Art elitär-aristokratisch geführte Republik nach dem Muster Genuas oder Venedigs. Alle Macht ist in den Händen eines kleinen, straff und zentralistisch regierenden „Rates". Die Klöster dürfen ihre Prioren nicht mehr wählen, die Nonnen dürfen innere Schwierigkeiten nicht mehr mit einem vertrauten Pater Provinzial besprechen, sondern müssen sie einem fremden Gremium von sieben Männern unterbreiten (sechs „Räte" und der Generalvikar), deren Diskussionen Bagatellen zu Rechtsfällen machen.

Daß Gracián gegen diese Regierungsform Sturm laufen wird, ist vorherzusehen. Denn sie nimmt den Ordensmitgliedern Rechte, die Teresa heilig waren. Er legt Beschwerde ein in Rom, erreicht aber nur die endgültige Besiegelung der Feindschaft. Doria will sich seiner zunächst noch „im Guten" entledigen, indem er seine Entsendung als Provinzialvikar nach Mexiko vorbereitet. Zugleich sammelt er eine Fülle von Anklagen bei allen, die Ressentiments gegen Pater Jerónimo fühlen. Aus heutiger Sicht sind es kleinkrämerische Anklagen, in ihren Verzerrungen leicht zu durchschauen. Gracián bringt ihren heißen Kern auf die Formel: „Monjas!" (Nonnen!)

Aber damals waren die Vorwürfe gefährlich und Gracián, der nach anfänglichem Schwanken nicht mehr nach Mexiko möchte, sieht sich zu einem demütigen Entschuldigungsbrief veranlaßt, den er sechs Wochen vor Eröffnung des Generalkapitels in Madrid schreibt, das Doria am 18. Juni 1588 zum Generalvikar wählen wird. Gracián war mit diesem Brief schlecht beraten. Vergeblich betont er, niemals Böses getan zu haben, wenn er auch durch Unbedachtheit fehlte, vergeblich verzichtet er auf alle Ämter, um nach dem harten Einsatz vieler Jahre nur noch in der Stille eines ihm zugewiesenen Klosters seiner wissenschaftlichen Arbeit zu leben. Doria versteht es, jeden Satz als Schuldbekenntnis hinzustellen.

Das Generalkapitel hält Gracián nur noch in Mexiko für tragbar, dieser weigert sich zu gehen und tut seinerseits alles, um die Unrechtmäßigkeit der „Consulta" zu beweisen. Die Gegensätze werden unerträglich. Dorias Anklagensammlung wächst „überzeugend", Graciáns Freunde, darunter Johannes vom Kreuz und Fray Luis de León, der Geistesfürst der spanischen Renaissance, der 1588 Teresas Werke herausgab, setzen sich vergeblich für ihn ein: Der Hinauswurf ist beschlossene Sache.

Pater Jerónimo macht den Eindruck eines gehetzten Hasen, dem alles Hakenschlagen angesichts der erbarmungslosen Treibjagd doch nur das Ende sichert. 1591 schreibt er: „Es gibt weder Hoffnung noch Hilfe." Er erkennt die Kompetenz der Consulta nicht an, die ihn zu ebenso demütigenden wie unwahren Geständnissen zwingen will – sogar im Beichtstuhl wird dieser Versuch gemacht. So kann man ihn denn als „unbelehrbar" verurteilen, was das Recht zum Ordensausschluß gibt. Das Dokument wird am 17. Februar 1592 unter Dorias Vorsitz in Madrid unterzeichnet.

Sklave der Türken

Der geschlagene Jerónimo Gracián begibt sich zunächst zu seiner verwitweten Mutter, einst eine enge Freundin der großen Teresa. Die Unbeschuhte Kongregation erlangt im folgenden Jahr den Status eines selbständigen Ordens, aber ohne Teresas liebsten Mitstreiter und ersten Provinzial. In diesem jedoch ist inzwischen der lang unterdrückte Kampfgeist erwacht. Er reist nach Rom, um sich Recht zu verschaffen. Man läßt ihn dort nicht vor.

Nach Reisen in Süditalien und einigen Überlegungen versucht er es ein zweites Mal, und schifft sich von Sizilien aus auf einer Galeere der Inquisition ein, die ihn nach Neapel bringen soll. Kurz vor dem Ziel – man schreibt jetzt den 11. Oktober 1593 – überfallen Türken mit ihrem schnellen Segler das schwerfällige Schiff und nehmen die Christen gefangen. Weiter geht's auf der türkischen Galeote in Richtung Afrika. Der Pater, fast nur noch mit Handschellen bekleidet, muß im Unterschiff auf Flinten schlafen, „als Kopfkissen ein Pulverfaß". Die Gewehre hatte man mit den Blättern des Buchmanuskripts gereinigt, das Gracián nach Rom zum Druck bringen wollte – ein wichtiges Werk.

Wegen drohenden Unwetters geht man auf einer idyllischen Insel an Land. Da nähert sich dem still vor sich hinsinnenden Gracián ein Türke mit glühendem Eisen. Er brennt ihm ein Kreuz in die rechte Fußsohle. Gelassen hält ihm Jerónimo de la Madre de Dios auch die linke hin. Ob er dabei an Teresa dachte? Sie schrieb in ihrer ihm vertrauten Inneren Burg:

„Wißt ihr, was es heißt, ein wahrhaft geistliches Leben zu führen? Es heißt, sich zu Sklaven Gottes zu machen, gebrandmarkt mit dem glühenden Eisen des Kreuzes. So ganz ihm übereignet, kann er sie als Sklaven der ganzen Welt verkaufen, nicht anders, als er es mit sich selber tut."

Die Türken erhofften sich von diesem „Schimpf" an einem christlichen Priester günstige Winde und bekamen sie auch. Bald landeten sie an der tunesischen Küste, wo Gracián in Bizerta als Sklave verkauft und verlost wurde. Doch Hunger, Arbeit mit Fußschellen, Bedrohung durch Feuertod rauben ihm weder den Glauben, die Liebe, die Hoffnung, noch seinen gewinnenden Humor. Der sympathische, sanft-heroische Mann missioniert unverdrossen feige Christen und mutige Türken. Die Türken, die ihn für den Anwärter auf den Heiligen Stuhl halten und „Papaz nennen, so wie man bei uns Hochwürden sagt", meinen bald, ein so illustrer Gefangener müsse dem Großtürken in Konstantinopel als Geschenk übersandt werden, der sich für solche Zwecke einen großen Holzkäfig bauen ließ. Gracián sieht sich schon bis an sein Ende „als Vogel in diesem Käfig". Aber glücklicherweise ist auch der Pascha in Tunis an diesem Sklaven interessiert. Mit großem Gefolge von Säbeln und Flinten wird er ihm gebracht. Der Pascha schätzt und schützt bald den freundlichen Mann, dem wieder einmal der Feuertod droht, als man meint, in ihm einen Inquisitor entdeckt zu haben. Achtzehn Monate währt nun schon die Gefangenschaft, deren Ketten – buchstäblich – immer schwerer werden. Da kommt die Rettung in Gestalt eines Juden. Dem hatte einst in Lissabon der Pater einen Verwandten vor dem sicheren Tode gerettet. Nun kauft der Jude ihn frei, wenn er auch nur mühsam die geforderte Summe aufbringen kann. Recht dramatisch wurde dieses Geschäft abgewickelt, aber später scherzt Gracián gern mit seinem „Wert" von 1300 Escudos in Gold. Er meint 1601 in einem Brief, inzwischen müsse sein Preis doch auf 2000 gestiegen sein, da er wieder Menschen kennengelernt habe, die ihn schätzen.

Der Loskauf in Tunis wird am 11. April 1595 rechtskräftig. Über Genua reist Gracián nach Rom, wirft sich dem Papst zu Füßen. Er möchte in seinen Orden der Unbeschuhten Karmeliten zurück. Papst Clemens VIII. wird bald sein Freund, will ihm gern helfen. Und Doria ist ein Jahr zuvor gestorben.

Aber auch unter ihrem neuen General leisten die Unbeschuhten einen solchen Widerstand, daß der Papst aufgibt und Gracián überzeugt, daß es besser sei, zu den „Beschuhten" der gemilderten Observanz zu gehen. Sie nehmen ihn in Rom mit großer Herzlichkeit in ihr Kloster auf. Wieder sieht Pater Jerónimo ein Wort der heiligen Teresa erfüllt, die ihm schon 1579 wegen der Bedrohungen einen Wechsel zu den Beschuhten nahezu empfahl!

In Rom blickt Gracián auf sein Leben zurück. Es erscheint ihm wie ein großes Welttheater, auf dem er büßte, indem er öfter als ein Schauspieler die Kleider wechseln mußte:

„Mein erstes Kostüm war der feierliche Talar eines Universitätslehrers gewesen. Dem folgte der grobwollene Habit des Unbeschuhten Karmeliten, geflickt und schmutzig. Als man mich aus dem Orden warf, steckte man mich in die hochgesegnete Tracht eines Weltpriesters, die ich gegen das Gewand des pilgernden Klausners vertauschte, mit großem Hut auf der Mönchstonsur. So machte ich mich auf nach Rom. Doch als ich in Gefangenschaft geriet, trug ich einen schwarzwollenen Habit und einen ebensolchen kapuzenlosen Mantel, denn ich war ja im Begriff, bei den barfüßigen Augustinern einzutreten. Daraufhin verpaßte mir Gott den Habit, in dem er mich geschaffen hatte, da ich mich splitternackt sah, nur mit dem Notwendigsten bekleidet. Dann fand ich mich in derben Lumpen wieder, mit einem blauen Mützchen und zerfetzten Schuhen. Als man mich aber nach Tunis brachte, trug ich blau-rot gestreiften Baumwollflanell. Bald darauf war ich ganz in Weiß gekleidet, mit einem kleinen Skapulier und Stiefeln, an deren Stulpen man die Eisenketten befestigen konnte. Dazu ein rundes Käppchen auf dem Kopfe, wie man es bei den Juden sieht.

Nach meinem Freikauf ging ich in weißer Baumwolle mit dem braunen Umhang der Galeerensklaven, dazu jedoch, als Zeichen des Freigelassenen, ein Kreuz um den Hals und einen Hut.

Für die Reise trug ich einen schwarz-weiß gestreiften Umhang, den ich aus der Berberei mitgebracht hatte. Als ich dann mit meinem Anliegen nach Rom kam, war ich mit einem schwarzgefärbten Perkalmantel und ebensolcher Soutane bekleidet, was mich als Priester auswies, der den Türken entronnen war. Und als ich dann, versehen mit einem päpstlichen Schreiben (Breve) glaubte, wieder in meinen alten Habit der Unbeschuhten schlüpfen zu können, zog man mir stattdessen den der Beschuhten an, der in diesem Orden schon viele fromme und gelehrte Männer bekleidet hat. So gab es dann für mich keinen Grund mehr, wie ein Büßer einherzugehen."

Bald holt ihn sich der für Spanien zuständige Kardinal Beza als Sekretär und theologischen Berater in sein römisches Haus. In unermüdlicher Schaffenskraft findet Pater Gracián auch noch Zeit für eigene Schriften und vor allem für die italienische Ausgabe der Werke Teresas.

Papst Clemens VIII. und der neue König Philipp III. senden ihn sodann wieder in missionarischem Auftrag nach Afrika. Auch hält er sich in verschiedenen spanischen Klöstern der „beschuhten" Karmeliten auf, um im Rahmen seines Apostolats Bücher zu schreiben und in Druck zu geben. Erst 1607 endet seine Wanderschaft: er nimmt eine Einladung nach Brüssel an, wo er vom Karmelitenkloster aus bekannte Persönlichkeiten des Hofes seelsorgerisch betreuen soll. Allerdings lebt er in diesem Kloster gemildeter Observanz etwas isoliert, weil man Flämisch spricht. So konzentriert er sich auf seine Arbeiten und Lebenserinnerungen. Rückblickend schreibt er in der erst kurz vor seinem Tode vollendeten „Pilgerreise des Anastasio":

„Es genügt zu sagen, daß die Mutter Teresa mich beriet, ermutigte und tröstete – dann mag der Rest ruhig Schweigen sein."

Er hat noch die Freude, im April 1614 ihre Seligsprechung durch Papst Paul V. zu erleben. Fünf Monate später wirft ihn eine kurze schmerzhafte Krankheit nieder, die seinem Leben am 21. September ein Ende bereitet. Sein Wunsch, im Habit der Unbeschuhten zu sterben, hat sich nicht erfüllt, ebensowenig der von der Gründung eines Klosters auf dem Berge Karmel. Man erzählt, daß er auf dem Totenbett Verse Teresas murmelte. Mit großen

Ehrbezeugungen setzte man ihn in der Brüsseler Klosterkirche bei.

Aber auch Madrid gedachte seiner in einer vom Hofe angeordneten Trauerfeier. In der Karmelitenkirche sagte der angesehene Prediger Magister Fray Andrés de Lezana, Pater Jerónimo de la Madre de Dios habe die Märtyrerkrone errungen. Sodann kommt er auf das Vertrauen zu sprechen, das die selige Mutter Teresa ihm entgegenbrachte, wobei der Redner vier Jahrhunderte überspringt, da er ihr den Rang einer Kirchenlehrerin zuspricht. Man müsse, so argumentiert er, deshalb sehr ernst nehmen, daß sie sich ihrem jungen Provinzial Pater Gracián in freiwilligem Gehorsam unterstellte, zumal für beide ein Vollkommenheitsgelübde damit verbunden war. Er war, so sagt der Prediger in seinem Nachruf, wahrhaft ein neuer Elisäus, Jünger und Erbe einer Frau, in der man den neuen Elija erblicken darf. Die heilige Verbundenheit beider im göttlichen Feuer machte aus ihnen „zwei liebende Seraphim, deren Flug von Gott kommt und zu Gott geht. So war der Flug der heiligen Mutter und dieses gottgesandten Mannes." Teresas Liebe, fährt er fort, war nicht blind, sondern sehend. Ihre Visionen erfüllten sich, und endgültig kann man jetzt von dem Entschlafenen sagen: „Sein ist der Sieg."

Fünf Tage vor seinem Tode, noch gesund, schrieb Gracián von seinem Plan, die Gedichte zur Seligsprechung Teresas zu sammeln und herauszugeben. Am nächsten Tage spricht er in einem Brief an seinen Bruder vom himmlischen Jerusalem, Ziel aller Lebensreisen, dem er sich gottlob schon nahe fühle!

Er mag es sich so friedevoll und strahlend vorgestellt haben, wie es die Verse sind, die Cervantes 1614 auf den Tod der heiligen Teresa in Alba de Tormes gedichtet hat, wobei er symbolisch die Bedeutung von „alba" als Tagesanbruch zugrundelegte:

Zwar in Avila geboren,
kamst in Alba du ins Leben,
das im Sterben wird gegeben
jenen, die sich Gott erkoren.

Stiegst du, Mutter, in dem reinen
Albaglanz ins ewig Schöne,
wirst du uns auch nicht verneinen
Liebe, die uns Gott versöhne.

Deine Demut, viel besungen,
hat den Himmel dir errungen,
und da Demut alles kann,
ziehst uns Arme du hinan!

LITERATURANGABEN [1]

Teresa de Jesús, Obras completas. Biblioteca de Autores Cristianos, Madrid ^{6}1977. Daraus zitiert:
Vida (Autobiographie); Cuentas de Conciencia (Berichte innerer Erfahrung), Camino de Perfección (Weg der Vollkommenheit), Libro de las Fundaciones (Buch der Klostergründungen), Meditaciones sobre el Cantar de Cantares (Meditationen über das Hohe Lied), Visita de Descalzas (Visitationsverfahren bei den Nonnen), Las Moradas del Castillo interior (Die Wohnungen der inneren Burg), Epistolario (Briefe), Exclamaciones (Rufe der Seele).

P. Jerónimo Gracián de la Madre de Dios, Obras. 3 Bände, Biblioteca Mística Carmelitana, Burgos 1932–1933. Daraus zitiert:
Band I: Dilucidario del verdadero espíritu (Über den wahren Geist = Verteidigung und Erläuterung der Werke Teresas).
Band II: Sermones (Predigten): Declamación en que se trata de la perfecta vida y virtudes heróicas de la beata Madre Teresa de Jesús y de las fundaciones des sus monasterios. (Ansprache über das vollkommene Leben und die heroischen Tugenden der seligen Mutter Teresa de Jesús, sowie über ihre Klostergründungen).
Band III: Celo de la propagación de la Fe (Über die Notwendigkeit der Ausbreitung des Glaubens). Tratado de la Redención de Cautivos (Traktat über die Befreiung und Errettung christlicher Sklaven). Peregrinación de Anastasio: (siehe Erstausgabe 1905). Epistolario (Briefe 1572–1614). Avisos acerca del gobierno (Ratschläge zur Ordensregierung). Patente de los primeros Misioneros Descalzos a Guinea e instrucciones para la Misión (Beauftragung der ersten Unbeschuhten Karmeliten für die Mission in Guinea mit Instruktionen). Anhang: Sermón que predicó el P. M. Andrés de Lezana (Predigt zur Trauerfeier für Jerónimo Gracián in Madrid).

Ders., Peregrinación de Anastasio (Die Pilgerreise des Anastasio, Autobiographie), El Monte Carmelo, Burgos 1905.

Ders., Diálogos sobre la muerte de la M. Teresa de Jesús (Gespräche über den Tod der Mutter Teresa de Jesús), El Monte Carmelo, Burgos 1913.

Ders., Scholias y Addiciones al Libro de la vida de la Me Theresa de Jesús que compuso el Pe Doctor Ribera. Hechas por fray Gm^{o} de la madre de Dios

[1] Ich danke den Karmel-Klöstern in Würzburg und Mariazell, deren freundliche Geduld mir leihweise einen großen Teil des hier angegebenen Materials überließ.

Carmelita descalço (Randbemerkungen und Ergänzungen des Unbeschuhten Karmeliten Fray Jerónimo de la Madre de Dios zur Biographie der Mutter Teresa de Jesús von Pater Dr. Ribera), in: El Monte Carmelo Nr. 68, 1960, S. 99–165.

Ders., Diálogo de Angela y Heliseo desde 22 de octubre de 1582: Diálogo de un pastor y una pastora sobre el govierno de zierto ganado (Dialog zwischen Angela und Eliseo seit dem 22. Oktober 1582: Dialog eines Schäfers und einer Schäferin über die Führung einer gewissen Herde), in: Revista de Archivos, Bibliotecas y Museos, 1913, S. 93–100. (Hrsg. J. Menéndez Pidal).

Ders., Regla primitiva y constituciones de las monjas descalças de la Orden de nuestra Señora la virgen María del monte Carmelo, Salamanca 1581. A la muy religiosa Madre Teresa de Jesús, fundadora de los monasterios de las monjas Carmelitas Descalças. (Ursprüngliche Regel und Satzungen der Unbeschuhten Nonnen des Ordens Unserer Lieben Frau vom Berge Karmel. An die ehrwüdige Mutter Teresa de Jesús, Gründerin der Klöster Unbeschuhter Karmelitinnen), in: Obras de Santa Teresa de Jesús, VI. Biblioteca Mística Carmelitana, Burgos 1919, Anhang S. 409 ff. Hier auch die Schreiben Papst Gregors XIII. zur Errichtung einer eigenen Ordensprovinz und ähnliche Dokumente der Jahre 1575–1581.

María de San José, Fundación del convento de Carmelitas Descalças en Sevilla, y persecuciones que padecieron hasta la época de la muerte de Santa Teresa, (Die Gründung des Klosters Unbeschuhter Karmelitinnen in Sevilla, und Bericht der Verfolgungen, unter denen alle in der Zeit bis zum Tode der heiligen Teresa zu leiden hatten), in: Escritos de Santa Teresa, añadidos e ilustrados por don Vicente de la Fuente, Band II, Madrid 1862, Biblioteca de Autores Españoles S. 555–561. In diesem Bande auch Dokumente zum Tode Graciáns sowie die Briefe des Ordensgenerals Rubeo an die heilige Teresa. In Band I der gleichen Edition Bericht Graciáns über den Gehorsam Teresas und wichtige Patente (Vollmachten) des Generals.

Aelred von Rieval, Über geistliche Freundschaft (Mitte 12. Jahrh.), lateinisch-deutsche Ausgabe, Spee, Trier 1978.

P. Efrén de la M. de Dios OCD y P. Otger Steggink OC, Tiempo y Vida de Santa Teresa, neubearb. Edition Madrid 1977.

P. Otger Steggink OC, Erfahrung und Realismus bei Teresa von Avila und Johannes vom Kreuz, Patmos, Düsseldorf 1976.

P. Silverio de Santa Teresa OCD, Historia del Carmen Descalzo en España, Portugal y América. 15 Bände, Band VI Gracián/Doria, El Monte Carmelo, Burgos 1937. Mit Dokumentation im Anhang, darin Graciáns Apologie gegen Verleumdungen (nicht in Obras).

Erika Lorenz, Teresa von Avila: Ich bin ein Weib und obendrein kein gutes, Herderbücherei 920, Freiburg i. Br. 1982.

Dies., Francisco de Osuna, Versenkung, Herderbücherei 938, Freiburg 1982.

Dies., Ein Karmelit als Türkensklave, in: Geist und Leben, Dez. 1982.

Miguel de Cervantes, Los Éxtasis de la beata Madre Teresa de Jesús, in: Compendio usw., (Gedichtsammlung zur Seligsprechung), Herausgeber Diego de San José, 1615.

Luis de Góngora y Argote, En la Beatificación de Santa Teresa. Góngora reichte dieses Gedicht, das neben den heiteren auch ernste Töne hat, zu einem Lyrikwettbewerb anläßlich der Seligsprechung Teresas in Córdoba ein. Er gewann ein Paar schwarze Seidenstrümpfe.

Francisco de Quevedo, Übersetzung der „Introduction à la vie dévote" des François de Sales.

Der Chronist, im Vorwort genannt, ist Francisco de Santa María (Pulgar y Sandoval) OCD, Reforma de los Descalzos de Nuestra Señora del Carmen de la primitiva Observancia, Madrid 1644–1655, 2 Bände.

Unzitiert, aber als geistiger Horizont wichtig war das Buch von J. Bours und J. Kamphaus, Leidenschaft für Gott, Herder, Freiburg 1981.

BILDNACHWEIS

Teresa I (Rubens-Schüler), im Kloster der Karmelitinnen zu Brüssel. Mit freundlicher Genehmigung der Zeitschrift „Christliche Innerlichkeit", Karmel Mariazell (Österreich).

Teresa II (Velazquez?), Casa Torres. Madrid Genehmigung ibid.

Gracián I (Alte Gravüre). Mit freundlicher Genehmigung des Verlages „El Monte Carmelo", Burgos.

Gracián II (Miniatur bei Rückkehr aus Gefangenschaft), im Kloster der Karmelitinnen zu Sevilla. Genehmigung ibid.

Burg der Tempelritter in Nordspanien (Ponferrada), Foto Rosmarie Pierer, Hamburg.

Vollmond über Avila. Foto Rosmarie Pierer, Hamburg.

Zu Gracián II (S. 145) dichtete sein Bruder Tomás:

Der Maler zeigt auf diesem Bilde
verfolgte Güte ohne Schuld,
das Leid, getragen in Geduld,
Vollkommenheit, die voller Milde
verzeiht, was Bosheit führt im Schilde.
Verleumdung, Lüge, Ehrgeiz, Neid:
Zu stürzen waren sie bereit
den Edlen. Gott ließ ihren Werken
den Lauf, da sie im Frommen stärken
den Gnadenstrom der Heiligkeit.